복음, 언박싱

강은도

 추천의 글

이 땅을 사는 우리에게 조건 없이 주시는 하나님의 사랑과 선물이 많습니다. 우리가 받은 선물은 무엇인지, 우리를 위해 그분이 하신 아름다운 일은 무엇인지, 그리고 그 일들에 대해 우리는 어떻게 반응하며 살 것인지 생각하며 사는 인생이 복된 인생입니다. 이처럼 하나님께서 주신 선물을 잘 누리는 것이 복된 인생의 조건이니, 강은도 목사님의 《복음, 언박싱》을 통해 조건 없이 주시는 하나님의 마음을 깊이 헤아리는 계기가 되면 좋겠습니다. 이 책을 읽으시는 모든 분께 이런 깨달음의 기쁨이 있길 기대합니다.

분당우리교회 **이찬수** 목사

강은도 목사는 다음 세대를 향한 가장 최적화된 설교자이다.

첫째, 그의 설교는 직관적 그림 언어를 사용한다. 그래서 한편의 설교에서 수많은 장면 전환이 일어나는데 젊은이들로 하여금 졸지 않게 한다.

둘째, 그의 설교에는 하나님 나라의 낙천성이 짙게 스며 있다. 청중이 박장대소하게 하는 종말론적 기쁨과 위트가 절묘하게 섞여 있다. 시간 가는 줄 모르고 집중하게 만드는 힘이 있다.

셋째, 깊은 은혜가 있다. 웃다가도 하나님에 대한 깊은 경배가 일어나게 하고 찬양이 솟아나게 하며, 기도가 용솟음치게 한다. 다음 세대 부흥 운동의 중요한 사역자가 될 것이라고 믿는 이유다.

광교산울교회 이문식 목사

강은도 목사님의 설교는 재미있습니다. 특유의 유머와 센스로 설교를 듣는 내내 웃게 됩니다. 아이도 어른도 모두 그의 설교를 좋아합니다. 한참 웃으며 듣다 보면 울고 있습니다. 밝게 전하는 복음이 어둠 속에 숨어 있던 상처 난 자아를 부드럽게 어루만져 밝은 곳으로 나오게 하기 때문입니다. 그때 아이도 어른도 복음 앞에서 진지한 눈물을 흘리게 됩니다. 그리고 마침내 기쁨으로 춤추게 됩니다. 그래서 강 목사님의 집회는 항상 기쁨의 축제로 끝납니다. 《복음, 언박싱》은 그의 말씀의 진수를 보여 줍니다. 많은 이들이 언박싱된 복음으로 상처와 아픔을 언박싱하고 나와서 기쁨으로 춤추기를 기대합니다.

브니엘교회 김도명 목사

강은도 목사는 오래도록 한국 교회의 다음세대 사역 현장에서 함께 울고 웃어 온 저의 소중한 친구이자 동역자입니다. 같은 길에서 협력하며, 하나님은 친구 목사에게 참 귀한 달란트를 주셨구나, 매번 어떻게 그리 재미있고 살아 있는 복음을 설교할 수 있을까 감탄했습니다. 그의 뜨거운 메시지가 담긴 《복음, 언박싱》을 읽으며, 이 땅에서 날마다 주님이 주시는 복음의 은혜를 선물로 받아, 날마다 한국 교회와 다음세대에게 선물로 전하는 메신저가 강 목사임을 생각하게 됩니다. 선물은 받을 때보다 다른 이에게 나눌 때 더 큰 기쁨이 생깁니다. 코로나 시대에 교회를 개척하고 하나님을 간절히 바라보며 설교한 《복음, 언박싱》의 정수가 한국 교회 성도, 특히 다음세대에게 소중한 은혜의 선물로 전해지기를 소망하며 마음 다해 추천합니다.

징검다리 선교회, 번개탄TV 대표 **임우현** 목사

대중성을 가진 설교자들의 특징이 있습니다. 청중들을 집중시키는 힘이 아주 큽니다. 반면에 설교의 내용은 빈약한 경향이 있습니다. 그럼에도 불구하고 하나님은 그 설교자를 사용하시고 그 메시지에 은혜를 담으시지요. 강은도 목사님은 대중 친화적인 설교자입니다. 수많은 사람이 그의 설교에 열광합니다. 그런데 그의 설교는 신학적으로 탄탄할 뿐 아니라 기독교 정통주의에 뿌리내리고 있습니다. 그의 탁월한 설교 전달 능력 때문에 덜 주목받는 부분이지만, 명확한 사실입니다. 이번에 강은도 목사님이 교회 개척 후 크게 주목받은 설교를 정리해서 《복음, 언박싱》을 세상에 내놓습니다. 이 책으로 성경 신학에 기초한 설교가 무엇인지 경험하실 수 있습니다. 동시에 하나님을 아는 지식이 영혼에 던지는 도전과 깊은 은혜도 맛보게 되실 것입니다. 목사님을 통해 우리 모두에게 전달된 복된 선물입니다.

행신침례교회 **김관성** 목사

우리 시대에 강은도 목사와 같은 설교자가 있다는 것은 한국 교회 미래를 위해 참으로 다행스럽다고 생각합니다. 온 세대가 함께 말씀을 들을 수 있는 목회자가 많지 않은데 강은도 목사는 그러한 설교자입니다. 목회자의 말씀은 신학과 역사, 신앙과 삶의 균형과 조화가 필요합니다. 강은도 목사는 탄탄한 신학적 토대와 역사를 보는 넓고 깊은 시각뿐만 아니라 땅에 발붙인 삶과 신앙의 의미를 탁월한 문화적 언어로 풀어내기까지 합니다. 그가 선포한 말씀을 이제 읽을 기회가 생겼습니다. 이 책이 코로나 시기를 통과하며 침체된 다음 세대와 성도들의 신앙을 해갈하는 생수와 같고 다시 타오르는 신앙의 불꽃이 되기를 기도하며 기쁜 마음으로 추천합니다.

한국어깨동무사역원 대표, 어깨동무학교 교장 **윤은성** 목사

복음, 언박싱

인류학자들의 연구를 통해 알려지게 된 인디언들만의 독특한 문화가 있는데
트로브리얀드 제도권에 있는 원주민들의 선물 문화다.

내용인즉슨,
A에게서 선물을 받으면 A에게 답례하는 게 아니라
다른 이웃인 C에게 선물하는 방식으로 답례를 하는 것이다.
선물을 받은 C는 다시 D에게 선물을 주어야 한다.
선물이 선물을 낳는, 선물의 증식이 발생하게 되는 것이다.

선물의 흐름은 결국 돌고 돌아 다시 A에게 돌아오게 된다.
선물의 커다란 원이 그려진 셈이다.

결국은 모두가 선물을 한 것이고 모두가 선물을 받게 된 것이다.
독특하면서도 의미 있는 선물 문화라는 생각이 들었다.

그런데 곰곰이 생각해보면 사실 이 선물 문화의 원조는
하나님 나라가 아닌가 싶다.

2000년 전 하나님은 온 인류를 향한 선물을
유대 땅 베들레헴으로 보내셨다.

선물을 풀기 전까지는 선물인 줄조차 몰랐다.
무려 33년이 지나고 나서야 '언박싱' 되었는데,
선물의 포장지를 뜯듯이 주님의 살과 피를 뜯어내는 '언박싱' 행위를 통해
우리가 손에 쥔 선물의 실체는 다름 아닌 예수 그리스도,
'영원한 생명'이었다.

저주스럽고 이해하기 어려운 선물이었지만,
한편으로는 결코 우리에게 없어서는 안 될 꼭 필요한 역설적인 선물이었다.

하나님은 이 선물의 답례를 자신에게 할 것이 아니라
또 다른 이웃에게 흘려보내기를 요청하셨다.
하나님 나라의 백성으로 부르심을 입은 우리가
복음의 언박싱을 통해 값없이 받아 누린 주님의 크신 은혜를
또 다른 이웃에게 사랑을 가득 담아 선물하기를 원하셨다.

모든 존재자가 선물이 되는 세상.
그것이 어디 인디언들만 꿈꾸던 세계였을까?

온 인류가 '예수 그리스도'라는 복음의 선물을 받아들고서
기쁨과 설렘 가득 안고 '언박싱' 하는 모습을 보는 것이
우리 하나님이 가장 바라고 원하시는 꿈이 아닐까?

탄생은 부모님이 주신 선물이고
교육은 선생님이 주신 선물이라면
복음은 전능하신 하나님이 우리에게 주신
가장 귀하고 값진 선물이다.

당신도 이 선물을 사랑하는 누군가에게 건네고 싶지 않은가?

누군가 내게 사랑하는 사람에게 줄 수 있는
가장 의미 있고 뜻깊은 선물이 무엇이냐 묻는다면
내가 그 사람 곁에 영원토록 함께 있어 주는 것이라고
망설이지 않고 대답할 것이다.

마찬가지로 당신이 가장 사랑하는 사람에게
'복음'이라는 선물을 건넸다면 그 사람이 그 선물을 '언박싱' 하는 순간
우리 구주 예수님이 선물을 받은 그 사람과 영원히 함께해 주시는
가장 귀하고 값진 선물이 되는 것이다.

주님은 오늘도 복음이라는 가장 귀하고 값진 선물을 '언박싱' 하는
그 설렘 가득한 삶으로 우리 모두를 초청하신다.

자, 그럼 이제 그 복음이 얼마나 좋은 선물인지
함께 '언박싱' 하며 확인해 보지 않겠나?

2021년 12월 언박싱의 설렘으로

강은도 목사

차례

일러두기
- 《복음, 언박싱》은 2020년 4월 28일부터 8월 16일까지 강은도 목사가 더푸른교회 개척 초기에 주일 예배에서
  설교한 내용을 묶어 낸 것입니다.
- 본문에 인용한 성경은 개역개정판 성경을 기본으로 했습니다.

에스겔 37:1~14

¹ 여호와께서 권능으로 내게 임재하시고 그의 영으로 나를 데리고 가서 골짜기 가운데 두셨는데 거기 뼈가 가득하더라

² 나를 그 뼈 사방으로 지나가게 하시기로 본즉 그 골짜기 지면에 뼈가 심히 많고 아주 말랐더라

³ 그가 내게 이르시되 인자야 이 뼈들이 능히 살 수 있겠느냐 하시기로 내가 대답하되 주 여호와여 주께서 아시나이다

⁴ 또 내게 이르시되 너는 이 모든 뼈에게 대언하여 이르기를 너희 마른 뼈들아 여호와의 말씀을 들을지어다

⁵ 주 여호와께서 이 뼈들에게 이같이 말씀하시기를 내가 생기를 너희에게 들어가게 하리니 너희가 살아나리라

⁶ 너희 위에 힘줄을 두고 살을 입히고 가죽으로 덮고 너희 속에 생기를 넣으리니 너희가 살아나리라 또 내가 여호와인 줄 너희가 알리라 하셨다 하라

⁷ 이에 내가 명령을 따라 대언하니 대언할 때에 소리가 나고 움직이며 이 뼈, 저 뼈가 들어 맞아 뼈들이 서로 연결되더라

⁸ 내가 또 보니 그 뼈에 힘줄이 생기고 살이 오르며 그 위에 가죽이 덮이나 그 속에 생기는 없더라

⁹ 또 내게 이르시되 인자야 너는 생기를 향하여 대언하라 생기에게 대언하여 이르기를 주 여호와께서 이같이 말씀하시기를 생기야 사방에서부터 와서 이 죽음을 당한 자에게 불어서 살아나게 하라 하셨다 하라

¹⁰ 이에 내가 그 명령대로 대언하였더니 생기가 그들에게 들어가매 그들이 곧 살아나서 일어나 서는데 극히 큰 군대더라

¹¹ 또 내게 이르시되 인자야 이 뼈들은 이스라엘 온 족속이라 그들이 이르기를 우리의 뼈들이 말랐고 우리의 소망이 없어졌으니 우리는 다 멸절되었다 하느니라

¹² 그러므로 너는 대언하여 그들에게 이르기를 주 여호와께서 이같이 말씀하시기를 내 백성들아 내가 너희 무덤을 열고 너희로 거기에서 나오게 하고 이스라엘 땅으로 들어가게 하리라

¹³ 내 백성들아 내가 너희 무덤을 열고 너희로 거기에서 나오게 한즉 너희는 내가 여호와인 줄을 알리라

¹⁴ 내가 또 내 영을 너희 속에 두어 너희가 살아나게 하고 내가 또 너희를 너희 고국 땅에 두리니 나 여호와가 이 일을 말하고 이룬 줄을 너희가 알리라 여호와의 말씀이니라

살아나게 하라

에스겔 37:1~14

직관적일수록 젊은 세대

에스겔서의 많은 환상 중에서 유명한 환상이 에스겔 37장 본문 그리고 47 장의 성전 동편에서 물이 흘러 나와 그 물이 닿는 곳마다 살게 되는 역사입니다. 엔게디에서 에네글라임까지 흘러가는 하나님의 역사를 성경은 기록하고 있습니다. 요즘은 사람들이 직관적인 것을 좋아합니다. 어른 세대가 젊은 사고를 하는지는 이것만 보시면 돼요. "나이는 숫자에 불과해. 나는 설명보다는 직관적인 게 좋아!" 그러면 젊은 겁니다. 여러분, 나이는 숫자라는 걸 기억하시고, 직관적인 사고, 즉 '저게 왜 그렇지?'라는 생각보다 "너무 좋은데! 이쁜데!" 이렇게 말하면 젊은 세대라는 거예요.

어떤 시대에 태어났는가

이스라엘 백성들의 현주소는 이러합니다. 남유다 백성들이 포로로 끌려왔어요. 부연 설명하자면, 에스겔은 참 안타까운 시대에 태어났습니다. 남유다의 여호야긴 왕이 바벨론 왕 느부갓네살에게 포로로 끌려갈 때 덤으로 끌려갔거든요.

우리가 세상에 태어나는 시기는 중요합니다. 시대를 잘 만나야 한다는 말이죠. 제가 아는 형님은 1982년에 대학에 입학하셨거든요. 1982년에 사람이 태어났나? 하는 분도 계시겠지만, 82학번인 형님의 대학 시절에는 문과도 괜찮았어요. 지금은 문과 가면 다들 안타깝게 생각하지만, 문과에 유명한 과가 있죠. 법대! 옛날에는 어른들이 그렇게 법관이 되라는 말씀을 많이 하셨어요. 판사 돼라, 검사 돼라, 변호사 돼라, 사실 법대 나온다고 다 잘되는 건 아닌데 말이에요. 그런데 우리 형님은 영문과를 갔어요. 법대 다음에 중요한 과가 영문과였거든요. 일단 영어를 할 줄 알면 인생이 잘 풀립니다.

형님 별명이 100미터 앞 미남이었어요. 키도 크고 체형은 괜찮은데 안타까운 것은 가까이서 보면 그다지 소망이 없는 얼굴이었어요. 언변도 좋고 글씨도 잘 쓰고 노래도 잘 부르고요. 거기다가 짜증 나는 게 공부도 잘했어요. 학원 한번 안 가 보고 과외도 한번 안 한 형이 고려대 영문과에 들어갔어요. 당시는 대학만 들어가면 공부를 안 했어요. 엠티다 오티다 얼마나 열심히 놀았겠어요. 게다가 샌드위치데이라는 게 있었어요. 예를 들어 화요일이 쉬는 날인데 월요일에 수업하시는 교수님들은 굉장히 무식하단 소리를 들었어요. 세상에서 제일 좋은 직업이 1970~1980년대 교수님일 거예요. "휴강일세" 그러면 학생들이 3·1 독립 만세를 외치면서 기뻐하며 강의실을 빠져나갔어요. 요즘이야 휴강 한 번 하면, "왜요? 교수님, 지금 장난치시는 거예요? 제가 시간이 남아돌아서 강의실에 온 줄 아세요?" 항의하는 학생으로 난리 나지만, 그 시대는 교수가 거의 하나님 바로 아래 있었단 말이에요. 그렇게 실컷 놀다 보면 1학기 끝나고, 다음 학기 개강하면 줄기차게 데모하면서 강의를 빼먹어요. 데모한 학생들은 시국 선언을 하고, 교수님들은 시험도 제대로 안 친 제자들에게 "받아라! 에이, 따다닥!" 하며 A학점을 매기셨죠. 그리고는 군대에 다녀오면 세상에서 제일 재밌는 놀이가 예비역 놀이입니다. 막 제대해서 복학한 예비역들이 야상 입고 군인 물이 뚝뚝 떨어지는 모습으로 신입생들에게 "이런 대가리 피도 안 마른 놈들", "아직 세포도 아닌 것들" 하면서 예비역 놀이 하는 그런 풍경이 있었습니다. 그런데 그때는 우리나라 경제가 초고속으로 발전하는 시기라, 일터는 많고 일할 사람들이 부족했어요. 그러니까 서로 대학 졸업생을 뽑겠다고 난리였단 말이에요. 당시 코오롱이라는 회사가 무역을 막 시작하려고 했어요. 우리 기업이 해외에 진출하려고 하는데 안타까운 게 뭘까요? 일하는 분들은 열심히 하고 성실해요. 머리도 되게 좋아요. 그런데 안되는 게 하나 있는데 바로 영어에요. 늘 "파인 땡큐, 앤쥬?"에요. "하와유?" 이러면 기분이 안 좋아도 "아임 파인"이에요. 암기식 교육의 병폐이지 않습니까? 그래서 영어를 잘하는 대학생은 기회가 많았어요.

당시에는 기업체 인사팀 직원이 대학에 와서 교수님들께 담뱃값이나 식삿값 드리고는 3학년 2학기 강의실에 들어와 학생들에게 "10분만 말씀드리겠습니다. 여러분들 시간 빼앗아 죄송합니다." 그러더니 "오른손 한 번 들어주세요" 그래서 딱 드니까 갑자기 "합격입니다" 그러더래요. 아까 손 드신 분들 잠시 남으라고 해서 "취업 빨리해야 하는 분 있으면 오세요" 그래서 형님이 3학년 2학기 말에 취업이 됐어요. 졸업까지 남은 4학년 두 학기가 있잖아요. 교수님께 진리의 위로, 신의 눈물 박카스를 드리며 "교수님, 이번에 취업이 됐는데 제가 수업을 못 올 것 같습니다" 그랬더니 "자네, 괜찮네. 그렇게 하게" 하시고는 남은 4학년 두 학기는 수업에 안 들어와도 졸업에 필요한 학점을 다 주시는 거예요. 그렇게 1980년대는 취업하려고 마음먹으면 지금과 달리 기업에 들어가기 쉬운 시기였어요. 90학번인 우리 때는 대학 졸업하고 9급 공무원을 하겠다든지 경찰 공무원을 하겠다고 하면 조금 이상하게 생각했습니다. 요즘은 취업이 불안정해지고 직장의 안정성이 사라지면서 명문대 졸업생도 공무원 시험에 지원해 엄청난 경쟁률을 뚫어야 합격하지만, 당시는 그렇지 않았어요.

제가 신대원에 입학할 때 시대를 잘못 만났어요. 신대원 시험을 치던 그때는 마지막 영적 분기였거든요. 교회 사역을 하겠다고 신학대학원으로 물밀듯이 지원하던 시기였어요. 당시 제가 총신대 목회학석사(M. Div.) 과정에 들어갈 때 경쟁률이 5.7대 1이었어요. 서울대에서 학부를 마치고 지원한 학생도 떨어지곤 했어요. 시험은 세 가지를 쳤습니다. 성경, 영어, 철학 시험을 치는데 영어 문제에 한글이 하나도 없는 거예요. 서울대 대학원 석사 과정 문제를 신대원 입학시험 문제로 냈을 정도였어요. 그때 시험감독관이 시험지를 나눠 주고 나면, 함께 시험치던 학생들이 뭐라고 했는 줄 아세요? 갑자기 주님을 찾더라고요. 여기저기에서 "주여" 하는데 제 옆자리에 있던 전도사님은 계속 기도를 하시더라고요. "주여, 답을 보여주옵소서!" 문제는 다 주관식이었다는 거예요. 그 당시에 광나루에 있는 신학교의 경우 재수, 3수는 기본이고 6수 끝에 합격했다는 이야기도 심심치 않게 들려왔어요. 10수를 한 수험생이 면접에서 "교수님, 열 번째 치릅니다" 해서 합격시켜 주셨다는 전설 같은 얘기마저 있었습니다. 요즘 신대원은 정원도 못 채운답니다. 그 얘기 듣고 너무 열받는 거예요. 내가 시대를 잘못 만났구나!

절망의 시대, 에스겔이 받은 계시와 환상

에스겔은 나라가 멸망하는, 힘든 시대에 태어났어요. 다윗처럼 고생하더라도 나라를 세우는 시대에 태어났다면 선지자로서 보람이 있겠죠. 솔로몬처럼 초반에 고생해도 성전을 짓고 하나님께 영광 돌리면 기분이 굉장히 좋지 않겠어요? 셔터 내리고 망해갈 때 에스겔은 태어나 포로로 끌려가면서 하나님 나라 무대에 데뷔한 셈입니다. 그것도 바벨론 중심부에 끌려간 것도 아니에요. 그발 강가라는 곳, 바벨론 남부의 후진 곳에 있는 임시 수용소에 포로로 잡혀갔어요. 바로 그곳에서 에스겔은 하나님께 계시와 환상을 받았습니다.

에스겔은 직선거리로 무려 1,440㎞를 끌려왔어요. 곡선 구간을 합치면 2,100㎞이고 무려 3년이나 포로로 잡혀서 이동했습니다. 그 3년 동안 소망이라는 걸 가질 수 있을까요? '좋아지겠지' 하는 심정을 가질 수도 있겠죠.

지금 한국 교회가 기대하는 것이기도 해요. "하나님, 이전의 일상으로 돌아가게 해주옵소서. 예배가 다시 부흥하게 해주옵소서." 그런데 이제 과거의 일상은 끝났습니다. 한국 교회는 굉장한 열심을 가진 교회입니다. 전 세계에서 유일하게 새벽 기도를 하는 교회입니다. 다른 나라에 유례없는 새벽 기도를 우리는 1907년부터 시작했습니다. 새벽기도 이후에 우리는 삼일 밤을 기억하려고 수요 예배로 모입니다. 그리고 금요일 밤에는 주님의 십자가 지심을 기억하고자 기도회를 갖고, 또 남전도회 성경공부, 여전도회 성경공부, 엄마 공부, 무슨무슨 공부하면서 청소년 자녀 교육도 엄청나게 열심히 했습니다.

그러면서 우리는 착각한 거예요. 열심히 하는 것으로 신앙이 좋은 줄 알았던 겁니다. 여러분, 학교 간다고 공부합니까? 학교는 결석 안 하고 잘 갔습니다. 그런데 혹시 그런 적 없으셨어요? 멍 때리며 시간을 흘려보내기만 한 적 말이에요. 내가 내 안에 있는지 밖에 있는지…. 나는 누구이고 여기는 어디인지…. 넋 놓고 있다가 갑자기 선생님이 바뀐 적이 없으셨습니까? 가만히 앉아 있다고 공부하는 게 아니에요.

요즘 코로나 시국으로 온라인 수업 때문에 초등학생 엄마들의 고통이 극에 달하고 있습니다. 출석을 누가 합니까? 엄마들이 해요. 애들은 드러누워 있어요. 우리 집에도 누워서 수업 듣는 애가 한 명 있어요. 아이에게 지금 온라인수업 시작했는데 왜 누워 있냐고 물으면, "금방 일어나려 했어요!"라고 성질을 내며 대답해요. 애들은 들키면 모든 대답이 "금방하려 했다"예요.

세상에 엄청난 변화가 일어나고 있어요. 변화가 일어날 때 명심해야 할 게 있습니다. 첫째, 큰 변화가 일어날 때는 민첩해야 해요. 둘째, 큰 조직이 오히려 방해가 돼요. 하나님이 어떻게 인도하시는지 잘 보면서 가야 합니다. 그리고 중요한 것이 또 있어요. 마음에 절망의 병이 들면 끝나는 거예요. 시간이 길어지면 반드시 절망이 오거든요. 한두 번의 고통은 극복할 수 있고 좋아지리라는 소망을 갖지만, 좌절할 수밖에 없는 시간이 길어지면 희망이 사라집니다. 좌절의 길을 오래 걷고 있으면 우리 마음에는 절망이 일상이 되고 말아요.

제가 코로나로 어려운 때 개척한다고 하니까 주변의 모든 사람이 불쌍히 여겨 주셨습니다. 후배들이 찾아와서 그러더군요. "내가 살면서 본 형 모습

중에 이렇게 마음이 가난해져 있는 모습은 처음 봐요." 제 모습을 보면서 은혜가 된다는 거예요. 저는 개척하면서 기도밖에는 할 게 없어요. 띠를 두르고 전도를 할 겁니까? 요즘 전도해도 반응이 없어요. 우리 교회에 오늘 처음 오신 분들은 되게 당황하셨을 거예요. 엘리베이터에 교회 표식이 없어요. 거의 국정원이죠. 4층이라는 얘기만 해주면 본인이 알아서 찾아와야 하고, 알아서 같이 예배해야 해요. 밖에 교회라고 써 붙이는 것도 굉장히 부담스러운 상황이에요. 우리의 상황은 녹록하지 않아요. 앞으로도 어떻게 해야 할지 모르는 어려움 속에서 하루하루 살아가는 거예요.

마른 뼈 같은 우리

모든 사람이 절망하는 그때 하나님이 환상으로 우리의 영적 상황을 정확하게 직관적으로 보여 주십니다. 바로 마른 뼈였어요.

지금 우리의 현실이 어떠한가요? 우리 안에 이 마른 뼈가 다 있거든요. 제가 요즘 조금 예민해졌나 봐요. 어느덧 제게도 갱년기가 온 것 같아요. 툭하면 성질이 나는 거예요. 배가 고픈 타이밍에 아내가 저녁밥을 안 해주면 얼마나 화가 나는지요. 여러분, 아내 표정 보면 알잖아요. 남편을 보살피는 영업을 할지 안 할지를…. 아내 표정에서 영업은 이미 끝났어요. 그런데 제가 배고프니 화가 나는 거예요. 지난 금요일에 아내가 상담하러 상담실을 갔어요. 나를 좀 상담해 줬으면 좋겠어요. 그런데 주말에도 쉬지 않고 상담하러 가요. 제가 좀 놀렸어요. 자꾸 상담쟁이들 만난다고. 아침에 눈 뜨자마자 애들이 배고프다고 하면 샌드위치를 만들어 가져다줘요. 저는 운동 갔다 와서 또 집회 가야 해서 바빴단 말이에요. 집에 왔는데 배가 너무 고프니까 갑자기 화가 나더라고요. 그래서 제가 직접적으로 밥해 달라는 말을 못하고, 고구마라도 구워달라고 했어요. 그런데 아내가 이 말을 못 알아듣더라고요. 눈치도 없이 밥을 안 해주고 고구마만 구워요. 거기다 화를 돋우는 말을 들었어요. 아내가 제게 이러는 거예요. "밥을 안 했어?" 제가 한 말이 아니고 아내님이 하신 말씀이에요. "밥을 왜 안 했는데? 쌀 씻어놨는데." 아내의 그 말에 머릿속에서 갑자기 분노가 치솟는 거예요. '세상이 왜 이렇게 험악해졌나?'라는 생각이 들 만큼 성질이 나려는데 분출하지 않고 저 나름대로 참았어요. 그런데 아내가 그러더라고요. "왜 이리 화를 내요?" 하기에 "내가 언제 화를 냈어?" 했죠. 그런데 우리 딸이 "아빠, 진짜 이상해. 왜 이리 화를 내고 그래?" 하더군요. 어쨌든 밥을 다 먹었어요. 그러고 나서는 딸이 웃더라고요. "아빠, 이제 괜찮아?" 그제야 저도 해맑아졌어요. "괜찮아!"

제 내면에 이 같은 마른 뼈가 너무 많더라고요. 괜찮은 척할 뿐이지 우리 각자에게 두려움이 있습니다. 지난주일 예배 마치고 집에 가니 편두통이 시작됐어요. 편두통이 얼마나 괴로운지 제가 처음 겪어 봤거든요. 딱따구리가 머리 한쪽만 다다다닥 쪼더라고요. "나는 조류를 안 좋아하니, 꺼져라!" 선포해도 계속 다다다닥 쪼는데 괴로워서 아내에게 심한 편두통이 온 것 같다고 했더니, 아내가 평소 제가 해온 말을 그대로 돌려주더군요. "약 먹어요" 그래서 약을 먹었어요. 한 방에 사라지지 않더라고요. 새벽 4시에 또 깨어 약을 먹었어요. 한 이틀 동안 어지럽고 빈혈이 왔어요. 세상이 팽팽 도는 기분이었어요. 가만히 생각해 보니 원인은 스트레스였어요. 하나님이 힘든 개척의 길에 엄청난 선물을 주고 계신데도 현실에서 부딪히는 문제 앞에서는 가슴이 너무 답답한 거예요. 예수님이 제 삶의 핸들을 쥐고 운전해 주시지만, 제가 핸들을 잡을 수 없다는 현실이 얼마나 불안한 줄 아세요? 아마 여러분 중에 완전한 자율주행차가 나와도 핸들 못 놓으실 분이 99퍼센트일 겁니다. 자율주행 기능을 설정해 놓고 달리는 차 안에서 편안하게 커피 마실 수 있는 사람은 아무도 없을 거예요. "어어어… 어어어…" 하면서 불안해하실 게 뻔합니다.

교회 개척은 아무리 생각해도 하나님 역사예요. 이 공간을 만드신 것도 하나님의 역사이고, 여기 사람이 모인 것도 하나님의 역사입니다. 이런 교회는 세상에 없을 거예요. 페이스북 메시지로 연락이 오는데 "혹시 예배 가도 되나요?" 물으십니다. 우리가 회원제 교회로 운영하는 것도 아닌데 말이에요. 혹시 가도 되냐고 물어 오시면, "고민 좀 해 볼게요" 하고 시험 치고 등록해야할 것 같은 느낌적 교회가 된 상상을 하게 됩니다. 개척 교회를 찾아주신다는게 너무나도 감사합니다.

여러분, 제 설교의 기준은 제 딸이 웃느냐 안 웃느냐, 입니다. 이름 모를 분들이 오시고, 제 후배들이 오고, 또 동료들 등 많은 분이 오셔서 그러십니다. "개척 교회 같지 않다. 어떻게 이렇게 할 수가 있냐? 하나님의 축복이다"라고 얘기해 주시는데 저는 감사할 것밖에 없습니다. 정말 모든 게 주의 은혜죠. 이렇게 말을 하고는 뒤돌아서면 계속 고민이 되는 거예요. '앞으로 어떻게 하지? 어떻게 하면 좋을까?' 제 안에 있는 마른 뼈 같은 요소들이 모습을 드러내요. 교회에서 마른 뼈 없는 척하지 마세요. 우리 안에 누구나 다 마른 뼈가 있거든요. 그런데 그것 때문에 하나님께 너무나 감사한 거예요. "네가 많이 아프지?" 하시며 돌려서 알려 주시는 게 아니라 직관적으로 마른 뼈를 보여 주며 말씀하십니다. 11절을 보십시오. "또 내게 이르시되 인자야 이 뼈들은 이스라엘 온 족속이라 그들이 이르기를 우리의 뼈들이 말랐고 우리의 소망이 없어졌으니 우리는 다 멸절되었다 하느니라". 즉, 네가 보고 있는 모든 사람을 그냥 사람이라고 생각하지 말고 마른 뼈라고 생각하라고 하십니다.

지금 우리의 영혼은 어떤가요? 나부터 시작해 우리 모두 마른 뼈 같은 모습입니다. 기도 한 번 하기가 쉽지 않아요. "하나님 감사합니다" 하는 기도가 진도 나가지 않고 좌절이 너무 깊습니다. 낙망이 너무 깊어 앞으로 어떡하지? 내 신앙생활은 어떻게 하며 먹고사는 문제는 어떻게 해결하지? 아이들을 어떻게 돌볼까, 생각하며 일시적인 편두통이 아니라 항상 두통이 올 수밖에 없습니다. 우리 집에 걱정이 깊은 분이 한 분 계십니다. 바로 우리 어머니세요. 어머니가 제 설교를 들으십니다. "엄마, 사랑해요!" 어머니께 전화드리면 늘 걱정하세요. 우리 어머니는 걱정 먹는 하마입니다. "어머니, 잘 지내셨어요?" 그러면 목소리부터 이미 기운이 없으세요. "그래, 엄마가 해줄 수 있는 게 없고, 기도밖에 할 게 없어서 미안하구나." 저는 "잘 지냅니다. 저는 괜찮습니다" 해도 어머니는 "우리 강 목사, 집회를 다녀야 생활도 될 텐데…" 깊은 시름을 이어가십니다. 저는 "어머니, 하나님이 다 살게 하십니다" 말씀드려도 어머니는 마음이 너무 힘드신 거예요.

우리 모두 좌절이 깊은 시대를 살고 있어요. 자영업 하시는 우리 장 집사님께 오더가 와요. 그런데 코로나 위기 속에 보내 줄 물건이 없어요. 미국과 중국에서 물건이 들어와야 하는데 안 들어오는 거예요. 그래서 제가 기도할 때 얼마나 글로벌하게 기도하는지 아세요? "하나님, 딴 데는 모르겠고 일단 그곳에 납품이 될 수 있도록 도와주세요. 중국도 좀 도와주시고 미국도 기억해 주세요." 기도할 때마다 걱정이 한둘이 아닙니다. 마른 뼈의 심정이에요.

마른 뼈인 우리가 가져야 할 소망

그런데 주님은 이 마른 뼈 안에서 소망을 보게 하십니다. 주님이 우리에게 물으십니다. 이 마른 뼈가 능히 살겠느냐고 말입니다. 여러분, 두렵고 불안한 현실에서 살겠느냐고 물으시는 말씀 앞에 우리가 할 수 있는 대답은 아무것도 없습니다. 그런데 에스겔은 이렇게 얘기하는 거예요. "주님이 하십니다." 저는 두 가지 의미가 있다고 생각해요. 살짝 믿음이 있는 것 같고, 에라 나는 모르겠다, 이런 마음도 있는 것 같고요. 천국 가서 확인해 봐야 할 부분이에요. 에스겔 입장에서는 기가 막히지 않았을까요? 한번 생각해 보세요. 목사님들이 이런 설교 진짜 많이 하실 거예요. "하나님이 함께하십니다. 두려움 마시고 걱정하지 마세요. 모든 걸 회복시켜 주십니다." 그러면 이제 반주 나오겠죠. 쿵짝쿵짝! 할 수 있다! 흥겨운 분위기를 띄웁니다. 그런데 우리 솔직하고 냉정하게 말해 봅시다. 그 말씀에 위로가 됩니까? "우리 목사님 세상 물정 참 모르신다. 지금 세상이 얼마나 힘든데…" 하지 않겠습니까? 이제부터 우리가 겪어가야 할 앞으로의 위기는 더 심각합니다. 지난 분기 OECD 국가의 경제 성장률이 마이너스 11퍼센트입니다. 중국이 곤두박질치고 미국이 곤두박질치면 우리 경제에 여파가 없을까요? 앞으로 경제 쓰나미가 몰려올 거예요. 그러니 마음을 단단히 잡고 있어야 합니다. 지금 걱정되고 두려운 게 한둘이 아닌데, 갑자기 단 위에서 "괜찮습니다. 주님이 우리와 함께하십니다" 하는 말에 위로가 되겠냐고요.

에스겔의 입장은 어떨까요? 지금 마른 뼈 같은 사람들이 눈앞에 보이는 거예요. 도대체 이 사람이 내가 알고 있는 그 사람이 맞나 싶을 만큼 믿음이 완전히 해체돼 있고 아무 소망도 없는 사람들 앞에서, 하나님은 마른 뼈라고 하십니다. 하나님은 이렇게 말씀하시는 거예요. "에스겔 인자야, 이 뼈가 능히 살겠느냐?" 저한테 안 물어보신 게 천만다행이에요. 저한테 물어보셨으면 화부터 났을 거예요. 그런데 이 말씀을 듣는 우리는 하나님을 향한 믿음과 그분의 도우심을 기억해야 해요. 에스겔에게는 하나님이 함께하실 거란 일말의 믿음이 있었어요. 그 믿음이 없다면 우리가 어떻게 교회로 모였겠어요? 그 일말의 믿음이 우리를 살게 하고 소망을 줍니다.

현실적으로 생각하면 지금 전 세계가 마치 편두통을 앓는 것처럼 두려운 시대를 살고 있어요. 알베르 까뮈가 1947년에 쓴 《페스트》라는 유명한 장편소설이 있어요. 그 책에서 그는 마치 코로나19를 예언한 것처럼 써놨어요. 이 코로나 사태는 또 벌어질 것입니다. 이런 사건을 통해서 우리는 무엇을 할 수 있을까요? 우리가 얼마나 연약한 존재이고 마른 뼈 같은 모습인지를 실제로 볼 수 있게 해주셨습니다.

여러분, 사람들은 두 가지 모습으로 나뉘어요. 내 영혼이 진짜 별 볼 일 없구나, 하나님의 도우심이 필요하구나, 라고 깨닫는 사람이 있는 반면에 더 돈에 집착하는 사람이 있어요. 사람의 복 중에 치아 건강의 복이 있어요. 양치질을 잘한다고 이가 안 썩는 게 아니더라고요. 제가 받은 복 중의 하나가 그 치아의 복이에요. 제 아버님도 치아가 건강한 편이에요. 그런데 얼마 전에 아버지가 임플란트를 하셨어요. 왜 했는지 아세요? 아버님은 양치질을 30분씩 하세요. 치과 선생님이 깜짝 놀랐죠. 이가 닳아서 없어지고 있었거든요. 분노의 칫솔질 원조는 차인표가 아니라 우리 아버지예요. 전쟁하듯이 이를 닦으세요. 더 웃긴 건 하루에 최소 세 번은 양치질을 해야 하잖아요? 아버지는 한 번으로 끝내신다는 거예요. 의사 선생님은 아버지에게 "어르신, 절대로 그런 양치 습관을 가지시면 안 됩니다" 했지만 안 들으세요. 또 우리 집안의 복 중의 하나가 소화력이에요. 저는 아무리 상한 걸 먹어도 속이 탈 나지 않아요. 심지어 빵을 먹고 있다가 빵에 꽃(곰팡이)이 피어 있는 것을 본 적 있어요. '얘가 왜 이럴까?' 하면서 먹었는데 그래도 괜찮았어요. 반면 제 아내는 맛에 대해 굉장히 예민하고 저 같은 소화력이 없어요. 조금만 상해도 못 먹거든요. 그래서 저보고 꼭 먼저 맛을 보라고 얘기해요. 우리가 매일 먹는 음식을 잘못 보관하거나 오래 두면 상하고 말죠. 그런데 여러분, 음식만 상할까요? 돈은 안 썩을까요? 부동산은 안 썩을 것 같나요? 잘 아셔야 해요. 겉으로 안 썩어 보이는 게 더 무서운 거예요. 빵이 일주일 지나도 곰팡이가 안 슬었다면 그 빵이 좋은 빵일까요? 방부제를 얼마나 쳐넣었을까 하는 생각을 해야죠. 여러분, 겉으로 안 썩어 보이면 안 썩은 겁니까? 더 심각하게 썩고 있습니다.

민음의 사람들은 이걸 알아야 해요. 돈을 돈 되게 쓸 줄 아는 게 믿음이에요. 부동산을 아무리 많이 갖고 있어도 썩어 나자빠지는 사람들이 있어요. 돈을 하나님이 원하시는 대로 돈이 돈 되게 쓰는 사람이 있어요. 그런데 대다수 사람은 돈이 썩는 줄 모르는 거예요. 쌓아 두면 영원할 것 같잖아요? 천만의 말씀입니다. 이스라엘은 왜 하나님을 떠났을까요? 하나님의 말씀이 그들에겐 현실과 너무 동떨어져 보였기 때문입니다.

"하나님, 세상을 너무 모르시는 것 같아요. 하나님, 우리 지금 어떻게 되는지 아세요? 한국 상황을 아세요? 모르시니까 자꾸 믿음으로 살라는 그런 헛소리는 그만 하세요. 제가 지금 처한 현실을 살아보셨어요?" 이런 소리가 나옵니다. 현실적으로 보면 믿음으로 산다는 게 너무 허무맹랑한 이야기처럼 보입니다.

겉으로는 믿는 척한 이스라엘 백성들의 내면은 어땠을까요? 잔머리 다 굴리면서 세상 사람들이 살아가는 방식 그대로 살아간 거죠. 그것이 이스라엘의 현주소였어요. 그렇게 믿는 척만 하면 살 줄 알았던 거죠. 여러분, 대한민국에 똑똑한 사람들이 얼마나 많아요? 그렇게 똑똑한 사람들이 많은데 위기를 겪고 경제적인 어려움을 당하는 건 왜일까요? 미국에 그렇게 똑똑한 사람들이 많은데 이번에 코로나19 사태를 통해 우리가 본 게 무엇입니까? 진짜 대단한 줄 알고 있던 미국과 유럽이 코로나로 무너지면서 한국의 방역을 칭찬하고 있어요. 우리는 평소에 미국 따라가면 좋다, 유럽처럼 되면 좋다 하면서 깜짝 놀랐어요. 우리보다 강하고 잘사는 나라들이 별 볼 일 없다는 거예요. 코미디언 이주일 선생님이 국회의원을 그만두면서 명언을 남겼어요. 내가 배움이 더 필요하다고요. 국회에는 나보다 웃긴 사람이 많아서 내가 좀 더 배워 국회에 들어가야 할 것 같다고요. 똑똑하다는 사람들이 모여 나랏일을 한다는 집단이 실제로는 기도 안 차는 거예요. 이게 현실이에요. 최고의 학력을 지닌 똑똑한 사람들이 엄청난 걸 가지고 있다고 자랑하지만, 사실은 마른 뼈였다는 거예요. 하나님의 계획은 무엇일까요? 내가 마른 뼈라는 것을 인지하고 "하나님, 내가 가지고 있는 것으로는 살아갈 수 없습니다"라고 고백하는 그때부터 하나님은 일하십니다.

마른 뼈가 살아나는 구원

가장 바닥을 친, 그발 강가에서 아무런 소망이 없을 때 주님은 무엇을 시작하셨습니까? 죽음을 직면한 에스겔을 통해서 하나님의 공동체를 일으키기를 원하셨어요. 에스겔 37장과 데칼코마니 같은 말씀이 에베소서 2장 1절에 있습니다. "그는 허물과 죄로 죽었던 너희를 살리셨도다". 에스겔 37장 9절에 하나님은 "죽음을 당한 자에게 불어서 살아나게 하라"고 하십니다. 예수님이 예루살렘에 들어가시기 직전에 엄청난 사건을 일으키셨습니다. 어떤 사건일까요? 바로 죽은 나사로를 살리신 사건입니다. 당시 사람들에게 예수님에 대한 기대치가 극에 달해 군중들이 몰려들 때였어요. "저분은 메시아다." 모두가 기대하며 바라본 예수님이 예루살렘에 입성하시기 직전에 죽은 지 삼 일이나 지나 썩어서 냄새나는 나사로에게 가십니다. 유월절 명절을 맞아 흩어져 있던 유대인들이 올라와서 예수님에 대한 소문을 들은 때였어요. 예수님이 얼마나 핫한 분이었겠습니까? 거의 하나님 나라 방탄소년단이었죠. 사람들이 몰려들고 있는데 죽은 나사로의 무덤에 가신 예수님은 눈물을 흘리시고는 "입구를 막은 돌을 옮겨 놓으라" 하셨습니다. 마리아는 예수님을 좀 알잖아요. 혹시 주님이 오버하실까 봐 귓속말로 "죽은 지 3일이나 지나 썩어 냄새납니다. 주님 마음은 알겠으니, 노 탱큐예요" 했지요. 예수님은 "내 말을 믿으면 하나님의 영광을 보리라 하지 않았니?" 하시고 "나사로야, 나오라"고 부르셨어요. 여러분, 죽은 사람이 살아나는 걸 보면 어떨 것 같으세요? 우리가 경험하지 못한 일이지만, 죽은 사람이 살아났을 때 사람들은 큰 충격을 받으며 놀랐을 것입니다. 에스겔 37장에 마른 뼈를 살리신 말씀이, 예수님 시대에 나사로라고 하는 상징성 있는 인물을 살리심으로써 주님이 하시는 일이 어떤 것인지를 우리에게 보여주셨습니다.

오늘 마른 뼈 같고 죽은 나사로 같은 우리 삶이지만, 거기에 하나님 구원의 역사가 있다는 것을 바라봐야 합니다. 쉽지 않은 삶, 절망적인 삶이어도 주님을 향한 소망을 가질 때 우리는 죽음의 공포, 두려움, 염려를 넘어갈 수 있는 사람입니다. 여러분, 붙잡아야 할 것을 붙잡아야 해요. "주님이 나와 함께 하신다", "주님이 나를 붙잡고 계신다"는 믿음을 가지고 다시 한 번 살아가는 거예요. 겨자씨 만한 믿음이라 할지라도, 마른 뼈 같은 내 인생이어도 나와 함께하실 주님을 신뢰하며 나아가리라는 그 고백을 드리며 오늘을 살아가는 것입니다.

인생의 큰 파도를 타는 하나님의 사람

그리스도인의 삶의 양식을 설명하고 있는 말씀이 에스겔 37장입니다. 끊임없이 두려움과 염려, 근심이 찾아올 겁니다. 두려운 시간을 파도 타듯이 넘어갈 수 있는 사람이 하나님의 사람입니다. 제가 1997년에 미국 유학을 갔을 때 일본인 친구 한 명과 친해졌어요. 알고 보니 그는 교포 4세였어요. 그래서인지 그 친구는 다른 일본인들에게 없는 성향이 있었어요. 보통 일본 친구들은 데면데면하고, 우리도 그들에게 또 그런 게 있잖아요? 그 친구는 붙임성이 있었어요. 확실히 한국인의 피가 흐르고 있다는 것을 알게 됐죠. 저를 보더니 나이를 묻더라고요. 그러고는 자꾸 형님, 형님 해서 그래그래 동생, 동생 이러니까, 자기 이름을 소개하는데 손목을 가리키면서 내 이름은 시계, 시계 하더군요. 이 친구의 이름이 일본식 발음으로 시계였어요. 자기를 기억해 달라는 거죠. 게다가 아주 유머러스한 친구였어요. 알고 보니 오사카 출신이더군요. 일본 코미디언들 중 95퍼센트가 오사카 출신이거든요. 쉽게 말하면 오사카는 한국의 부산 사람들이라고 생각하면 됩니다. 말이 좀 거칠고 오버가 심한 그런 캐릭터가 부산과 오사카에 많아요. 그 친구가 서핑을 좋아했어요. 얼굴이 햇볕에 그을려 까무잡잡했는데 학교에 올 때도 서핑보드를 들고 오는 거예요. 저는 되게 멋있어 보였어요. 올드팝 중에 유명한 밴드 '비치 보이스'가 부른 서프 음악(Surf Music)의 분위기처럼 미국에서 타야 어울릴 것 같은데 저는 생소한 서핑을 그는 늘 즐겼어요. 제가 너무 궁금해서 "너 타는 거 보고 싶다" 그랬어요. 주변에 파도 질이 기막히게 좋은 해변이 있었거든요. 그 비치에서 시계가 서핑을 하는 모습이 굉장히 멋져 보이더군요. 그런데 하루는 전화가 왔어요. 그날 태풍이 몰려와 비바람이 무섭게 치는 날이었는데, 서핑하러 같이 가겠냐는 거예요. 그래서 제가 말렸죠. 너 큰일 난다, 이런 날씨에! 제가 미국에서 놀란 게 있어요. 한국은 파도가 위험하게 치면 수영 금지라고 붙여놓고, 누군가 바다에 가까이 가면 경고 방송하고 난리가 나잖아요? 미국은 프리덤이에요. 죽을 놈은 죽고 사는 놈은 사는 거예요. 아무도 안 말려요. 진짜 파도가 무섭게 치는 날이어서 제가 시계를 말렸어요. "야! 정신 차려라. 큰일 난다. 너 죽는다". 그런데 시계가 한 말이 기억나요. "오늘 같은 날이 파도타기 제일 좋은 날이야" 그러고는 화가 잔뜩 난 바다에 들어가 파도를 쫙 타는 거예요. 지금도 그 장면이 선명해요.

인생에 심한 파도가 칠 때가 있어요. 그때 믿음의 보드 위에 서서 파도를 타는 거예요. 파도가 잠잠하고 안전해 보이는 바다에서만 살고 싶죠? 그런데 누구에게나 반드시 예기치 못한 풍랑이 와요. 그때 조심하셔야 할 게 있어요. 나만 괴롭고 힘들다는 생각을 하시면 안 돼요. 모두가 어려워요. 안 힘든 사람이 누가 있겠어요? 다 고통이 있어요. 이 사람은 이 사람대로 저 사람은 저 사람대로 인생의 고통이 있어요. 인생의 마른 뼈는 누구에게나 있기 때문에 매 순간 죽을 것 같은 고통을 경험해요. 그때 조심해야 할 게 나만 이런 일이 닥

친다는 착각입니다. 여러분, 성도들끼리 교제가 왜 중요한지 아세요? 나만 그렇지 않구나, 하는 걸 발견할 수 있기 때문이에요. 모두가 나 이상으로 힘들구나, 하면서 위로를 얻을 수 있어요.

직장 생활하는 분 중에서 또라이 김 부장 없는 사람이 누가 있어요? 내가 사장이면 좋겠다 하지만, 사장이 되면 어떨까요? 월급 주는 날이 제일 무서워요. 받을 때가 행복하지, 하면서 다음 달 월급을 걱정해요. 사람들마다 두려움과 염려가 있습니다. 학생들은 언제가 좋을까요? 빨리 학교 졸업하고 싶죠. 뒤돌아보면 학교에서 급식 먹을 때가 좋은 때에요. 그 놀라운 은혜를 모르죠. 여러분, 결혼할 때보다도 좋은 때가 연애할 때에요.

인생은 아름다워요, 말하면서도 사실은 모두 고민이 있고 염려가 있어요. 믿음이라는 건 장식품이 아니에요. 파도를 타는 거예요. 그 어려움과 역경을 딛고 일어서는 거예요. 겨자씨 한 알 만한 믿음을 붙잡는 거예요. 죽은 지 사흘이나 지난 나사로가 순종한 것을 보세요. 죽음도 순종하잖아요? 마른 뼈 같은 내 인생이 주님의 음성을 듣기 시작하면 거기서 기적이 시작됩니다.

우리를 살리고 살아가게 하는 말씀

여러분, 에스겔 37장의 이 환상으로 에스겔은 평생을 살아갑니다. 하나님의 놀라운 뜻을 바라보고 하나님이 이루실 일들을 믿으며 좌절을 딛고 일어나야 합니다. 낙망을 딛고 일어나고, 상황을 이겨 내고, 승리하며 살아갈 수 있습니다. 이것이 믿음 아니겠어요? 여전히 포로 상태는 변하지 않았고 여전히 한 줄기 빛도 보이지 않아요. 그러나 하나님을 열망하는 사람이 믿음의 사람입니다. 입으로만 소망을 얘기하는 게 아니라 우리의 존재 자체가 하나님의 살아 계심을 드러내는 사람들입니다. 왜 우리가 세상 사람들에게 손가락질당할까요? 이유는 딱 하나입니다. 사람들은 하나님이 살아계신 모습을 우리의 삶을 통해 보기를 원합니다. 그런데 마치 하나님이 죽으신 것처럼 우리가 살아가고 있는데 무슨 소망을 보겠습니까? 하나님의 역사하심을 우리의 삶으로 보여 줘야 하는 거예요.

제가 참 신기해하는 것이 있어요. 저는 지금껏 청소년과 청년 사역을 해왔거든요. 개척하면 청소년과 청년들이 많이 올 줄 알았어요. 청년들은 많이 오긴 했지만, 연세 드신 분들도 많이 오셨어요. 그래서 권사님께 여쭤봤어요. "권사님, 제 설교가 좀 올드한가요?" 그랬더니 권사님이 "나이 드니까 뭘 들어도 파이팅 넘치는 말을 듣고 싶지, 처지는 건 듣고 싶지 않아요"라고 하시더군요.

여러분, 믿음으로 소망을 갖고 사랑하십시다. 어려움은 늘 오는 것이고 그 순간에도 우리가 기대하지 않은 선물까지 하나님이 예비하십니다. 어려움 속에서 말씀 하나 붙잡고 일어나는 저와 여러분이 되기를 간절히 소망합니다.

하나님 아버지, 우리가 지고 있는 무거운 짐들이 영원할 거로 생각합니다. 돈과 부동산은 썩지 않을 줄 압니다. 세상에 썩지 않는 것은 아무것도 없습니다. 하나님, 썩지 않을 말씀으로 양식 삼는 백성이 되도록 축복해 주옵소서. 눈앞에 보면 아무것도 아닌 것 같지만, 주님의 말씀이 오늘을 살게 하고 이 위기를 극복하게 하는 놀라운 능력임을 발견하게 하여 주옵소서. 우리 모두 이 마른 뼈가 능히 살겠냐는 도전을 받고 있습니다. 우리 안에 있는 믿음이 마른 뼈 같음을 긍휼히 여겨 주옵소서. 하나님의 생기를 불어넣어 주시고, 하나님 말씀이 선포되게 해주셔서 이 마른 뼈 같은 우리의 영혼이 이곳저곳 연결되게 도와주시고, 다시 하나님의 생기로 살아나 하나님 백성 되게 하시어 하나님의 군대가 되는 놀라운 은혜를 경험하게 하여 주시옵소서. 우리 자신을 먼저 추스르고 수많은 사람에게 하나님의 살아계심을 드러내는 주의 백성이 되게 하여 주시옵소서. 예수 그리스도의 이름으로 기도합니다. 아멘.

설교 유튜브로 보기

²² 그러므로 너는 이스라엘 족속에게 이르기를 주 여호와께서 이같이 말씀하시기를 이스라엘 족속아 내가 이렇게 행함은 너희를 위함이 아니요 너희가 들어간 그 여러 나라에서 더럽힌 나의 거룩한 이름을 위함이라

²³ 여러 나라 가운데에서 더럽혀진 이름 곧 너희가 그들 가운데에서 더럽힌 나의 큰 이름을 내가 거룩하게 할지라 내가 그들의 눈 앞에서 너희로 말미암아 나의 거룩함을 나타내리니 내가 여호와인 줄을 여러 나라 사람이 알리라 주 여호와의 말씀이니라

²⁴ 내가 너희를 여러 나라 가운데에서 인도하여 내고 여러 민족 가운데에서 모아 데리고 고국 땅에 들어가서

²⁵ 맑은 물을 너희에게 뿌려서 너희로 정결하게 하되 곧 너희 모든 더러운 것에서와 모든 우상 숭배에서 너희를 정결하게 할 것이며

²⁶ 또 새 영을 너희 속에 두고 새 마음을 너희에게 주되 너희 육신에서 굳은 마음을 제거하고 부드러운 마음을 줄 것이며

²⁷ 또 내 영을 너희 속에 두어 너희로 내 율례를 행하게 하리니 너희가 내 규례를 지켜 행할지라

²⁸ 내가 너희 조상들에게 준 땅에서 너희가 거주하면서 내 백성이 되고 나는 너희 하나님이 되리라

²⁹ 내가 너희를 모든 더러운 데에서 구원하고 곡식이 풍성하게 하여 기근이 너희에게 닥치지 아니하게 할 것이며

³⁰ 또 나무의 열매와 밭의 소산을 풍성하게 하여 너희가 다시는 기근의 욕을 여러 나라에게 당하지 아니하게 하리니

³¹ 그 때에 너희가 너희 악한 길과 너희 좋지 못한 행위를 기억하고 너희 모든 죄악과 가증한 일로 말미암아 스스로 밉게 보리라

³² 주 여호와의 말씀이니라 내가 이렇게 행함은 너희를 위함이 아닌 줄을 너희가 알리라 이스라엘 족속아 너희 행위로 말미암아 부끄러워하고 한탄할지어다

³³ 주 여호와께서 이같이 말씀하셨느니라 내가 너희를 모든 죄악에서 정결하게 하는 날에 성읍들에 사람이 거주하게 하며 황폐한 것이 건축되게 할 것인즉

³⁴ 전에는 지나가는 자의 눈에 황폐하게 보이던 그 황폐한 땅이 장차 경작이 될지라

³⁵ 사람이 이르기를 이 땅이 황폐하더니 이제는 에덴 동산 같이 되었고 황량하고 적막하고 무너진 성읍들에 성벽과 주민이 있다 하리니

³⁶ 너희 사방에 남은 이방 사람이 나 여호와가 무너진 곳을 건축하며 황폐한 자리에 심은 줄을 알리라 나 여호와가 말하였으니 이루리라

³⁷ 주 여호와께서 이같이 말씀하셨느니라 그래도 이스라엘 족속이 이같이 자기들에게 이루어 주기를 내게 구하여야 할지라 내가 그들의 수효를 양 떼 같이 많아지게 하되

³⁸ 제사 드릴 양 떼 곧 예루살렘이 정한 절기의 양 무리 같이 황폐한 성읍을 사람의 떼로 채우리라 그리한즉 그들이 나를 여호와인 줄 알리라 하셨느니라

하나님의 자기 증명

에스겔 36:22~38

자기를 증명해야 하는 시대

페이스북에 재미있는 동영상을 보았습니다. 50대 남자분이 통화하는 장면이었습니다. 가족들과 영화를 보려고 인터넷으로 예매를 하는데 자신의 계정이 휴면계정이었어요. 그래서 담당자와 통화하며 휴면계정을 풀려고 하는데, 몇 번을 해도 안 되니까 이분이 계속 이러시는 거예요. "안 되는데. 또 나를 증명해야 해? 내가 난데? 뭘 자꾸 증명하래? 등록을 했어. 깔았어. 또 안 돼. 내가 난데! 내가 누구를 또 증명해?!" 20분 동안 계속 전화로 이 얘기를 하시는 영상이 너무 재밌어서 포복절도하며 보았어요. 상담원과 얘기하는 아저씨는 충청도 사투리를 쓰셨는데 답답해도 화를 내지는 않고

"환장할겨"를 반복하셨어요. 여러분, 지금은 자기를 증명하는 시대잖아요. 남의 명의로 사기를 치는 사람이 얼마나 많습니까? 페이스북 제 계정을 방글라데시에서 해킹해서 들어오신 분이 계시더라고요. 저는 방글라데시에 가본 적도 없고 가고 싶은 마음도 없는 사람이에요. 그런데 누군가 내 아이디와 패스워드를 써서 제가 다시 저를 증명해야 했어요.

오늘 말씀의 제목이 <하나님의 자기 증명>입니다. 에스겔서에서 가장 많이 나오는 표현이 "내가 여호와인 줄 알리라"입니다. 이 표현이 60번 나옵니다. 요즘은 참 편해졌어요. 성경책을 펼쳐서 일일이 세지 않아도 성경 사이트에서 검색하면 정확하게 나옵니다. 하나님이 자신을 증명하신다는 표현이 무려 60번이에요. 하나님의 증명, 당신이 누구신지를 드러낸 곳이 에스겔서입니다. 그렇다면 에스겔은 어떤 시대적 상황에서 이 성경을 기록했을까요? 남유다가 바벨론에 망해서 포로로 끌려갑니다. 여호야긴이라는 왕이 통치할 때 멸망하고 그 왕과 함께 끌려간 사람이 에스겔입니다. 바벨론 남부의 그발이라는 강가 마을에 유대인들이 끌려와 집단 수용되었어요. 거기에서 받은 하나님의 말씀을 기록한 성경이 에스겔서입니다.

인간의 위험한 본능들

이 에스겔서의 전반부는 우리가 왜 멸망했는지를 설명합니다. 지난주에 총선 투표가 있었습니다. 투표 후 신기한 현상이 있는데, 선거 결과에 대한 해석이 각기 다른 거예요. 선거 판세가 왜 이런 식으로 됐는가를 자기 유리한

대로 제각각 분석해 놓았습니다. 그런데 생각해보면요. 제대로 된 해석을 한 다는 게 참 어렵습니다. 사람이 잘못된 생각을 참 많이 하기 때문입니다. 자기 주관만이 옳고 똑똑하다고 생각하거든요. 자기 스스로가 대단한 사람이고 또 그런 대단한 사람이 많기에 정확하고 공정한 판단을 한다는 게 굉장히 어렵습니다.

요즘 공부하려고 마음먹으면 공부할 주제가 참 많습니다. 교회 개척 후 제가 매일 교회에 나오거든요. 방해하는 사람도 없고 조용해서 좋아요. 교회에서 성경을 읽고 독서한 뒤에는 너무 거룩해지는 것 같아서 유튜브를 봅니다. 좋은 영상들이 너무 많습니다. 그중에 책을 분석해 주는 유튜브 채널이 있는데,《팩트풀니스》라는 책에 대한 영상을 보았습니다. '팩트'가 '사실'이잖아요. 우리말로 하면 '사실 충만성'인데 좀 없어 보이고 무슨 말인지 와닿지도 않죠. 이 책을 쓴 사람이 한스 로슬링입니다. 그는 책에서 인간이 '느낌'을 '사실'로 인식하는 10가지 비합리적인 본능을 설명합니다. 간극 본능, 부정 본능, 직선 본능, 공포 본능, 크기 본능, 일반화 본능, 운명 본능, 단일관점 본능, 비난 본능, 다급함 본능 등입니다. 그중에 우리가 특히 유의해야 할 몇 가지를 말씀드리겠습니다.

위험한 본능의 첫 번째는 '간극 본능'입니다. 인간의 간극 본능은 극단적으로 생각하는 본능을 말합니다. 사실 세상에는 극단적인 것보다 보편적인 게 훨씬 많아요. 쉽게 말하면 사람들이 무언가를 자꾸 밀어붙이려는 데 극단적인 방식을 취한다는 겁니다. 지금 코로나19 사태로 미국도 멘붕이고 일본, 프랑스, 독일, 스페인 할 것 없이 전 세계가 난리입니다. 그런 가운데 사람들은 극단적으로 원인을 찾고 싶어 합니다. 어디에다가 탓을 할까요? 가장 쉬운 게 정치권 탓을 하는 겁니다. "왜 빨리 검사하지 않느냐?" 아우성치며 압박하는 거죠. 한국이 진단 키트를 해외에 보내주니까 한국에 고마움을 느꼈을 거예요. 그런데 솔직히 좀 열받을 거라고 생각합니다. 세계 뉴스에서 자주 한국의 방역이 등장하니 선진 경제 국가들은 자존심이 상했을 것입니다. 드라이브 스루를 가장 먼저 정착시킨 것도 한국이에요. 미국, 일본이 뒤늦게 우리의 방역을 차용하면서 이제 그들 나라의 정치인들은 욕받이가 되고 있습니다. 정치권이 공격을 받으니까 해외 정상들이 똑같은 반응을 보입니다. 어떤 반응을 보입니까? 코로나가 우한에 있는 바이러스 연구소에서 나온 거 아니냐? 밝혀라! 하면서 정치적으로 푸는 거예요. 항상 극단적인 생각으로 사람들을 이끌고 갑니다. 여러분, 우리가 그리스도인으로 살아가면서 조심해야 할 것이 간극 본능입니다. 특히 정치적인 견해에서 극단적인 사람을 조심해야 합니다. 자기 마음을 붙인 진영이 좌든 우든 극단적으로 몰아붙이는 본능은 위험을 초래합니다. 너무 빨리 무의식적으로 반응한다는 거예요. 그래서 간극 본능을 위험한 본능 중에 첫 번째로 얘기합니다.

또 '공포 본능'이 있습니다. 사람이 이성적인 것 같잖아요? 공포가 마음에 들어오면 진실이 들어올 틈이 없어집니다. 똑똑한 사람들도 공포 본능이 발현하면 진실을 무시한다는 거예요. 그래서 공포마케팅, 공포정치라는 도구를 사용해 사람을 현혹합니다. 내가 느끼는 공포가 진실인지를 알아보지도 않고 편 가르기나 사재기 같은 반응부터 일어나죠.

또 우리가 유의할 본능에 '크기 본능'이 있습니다. 크면 다 옳고 안전한 줄 아는 것이죠. 사실 크기 본능이 제일 위험한 거예요. 대구에서 지하철 방화 사건이 일어나 온 국민이 충격을 받은 적이 있습니다. 그 참사 후에 심리학자들의 연구가 활발했습니다. 지하철 방화 사건을 일으킨 사람의 정신 분석이 아니라 지하철 안에서 죽어간 사람들의 마지막 장면이 충격적이었기 때문입니다. 그 참사의 현장을 꺼내기가 죄송한 마음입니다만, 지하철 안에서 연기가 자욱하고 불이 날 때 그 안에서 돌아가시는 분들은 얼마나 고통스러웠겠습니까? 그런데 놀랍게 마지막 CCTV에 찍힌 장면은 놀라움을 금치 못합니다. 서로 문을 열려고 난리를 쳐야 할 것 같은데 그렇지 않았어요. 사람들 대부분이 자리에 가만히 앉아 있었습니다. 이 모습이 심리학에서 이슈가 됐던 거예요. 그 끔찍한 상황에서 왜 사람들이 탈출하지 않았을까요? 무슨 수를 써서든 문을 열려고 발버둥 치지 않은 이유에 대한 심리 상태를 연구했습니다. 사람은 이성적으로 판단하지 않는다는 것을 심리실험에서 알 수 있었어요. EBS에서 관련 테스트를 했습니다. 테스트 방법은 대학생들에게 설문 조사를 한다고 하고 알바생을 모아 다섯 명씩 시험을 치게 했습니다. 20분짜리 간단한 설문지 작성 시험을 치면 십만 원을 주는 알바였어요. 20분에 십만 원이면 꿀알바죠. 저도 당장 할 것 같아요. 그래서 줄을 서서 다섯 명이 시험을 쳤어요. 이 다섯 명 중에 네 명은 연기자였어요. 한 명만 진짜 알바 학생이죠. 시험장에서 감독관이 지금부터 자유롭게 시험을 치십시오, 하고 나갔어요. 그리고 그 시험장에 인체에 무해한 연기를 쫙 뿌려 넣었어요. 진짜 알바 학생은 깜짝 놀랐죠. 시험장에 불이 난 것처럼 느껴지니까 옆에서 시험 치던 연기자한테 연기 나오지 않느냐고 합니다. 그 연기자는 모르겠다고 하고 계속 시험을 친 거예요. 이 테스트를 열 명의 학생에게 했는데 열 번 다 결과는 동일했어요. 아무렇지 않게 그대로 자리에 앉아서 시험을 다 친 거예요. 나중에 그 열 명의 학생에게 물었어요. 왜 연기가 들어왔는데 안 나갔냐고 하니 똑같은 답변을 했어요. "옆에 있는 사람이 가만히 있던데요."

여러분, 진짜 위험한 게 무엇일까요? 이성적이고 논리적인 것 같은데 스스로 판단하는 게 아니라 상대방의 눈치만 보면서 살아가는 거예요. 왜 앉아 있었을까요? 지금 당장 내가 죽을 상황임을 알았더라면 그렇게 가만히 앉아서 죽음을 맞이했을까요? 마지막 장면에 누구 한 명이라도 거기에서 살아나려고 무언가를 했더라면 달라졌을 텐데, 그렇지 않았다는 거예요. 이것이 우리가 가지고 있는 크기 본능이에요. 사람들이 많이 모이는 곳에 있어도 이상하다고 느끼면 빨리 벗어나야 하는데 머물러 있어요. 그게 이단들의 특징입니다. 크기라고 하는 본능에 빠지는 사람은 위험한 곳에 빠진다는 거예요.

또 '다급함 본능'이 있다고 해요. 다급함이 본능이라니 쉽죠? 여러분, 홈쇼핑 보면 이 본능을 알 수 있어요. "고객님, 이제 2분 남았어요. 이제 진짜 마감이에요." 그러면서 쇼호스트가 얼마나 다급함 본능을 재촉합니까? "언니, 이것 준비하면서 진짜 나도 놀랐잖아요. 내가 이거 하나 챙기려고 했는데 우리 엄마 것도 못 샀어요" 하면 사람들 전화 주문이 단박에 올라가잖아요. 백화점 매대에서 갑자기 "자, 열 명만 모십니다" 그러면 묻지도 따지지도 않고 살려고 몰려든다니까요. 사람은 이성적이고 분석적인 사고를 할 것 같지만, 《팩트풀니스》를 읽다 보면 우리가 이성적이지도 논리적이지도 않다는 사실을 발견합니다.

우리가 왜 망했을까

제가 이 말씀을 왜 드릴까요? 지금 선거가 끝나고 이러쿵저러쿵 말들이 많듯이, 남유다가 멸망했을 때 포로로 끌려 오면서 그들도 분명히 백분토론을 했을 것입니다. 우리가 왜 망했을까? 왕 같지도 않은 놈이 왕을 했기 때문이야, 누가 정책적으로 잘못했기 때문이야, 정치적으로 라인을 잘못 잡아서 그래, 왜 이런 식으로 판단할까요? 크기 본능에 빠져 있기 때문입니다. 남유다는 이집트만 믿고 있었어요. 이집트는 굉장히 큰 나라입니다. 게다가 나일강 주변이 비옥해서 많은 농산물을 비축했고, 군사력도 강해서 고대부터 사대주의로 섬겨온 익숙한 강국이었어요. 반면 바벨론은 듣보잡이었어요. 남유다에서 무려 2,100km나 떨어져 있는 바벨론에 대해 정보가 없어요. 철기 문화가 발달해 무시무시한 권력을 가진 나라라는 걸 전혀 모르고 있다가 한 번 쳐들어왔을 때 빨리 깨쳐야 했는데 넋 놓고 있다가 두 번째 침공에서 완전히 아작 나고 말았습니다. 겉으로 보면 무엇이 문제였을까요? 외교력의 실패였어요. 지금 현재 우리가 무슨 줄을 잡아야 하는지 모르고 정책을 펼친 사람들의 실책이라고 생각했어요.

그런데 에스겔서 앞부분에서 하나님이 너희가 왜 멸망했는지에 대해 해석해 주십니다. 하나님의 백성이 강할 수 있는 이유가 무엇일까요? 하나님 백성이 하나님의 놀라운 특권을 살아갈 수 있는 비결이 무엇일까요? 하나님 백성의 승리할 수 있는 삶의 비결은, 하나님의 말씀이 주시는 정결함을 살아 내는 겁니다. 세상은 음란하고 더러워요. 거짓 되고 속이고 술수가 난무해요. 우리 청년들 어때요? 직장 생활해 보니까 생각했던 직장 생활이 아니죠? 쥬라기공원처럼 서로 뜯어 먹으려는 수많은 사람과 섞여서 견뎌야 해요. 그 속에서 하나님 백성으로 살아간다는 건 진짜 고통스러워요. 그래서 사실 주일이 오면 마음이 힘들어요. 직장 생활하시는 분들은 적어도 5년차 이하로는 다 힘들어요. 왜 힘들까요? 이상과 현실의 간극 차이가 너무나 커요. 내가 하나님 백성으로 살아가야 한다고 결심한 부분이 있는 반면, 현실에서 부딪히는 문제는 믿음 안에서 해결해 가기가 어렵거든요. 어른들은 "세상이 다 그런 거다"라며 뭉텅뭉텅하게 말해요. 이스라엘 백성들도 마찬가지입니다. 하나님의 말씀대로 살아가면 전쟁에 질 것 같고 멸망할 것 같아요.

제가 종종 듣는 얘기가 있습니다. 목사로 살다 보면 제일 많이 받는 질문이에요. 친구 목사들이나 선후배들과 모이면 교인들이 하는 질문 중에서 제일 힘든 질문이 이런 질문이라고 해요. "목사님은 세상을 너무 몰라서 그래요"라고요. 여러분, 다 알아야 알겠습니까? 사실 목사 사이에도 별반 다를 게 없답니다. 그 나물에 그 밥이에요. 뒤에서 쌍욕하고 앞에서 목사님 하고 부르는 것만 다르지, 똑같아요. 살아가는 거 보면 여기에도 잔머리 굴리는 사람, 정치적인 사람, 힘쓰는 사람 등 별의별 사람이 다 있어요. 그런데 더 짜증 나는 게 무엇일까요? 안 믿는 분들이야 대놓고 돈 때문이라는 거고, 안 믿는 사람들의 권력 때문에 그렇다고 쳐요. 더 속상한 것은, 온갖 추악한 모습에도 주님의 영광이라는 거예요. 주님이 얼마나 짜증 나실까요? 아마 이렇게 말씀하실 거예요. "꺼져! 이 징글징글한 녀석아." 하나님의 영광이고 주님의 뜻이라면서 죄짓는 모습은 진짜 속상하고 힘듭니다. 그런 무리 속에서 진정한 사역자 상을 바라보고 묵묵하게 하나님 앞에 나아간다는 게 바보처럼 느껴지고 멍청해 보이기도 합니다.

한국 교회사에 비참한 사건이 있었습니다. 1938년 조선예수교장로회 제27차 총회에서 신사참배를 결정했어요. 그때 반대한 분이 주기철 목사님입니다. 여러분, 이제는 주기철 목사의 후예라고 강조하지만 가당치 않은 일입니다. 일제강점기에 주기철 목사님을 거들떠보는 사람은 아무도 없었어요. 순교자라고 따라가는 사람 없었어요. 그는 바보였어요. 모든 사람이 잠시 머리 좀 숙이라고 했지만, 신앙을 굽히지 않고 심한 고난과 역경을 선택하셨단 말이에요. 너무 웃긴 게 뭐냐면, 신사참배 찬성한 이들과 그들의 후예 중에 공식적으로 사과한 분은 한경직 목사님밖에 안 계셨다는 겁니다. 사과한 사람이 없어요. 더 기막힌 일은 우리나라가 해방된 후에 벌어졌습니다. 신사참배한 목사들, 의용 목사들이 사학 재벌이 되고 종교 권력이 된 거예요. 당시 신사참배 찬성한 목사들은 총회장 되고 노회장 됐지만, 신앙의 절개를 지키고 감옥에서 순교하거나 고초를 겪은 분들은 전부 아웃사이드로 빠져서 고생을 거듭하셨어요.

여러분, 세상의 역사와 흘러가는 모습을 보면 머리 굴리고 정치적이고 감각 있는 사람이 성공하는 것 같아요. 시간이라고 하는 하나님의 놀라운 보편적 속성에서 하나님의 심판대에 딱 서는 순간, 두려움이 시작됩니다. 여러분, 내가 몇십억을 가지면 행복할 것 같죠? 그게 어리석은 거예요. 가만히 생각해 보세요. 집값이 오르면, 가정의 관계가 좋아지나요? 부부 사이가 더 좋아져요?

코로나19 때문에 신기한 현상이 일어나고 있습니다. 남미의 반군끼리 화해를 했더라고요. 왜 화해했을까요? 병균이 무서워서 싸우지 말자고 한 거예요. 심지어 어떤 나라는 마피아가 구제 활동을 하고 있더라고요. 일단 다 같이 살아서 뜯어먹으려는 심산인지도…. 인간이 어찌할 수 없는 바이러스가 별의 별일을 다 일으키고 있어요. 오염된 환경도 좋아지고 있어요. 그동안 우리는 어떤 생각을 해왔습니까? 경제가 좋아지면 세상이 다 좋아질 것처럼 생각해왔죠. 바로 그것이 크기 본능에 속고 있는 거예요.

순결한 어리석음

사회 시스템이 멈추니까 나를 직면하게 됩니다. 우리의 신앙이 얼마나 보잘 것없는지 직면하고 있어요. 내가 얼마나 연약한 존재인지 명백하게 보게 됩니다. 지금 한국 교회가 직면하고 있잖아요. 우리의 중심에 무엇이 있을까요? 저도 마찬가지더라고요. 두려움이 생기고 염려가 생기고 그 불안이 나를 좌지우지해요. 여러 집회에 초청받아 돌아다닐 때는 바쁘고 힘들다는 게 은근히 내 자랑이더라고요. 아침에 일어나면 습관적으로 하는 게 있었어요. 비행기표나 기차표를 예매하는 거예요. 그것 외에는 할 일이 없었어요. 그러면서 코로나19가 오고 초청 집회들이 다 취소되니 몇 주 동안 마음이 바닥을 치더라고요. 스타강사 중에 소통의 달인이라는 교수님이 계세요. 그분도 요즘은 힘들다고 하더군요. 강연 수입으로 사는 사람들은 요즘 일이 없어요. 그러면서 제 삶을 정비하고 다시 일어나 보려는 모습 속에 두려움과 근심을 발견합니다. 앞으로 어떻게 하지? 개척하면서 처음에는 큰소리쳤어요. 주변에서 개척하고 힘들 텐데, 해도 "아, 두려워하지 않습니다" 하며 자신 있었어요. 왜냐하면 잔고가 있었거든요. 믿음은 철저하게 잔고와 연동이 되고 있다는 사실이 드러나면서 점점 두려움이 오기 시작해요. 집회가 취소되고 4월까지 불러 주는 곳이 없었어요. 이제 괜찮아지겠지, 했지만 5월 집회도 자꾸 취소돼요. 6월도 마찬가지예요. 아, 이제 기술을 배워야 하나? 마음에 두려움과 근심이 커졌어요.

수많은 걱정의 이유를 얘기하지만, 이 고난과 역경 속에서 우리가 반드시 들어야 할 음성이 있어요. 두려움이 깊어지면 하나님의 말씀이 안 들려요. 포로로 잡혀 와서도 자기네들끼리 백분토론을 한다니까요. 누구 때문이야. 너 때문이야. 그런데 하나님은 뭐라고 말씀하셨을까요? "너희가 말씀을 떠났기 때문이다." '순결한 어리석음' 즉, 겉으로 보기에는 어리석어 보이는 그 삶을 살지 않았기 때문이라고 하나님이 말씀해 주셨습니다. 하나님 백성의 가장 큰 힘은 말씀대로 살아가는 삶의 순결함에 있어요. 21세기 한복판을 살아가지만, 말씀으로 살아가는 순결함을 가지고 살아야 해요. 그것이 진짜 그리스도인의 힘입니다. 순결함을 잃어버린 백성은 반드시 다른 것을 붙잡고 집착하며 살고 있습니다. 어떤 집착을 하느냐? 탓을 하는 거죠. "살아 봐라. 세상을 몰라서 그렇다. 사는 게 다 그런 거다"라고들 해요. 물론 우리가 살아가는 데 돈이라는 요소의 필요를 부정할 수는 없습니다. 스펙도 무시할 수만은 없어요. 그러나 기억하십시오. 우리가 그런 것들로 살아간다는 의식과 무의식에 지배당하고 있는 모습이 얼마나 많은지를.

이스라엘을 선택하신 이유

하나님이 이스라엘을 선택하신 이유가 뭘까요? 크기 때문이 아니었습니다. 이스라엘 선택하신 이유와 목적은 출애굽기 19장 6절에 쓰여 있습니다. "너희가 내게 대하여 제사장 나라가 되며 거룩한 백성이 되리라 너는 이 말을 이스라엘 자손에게 전할지니라".

이스라엘 백성들이 출애굽하면서 주님이 주신 사명은 제사장 나라입니다. 이스라엘이 크고 부유하며 대단한 학식이 있는 나라여서가 아닙니다. 400년 동안 이집트에서 종살이한 노예였습니다. 계층으로 따지면 제일 밑바닥이었습니다. 배움이 없었습니다. 스펙이 없는 사람들의 나라였습니다. 하나님이 이스라엘을 선택하신 이유는 이 백성을 통해서 순결한 믿음으로 세상을 정결하게 하시기 위함이었습니다. 하나님의 목적은 그들을 제사장 나라로 삼으신 것입니다. 베드로는 이렇게 전하고 있죠. "그러나 너희는 택하신 족속이요 왕 같은 제사장들이요 거룩한 나라요 그의 소유가 된 백성이니 이는 너희를 어두운 데서 불러 내어 그의 기이한 빛에 들어가게 하신 이의 아름다운 덕을 선포하게 하려 하심이라"(벧전 2:9). 우리를 선택하신 이유, 부르신 목적은 바로 제사장 나라의 백성이라는 것입니다.

우리와 감정을 교류하시는 하나님

본문 22절을 보면 하나님이 좀 까칠해 보이고 화가 나신 것으로 느낄 수 있습니다. 성경을 잘못 읽은 신학자 중에 평행선 이론이라는 용어를 쓴 분이 있어요. 하나님과 인간은 아무 관계가 없고, 철도의 철로처럼 영원히 만나지 않는다는 거예요. 그러다 하나님이 가끔 심심하고 인간이 너무 불쌍해서 한 번씩 긍휼히 여기실 뿐, 끝까지 함께하시는 것은 아니라는 이야기를 하면서 오늘 본문을 언급합니다. 자, 보세요. 22절에 이렇게 말씀하십니다. "그러므로 너는 이스라엘 족속에게 이르기를 주 여호와께서 이같이 말씀하시기를 이스라엘 족속아 내가 이렇게 행함은 너희를 위함이 아니요 너희가 들어간 그 여러 나라에서 더럽힌 나의 거룩한 이름을 위함이라"(겔 36:22).

　이 구절을 문자 그대로 읽으면 어떤 느낌이세요? 내가 너희들을 왜 구원하는지 아니? 너희 때문이 아니야. 나 때문이라고. 이렇게 읽으면 어리석게 오독하는 거예요. 하나님은 어떤 분이신가요? 감정을 드러내시는 분이죠. 호세아서를 보세요. 호세아에게 너는 가서 음란한 여자와 결혼해라, 하셔서 호세아는 고멜이라는 여자와 결혼해요. 호세아서의 핵심이 뭘까요? 고전적 해석은 '이스라엘이 정결해져야 한다'는 거예요. 그런데 호세아서를 조직신학적 관점에서 보면 이렇게 해석할 수 있습니다. 하나님이 어떤 분이신지를 드러내는 거예요. 하나님이 호세아와 무얼 하고 싶으셨을까요? 감정을 나누길 원하십니다.

　제가 결혼 생활하면서 느낀 게 있어요. 아내와 감정 교류가 잘 안 돼요. 특히 저 같은 경상도 남자가 감정 교류에 약해요. 경상도 남자들을 싸잡아 폄하한다고 싫어하실 분도 계시겠지만, 가끔 이렇게 제가 디펜스를 쳐야 집에서 살아남을 수 있습니다. 아내가 가끔 "여보, 우리 산책할까?" 하면 제가 바로 따라나서야 하는데 잘 안 돼요. 여러분은 어떠신가요? 아내가 같이 산책하자고 하면, 바로 호응하며 따라나서시나요? 저는 노! 해놓고 그다음이 문제예요. 저는 성경에 나오는 둘째 아들 같아요. 둘째 아들은 "같이 밭에 가자" 하면 "싫소이다" 해놓고 나중에 뒤돌아서 오잖아요. 그처럼 산책을 거절해 놓고 교회에 가만히 앉아 있는데 마음에 걸리더라고요. 아내에게 전화했어요. "여보, 산책 갈까?" 사실 '나랑 별 보러 가지 않을래' 그 노래 영향도 있었어요. 노래가 떠오르면서 아내랑 같이 밤에 산책 가주려다가 아내의 요구를 생각해 봤어요. 저는 가부장적인 생각이 스며 있고, 가족을 먹여 살려야 하는 가장으로서의 책임감이 중요하지만, 어차피 목사와 결혼하면서부터는 돈과는 끝난 것 아닙니까? 아내의 요구는 다른 게 아니에요. 감정을 교류해 달라는 겁니다. 어제 아내와 산책하는 도중에 제게 그러더군요. 얼굴도 좀 봐가면서 산책해야 할 게 아니냐고요. 어떻게 얼굴 한 번을 안 보고 앞만 보고 걷느냐는 거예요. 저는 목표를 향해 가거든요. 산책하면서 제가 너무 놀랐어요. 어디를 반환점으로 돌아갈 것인지만 생각하고 있더라고요. 누구랑 같이 걷느냐는 중요하지 않았어요.

여러분, 이러니 주님 오실 때 남편들은 혼나야 해요. 하나님이 뭘 원하실 것 같은가요? 계명을 지켜라, 주님, 매뉴얼을 주시옵소서, 제가 받겠습니다, 이건 남성적인 하나님이에요. 하나님은 신기하게도 감정을 교류하기를 원하세요. 호세아가 고멜을 떠나고 난 다음에 속상해하고 힘들어할 때 하나님이 호세아에게 찾아오셨어요. "네 마음이 힘들지? 네가 느끼는 그 마음이 이스라엘을 향한 내 마음이란다." 여러분, 하나님처럼 감정을 교류하는 신을 보셨어요? 하나님은 자신의 감정에 대해 어떻게 소개하셨나요? 나는 질투하는 하나님이다. 너희를 너무 사랑해서 질투하는 여호와다. 불의를 보고 분노하는 여호와다. 이렇게 하나님은 감정을 드러내십니다.

여러분, 정치인들이 하면 안 되는 불문율이 있어요. 바로 감정을 드러내는 거예요. 아무리 열받아도 감정 섞인 말을 하면 안 돼요. "빡칩니다" 이런 소리 대신에 뭐라고 합니까? "심히 유감스럽게 생각합니다" 이렇게 해야 정치인입니다. "다시 한 번 더 고려해 주시기 바랍니다" 이 말뜻이 실제 감정으로는 무엇입니까? "너 말이야! 인간 새끼면 그렇게 터진 입으로 아무 말이나 막 할 수 있냐?" 이런 식의 표현은 절대로 하지 않죠. 이게 정치인이에요. 하물며 하나님이시면 고품격 하이 퀄리티로 말씀하셔야 하는데 하나님이 스스로 자기 감정을 드러내세요. 우리와의 감정 교류로 설득하시는 하나님입니다.

그렇다면 오늘 본문을 통해 하나님이 느끼시는 바는 무엇인가요? 마음이 상하신 거예요. 하나님 백성답게 말씀을 믿고 살아가야 하는데, 하나님 백성답지 않은 것을 붙잡고 살아가니까, 하신 말씀입니다. "내가 너희를 위해서 하는 것이 아니라 내 이름을 위해서 한다" 이렇게 표현하시는 하나님의 심정이 어떻겠습니까? "내 이름을 너희에게 두었다"는 하나님의 상한 마음이 들어 있습니다. 여러분, 우리에게 소망이 무엇입니까? 하나님은 놀랍게도 원맨쇼를 하지 않으십니다. 갑자기 공중에 나타나셔서 "내가 여호와다. 고개를 숙여라" 이렇게 명령하지 않으십니다. 하나님은 어쭙잖은 나를 통해서, 연약한 우리의 삶을 통해서 하나님의 백성다움을 보여 하나님을 증명하십니다.

마음이 무너지지 않도록

26절에 "또 새 영을 너희 속에 두고 새 마음을 너희에게 주되 너희 육신에서 굳은 마음을 제거하고 부드러운 마음을 줄 것이며"라고 하셨습니다. 즉, 우리의 마음이 무너진 상태라는 거예요. 여러분, 우리가 신앙생활할 때 무서운 게 있어요. 마음이 무너지는 거예요. 왜 우리가 성경을 읽고 말씀을 묵상해야 하나요? 어렵고 힘들지만, 기도의 삶을 살아야 하는 이유가 무엇입니까? 마음의 공간을 하나님 앞에 열어놓기 위함이에요. 성경공부 자체가 중요한 게 아니에요. 마음의 공간을 하나님께 열어드리는 과정이 중요합니다. 내 마음의 생각을 주님께 열어드리는 것, 주님이 내 삶의 왕이 되시고 주님의 좌정하시고 주님이 통치하시도록 우리의 삶을 열어 공간을 드리는 것이 진정한 묵상이에요. 주님의 얼굴을 바라보기만 하면 새 마음을 주시겠다고 하십니다. 연약하고 힘든 우리의 마음을 도와주시고 격려하시고 주님께서 새롭게 빚어주시겠다고 오늘 말씀을 통해 약속하십니다.

포로로 잡혀 와서 비관과 절망 속에 살아가는 남유다 백성들에게 주님은 에스겔을 통해 다시 말씀하십니다. "너희가 무너졌다고 생각하느냐? 나는 다시 세울 것이다." 여러분, 고난의 시간을 통해서 하나님은 우리를 빚어 가십니다. 하나님의 놀라운 은혜가 우리를 빚어 가신다는 확신을 가져야 합니다. 세상이 어디로 가는지 몰라도 주님의 거룩한 손이 우리의 삶을 인도하신다는 확신이 있습니까? 하루하루 순간순간 살아갈 때마다 우리에게 주어진 삶을 감사하고 기쁨을 가지고서 다시 한 번 도전해 보는 것입니다. 하나님의 영광을 위해 나아가고 살아가기 시작하는 거룩한 발돋움이 우리에게 있어야 하지 않겠습니까? 여러분, 신앙생활하면서 막무가내로 축복을 말하는 것이 얼마나 위험한지 모릅니다. 성경은 단 한군데도 무차별적인 축복 받아라! 다다다다 축복! 이라고 말씀하지 않습니다. 성경에서는 하나님의 말씀대로 살 때 주어지는, 하나님과의 관계가 축복이라고 말씀합니다.

여러분, 자녀를 키워보면 압니다. 내 주머니에 있는 것에 관심 가지는 자녀가 있고, 아빠와 같이 있는 것을 좋아하는 자녀가 있습니다. 어떤 자녀가 좋으세요? 아빠 지갑만 호시탐탐 노리면서 "얼마 줄 거야?" 이런 아이는 내 자식이라도 싫어요. 어젯밤에 좀 짜증이 났어요. 우리 아들이 뭐 하나 봤더니, 핀셋으로 딸기 씨를 뽑고 있습니다. 딸기 씨 뽑는 아들에게 그거 할 시간 있으면 분리수거를 해라, 했더니 짜증을 냅니다. 여러분, 청소년 사역 참 어렵습니다.

우리는 하나님이 내게 그냥 늘 잘해 줬으면 합니다. 이렇게 살던 저렇게 살던 애정만 듬뿍 주시길 바랍니다. 이런 분들을 위해서 추천하고 싶은 TV 프로가 있습니다. "개는 훌륭하다"입니다. 견통령으로 유명한 강형욱이라는 분이 나오는 방송입니다. 이 프로그램에 출연하는 문제견의 견주들 문제가 무엇인지 아세요? 과다 애정이에요. 그 견주들에게 개는 개가 아닙니다. 집안의 주인으로 군림하는 상전입니다. 개가 주인 소파에 앉아서 아무도 가까이 못 오게 해요. 이런 집을 뭐라고 합니까? 개판이라고 합니다. 강형욱 씨가 그 집에 가서 견주에게 무슨 말을 하던가요? "보호자님, 냉정해지셔야 합니다. 앞으로 하실 수 있겠어요? 지금 제일 큰 문제가 과다 애정이에요." 신기하게도 강형욱 씨와 몇 시간만 있으면 개가 개다워져요. 그러면 견주가 놀라서 "얘가 이렇게 변할 줄 몰랐어요"라고 하죠.

여러분, 우리 하나님은 우리를 개판으로 만드시는 분이 아니에요. 지켜야 할 룰을 알려 주십니다. 축복은 좋은데 말씀대로 사는 것 참 싫으시죠? 하나님은 우리가 하나님의 자녀답게 사는 삶을 가르쳐 주시는 거예요. 그렇게 사는 게 곧 축복이에요. 우리는 잘못 생각하고 있습니다. 내가 무얼 하든지, 내 삶에는 아무런 변화 없이 그저 주님께 받는 복! 복! 복! 생각만 하고 살아갑니다. 무슨 생각으로 어떤 삶을 살든지 그저 복만 주세요, 하며 무차별적인 축복만 바란다면 착각이에요.

하나님은 포로가 된 백성들에게 희망 고문을 하시지 않습니다. "언젠가는 돌아갈 거다. 몇 년? 70년 지나면!"이라고 말씀하신 그 70년의 세월에는 어떤 의미가 있을까요? 하나님 백성이 하나님 백성다워지는 시간이에요. 우리에게 주어진 일주일의 시간이 하나님 백성다워지는 시간이 되기를 축복합니다. 말씀을 말씀답게 받아들이고, 불편한 그 말씀이 내 삶을 지배하는 말씀이 될 수 있도록 우리 영혼의 공간을 내어드립시다. 내 마음대로 하나님처럼 살아가는 것이 아니라, 우리에게 깊숙이 침투해 있는 죄의 본능이 성령의 법에 의해 하나님의 새로운 영으로 살아가는 우리의 모습을 기대하고 기도합시다. 그렇게 되기 위해 또 한 번 엎드리는 시간을 가지십시오. 또 한 번 말씀을 펼치십시오.

여러분, 말씀을 펼칠 때 먼저 앉아 계신 주님을 만나게 될 것입니다. 말씀 펼칠 때 주님이 이렇게 말씀하실 것 같아요. "왔니? 기다렸다." 제가 큐티를 하다가 한 번씩 떠오르는 주님의 모습이 있어요. 갓 내린 드립 커피를 준비하고는 말씀을 펼쳤더니 주님이 이렇게 말씀하시는 것 같더라고요. "왔니? 커피 식겠다. 빨리 마셔라" 나를 따뜻하게 맞아 주십니다. "힘들지 않았니? 어디로 가야 할지 몰랐지?" 그리고 주님의 음성을 듣습니다. "수고하고 무거운 짐 진 자들아 다 내게로 오라 내가 너희를 쉬게 하리라."

삶의 한 자락이라도 주님께 자리를 내어드리십시오. 더는 잘못된 본능과 잘못된 논리로 살아가지 말고, 말씀으로 살아가는 저와 여러분 되기를 주님의 이름으로 축원합니다.

오늘 우리의 삶에 참 주인 되신 주님의 은혜가 임하기를 원합니다. 주님의 이름을 우리에게 주셨고 우리를 주의 자녀로 삼으셨기에 우리를 버리실 수 없는 하나님의 놀라운 사랑, 그 긍휼을 찬양합니다. 하나님, 이 고난의 시간을 통해 더욱 하나님 백성다워지게 하여 주옵소서. 삶의 순결함이 있게 도와주시고 말씀대로 나아가는 아름다움이 있도록 인도해 주옵소서. 말씀이 때로는 두렵고 힘들고 어렵다고 할지라도 그 말씀에 순종하며 나아가는 우리의 모습 되게 하여 주옵소서. 하나님, 목사인 저부터 주님의 통치를 받기를 원합니다. 내가 편하고 내가 행복한 교회가 아니라 주님이 높임 받는 교회 되게 도와주시고, 순종의 삶을 온전히 올려 드리는 헌신을 통해 주님의 영광이 드러나게 하여 주옵소서. 하나님의 하나님 되심이 우리의 순종과 숨결을 통해서 온전히 드러나기를 간절히 소망하오며, 모든 말씀 주 예수 그리스도 이름으로 기도하옵나이다. 아멘.

설교 유튜브로 보기

시편 14:1~7

[1] 어리석은 자는 그의 마음에 이르기를 하나님이 없다 하는도다 그들은 부패하고 그 행실이 가증하니 선을 행하는 자가 없도다

[2] 여호와께서 하늘에서 인생을 굽어살피사 지각이 있어 하나님을 찾는 자가 있는가 보려 하신즉

[3] 다 치우쳐 함께 더러운 자가 되고 선을 행하는 자가 없으니 하나도 없도다

[4] 죄악을 행하는 자는 다 무지하냐 그들이 떡 먹듯이 내 백성을 먹으면서 여호와를 부르지 아니하는도다

[5] 그러나 거기서 그들은 두려워하고 두려워하였으니 하나님이 의인의 세대에 계심이로다

[6] 너희가 가난한 자의 계획을 부끄럽게 하나 오직 여호와는 그의 피난처가 되시도다

[7] 이스라엘의 구원이 시온에서 나오기를 원하도다 여호와께서 그의 백성을 포로된 곳에서 돌이키실 때에 야곱이 즐거워하고 이스라엘이 기뻐하리로다

나의 피난처

시편 14:1~7

내면의 언어, 시편

설교자로서 참 힘든 본문이 시편입니다. 역사서나 서사로 구성된 본문의 설교는 상대적으로 제 성향에 맞는 편입니다. 그런데 시편은 연구를 열심히 한다고 하여 설교가 풀리는 본문이 아니에요. 그 이유는 첫째, 시라는 표현의 언어적 간격이 굉장히 넓습니다. 우리 시인들의 주옥같은 시를 영어로 어감을 살려 번역할 수가 없습니다. 한글처럼 수식어가 다양한 언어가 드물어요. '가슴이 먹먹하다'의 '먹먹하다'를 영어로 어떻게 표현하면 될까요? '다크 앤드 투'라고 할 수도 없는 노릇이고 참 어렵죠. 고대 히브리어가 그렇습니다. 그런데 이 히브리어를 풀어서 시편을 읽을 때 중요한 게 있습니다. 시편은 표면적 언어가 아닌 내면의 언어라는 점입니다. 시어벨트라는 학자가 이런 말을 했습니다. "시편은 성경의 창자" 즉, 가장 깊은 곳에 있는 언어라는 뜻입니다.

여러분, 우리가 살아가면서 경험하는 슬픔이나 기쁨이 시가 되고 노래가 되잖아요. 시편은 노래입니다. 다른 성경을 보면 보통 탑다운 방식으로 기록됩니다. 하나님이 어떤 사람에게 성령의 감동을 주셔서 그 사람을 통해 기록하게 하신 것이 성경입니다. 물론 이 기록도 '유기적 영감'을 사용한 기록입니다. 아내는 남편을 보면서 "어디에도 쓸모없는 괴팍한 성격이구나"라 할 수 있고, 부모는 자녀의 모습을 보면서 "저거 고쳐 쓸 수는 있을까"라며 걱정할 수도 있는, 저마다의 기질과 성향이 있잖아요. 하나님이 성경 저자들의 성향과 기질을 쓰셔서 성경을 기록하게 했다는 것이 유기적 영감입니다. 그래서 성경을 안 믿는 분들은 마태, 마가, 누가, 요한이 서로 말이 다르지 않냐고 따집니다.

유기적 영감이 들어간 성경

어떤 이는 '오병이어'로 5,000명을 먹였다고 하고, 또 어떤 이는 7,000명이라고 하고…. 왜 앞뒤가 안 맞냐고 합니다. 첫 번째 이유는요, 2,000년 전 사람들의 숫자에 대한 관념이 우리와 다르기 때문입니다. 지금처럼 과학이 발전하고 명확한 숫자가 사용된 것은 중세시대부터입니다. 당시 르네상스가 오면서 우리 청소년 친구들이 너무나 싫어하는 수학이 발달했습니다. 그 르네상스만 없었다면 우리 친구들이 고생하지 않을 텐데 말입니다. 당시에 인문학이 발달하고, 과학 중심의 시대가 되면서 사인, 코사인, 탄젠트 등 정말 골치 아픈 함수와 난이도 높은 수학이 튀어나왔단 말예요.

그런데 예수님 시대의 동일한 사건에 왜 5,000명, 7,000명으로 다르게 인식할까요? 여러분, 똑같은 사건을 경험한 부부끼리 서로 얘기해 보세요. 기억하는 내용이 다릅니다. 예를 들어 쇼핑을 좋아하는 아내가 있어요. 백화점은 젖과 꿀이 흐르는 곳이고 쉴 만한 푸른 초장입니다. 그런데 남편은 들어가는 순간부터 숨이 막히고 다 폭파하고 싶은 기분이 듭니다. 부부가 완전히 다르게 보잖아요? 백화점을 다녀와서 기분이 좋아진 아내는 말이 많아집니다. "여보, 여보, 있잖아요?" 하며 말끝이 올라갑니다. 아내가 부르는데 남편이 대답이 없다는 건 기분이 나쁘기 때문이죠. 백화점에 다녀온 뒤 전혀 다른 반응을 볼 수 있어요. 그래서 과학과 숫자가 발전하기 전의 그 수많은 군중이 누군가의 눈에는 5,000명으로 보이고 누군가의 눈에는 7,000명으로 보인 거예요. 만약 성경에 앞뒤가 딱딱 맞고 숫자가 일치한다면 짜고 치는 겁니다. 마태가 보는 예수님의 행하심, 마가와 누가, 요한이 보는 사건이 시선에 따라 각기 다른 유기적 영감으로 표현되기 때문에 성경에 일치하지 않는 부분이 있습니다.

하나님이 주신 감동으로 쓰인 성경

그럼에도 모든 성경은 성령의 감동으로 기록된 하나님의 말씀이고 역사입니다. 반면에 시편은 작자를 제대로 알 수가 없습니다. 오늘 시편에도 보면 '다윗의 시'라고 되어 있잖아요? 히브리어로 '르 데이빗'이라고 쓰여 있습니다. '르'라고 하는 말은 영어로 '오브(of)'로 해석될 때가 있고, '프럼(from)'으로 해석될 때가 있고, '투(to)'로 해석될 때가 있습니다. 그러니까 문맥을 잘 살펴야 알 수 있는 내용입니다. 이 시편이 다윗의 시라고 말할 수 없는 근거가 있습니다. 맨 마지막 절의 '포로'라고 하는 단어 때문입니다. 이 포로라는 단어는 우리가 볼 때는 그냥 포로인데, 히브리어로는 '쉐부트'라고 하는 말인데요. 쉐부트는 북이스라엘이 멸망하고 이어서 남유다가 멸망한 뒤 바벨론으로 끌려갔을 때 쓴 말이에요. 느부갓네살에게 끌려갔을 때 처음으로 포로 공동체가 만들어집니다. 그러면서 제일 많이 썼던 용어가 쉐부트입니다. 그래서 시편 14편은 포로기 이후의 노래라고 설명하기도 하고, 어떤 학자는 1절부터 6절까지는 다윗이 쓴 내용인데, 7절은 후대에서 갖다 붙였다고 해석하기도 합니다. 이것 때문에 싸우는 분들이 계십니다. 머리는 좋으나 할 일이 없는 분들입니다. 천국 가서 확인해 보면 되는 내용인데 뭘 그렇게 열심히 싸우는지 모르겠습니다. 중요한 점은 포로기라는 절망의 상태에서 사람들의 마음이 어떻게 되었느냐, 라는 것입니다.

'하나님이 없다'는 우리의 표현과 찾으시는 하나님

"어리석은 자는 그의 마음에 이르기를 하나님이 없다 하는도다 그들은 부패하고 그 행실이 가증하니 선을 행하는 자가 없도다"(시 14:1).

기존의 전통적 교회는 1절을 이렇게 해석하죠. 하나님을 모르는 사람은 어리석은 사람, 하나님을 아는 사람은 지혜로운 사람이라고요. 이 해석은 우리의 큰 실수입니다. 여러분, "하나님이 없다"라는 표현은 안 믿는 사람들의 용어일까요? 아닙니다. 우리의 언어입니다. 여러분, 날마다 하나님이 살아계시는 게 느껴지십니까? 애들한테 물어볼까요. "부모님을 늘 사랑하니? 엄마 아빠가 나를 사랑한다는 걸 24시간 계속 느끼니?" 아이들은 가끔 느끼잖아요. 사춘기 애들에게는 밥 줄 때 '엄마가 약 탔나?' 하는 이상한 눈으로 보기도 하는 그런 때가 있잖아요? 특히 성적표 낮게 나왔는데도 공부 안 하고 있으면 가만 안 두잖아요? 아내가 가끔 제게 물어요. 사랑하냐고요. 그러면서 제가 깨달은 게 있어요. 무조건 사랑한다고 말해야 돼요. 안 그러면 큰일 나거든요. 우리 솔직하게 한번 얘기해 봅시다. 남자분들 지금 마스크 쓰고 있는 게 얼마나 다행인지 몰라요. 대답은 하지 마시고 고개만 끄덕이세요. 여러분, 날마다 아내를 사랑하십니까? 대답 잘하셔야 큰일이 안 납니다. 사실 아닐 때도 있단 말예요.

하나님을 향한 우리의 마음은 어떨까요? 포로로 잡혀가서 세상이 다 무너지는 과정을 경험하고, 하나님이 없는 것 같은 하루하루를 살아갈 때 우리 속에 들어오는 갈등은 무엇일까요? 하나님이 어디 계시냐는 소리가 넘쳐납니다. 하나님의 임재보다 하나님의 부재를 훨씬 더 많이 느끼고 살아갑니다. 여러분, 요즘 코로나가 좀 나아지는 것 같죠. 그래서 이제 제게 집회 초청 연락도 오더라고요. 갑자기 소망이 생겼어요. 그런데 이태원에서 집단 확진자들이 생기면서 다시 집회가 취소되니 너무 화가 나는 거예요. 의료진이 그렇게 조심하라고 강조했는데 또 터지니 말입니다. 엄마들은 얼마나 열받아요. 애들 학교 보내고 집 밖에 나가고 싶어도 꾹꾹 참으면서 삼시세끼 다 해먹이며 버티고 있는데, 얼마나 짜증이 밀려오겠어요. 이제 제발 좀 잠잠해지길 바라며 개학 날짜를 손꼽아서 주님 기다리듯 기다렸는데 등교가 연기되고 말았죠.

속상한 사람이 한둘이 아닙니다.

하나님이 없는 것 같은 괴로운 일상, 불안한 미래, 현실적인 수많은 문제 앞에서 우리의 마음이 어떠합니까? 어리석은 사람들과 더불어 살아갈 수밖에 없습니다. 특별히 1절에서 4절까지 반복되는 표현이 있습니다. "없다"라는 말입니다. 1절, 하나님이 없다. 선을 행하는 자가 없다. 3절, 선을 행하는 자가 하나도 없다. 이 없다라는 말은 히브리어로 '아킨'입니다. 여러분, 난센스가 있어요. 히브리어의 없다는 말은 강조 용법으로 쓰입니다. 없다는 찾으신다는 뜻입니다. 역설적 표현이에요. 없는 중에 찾으신다는 거예요. 여러분, 흙만 파면 금이 나온다면 누가 금을 찾겠습니까? 보통 경상도 남자가 애인에게 비싼 선물 사주면서 "오다가 주웠어" 하며 로맨틱하지도 않은 말을 멋있는 줄 알고 하는데, 그런 선물을 자주 줏을 수 있다면 얼마나 좋겠어요. 돈 봉투도 줍고 다이아몬드도 줍고…. 여러분, 우리 안에 아무리 살펴봐도 믿음이 없는 것처럼 보일 때가 얼마나 많은데요. 없다, 없다, 없다, 라고 하는 것은 안 믿는 사람들의 얘기가 아니라 저와 여러분의 얘기입니다. 우리의 일상 속에 아무리 찾아봐도 없다, 없다, 없다의 삶이지만 이 말은 역설적으로 주님께서 우리 가운데 겨자씨 한 알 만한 믿음의 사람을 찾으신다는 내용입니다. 이것이 우리에게 위로가 되고 소망이 됩니다.

우리가 들어야 할 말씀

여러분, 우리는 삶이 힘들면 성경을 봅니다. 저도 그래요. 성경 볼 때 어떤 마음이세요? 하나만 얻어걸려라, 이런 마음이지 않습니까? 가성비 좋은 말씀 한 구절을 읽고는 내 영혼의 펜잘처럼 진통제 효과가 일어나길 바라며 그 한 구절 잘 녹여서 회복되기를 바라는 마음이지요? 이게 소비자 근성입니다. 싸게 사고 좋은 거 먹고 빨리 효과 보고… 그런데 말씀에는 특징이 있습니다. 달기만 한 게 아니라 씁니다. 사람은 크게 다섯 가지 맛을 본다고 합니다. 그 오미 안에 꼭 들어가는 맛이 쓴맛입니다. 여러분, 커피가 쓰지요? 그런데 쓰기만 한 게 아닙니다. 먼저 다가오는 맛은 쓴맛이지만, 그 안에 단맛, 짠맛, 시큼한 맛도 있고 다른 여러 맛이 있습니다. 여러분, 하나님 말씀도 똑같습니다. 어렵습니다. 속상하기도 합니다. 사람이 상담을 원할 때는 대부분 내 편이 되어 주기를 바랍니다. 부모 입장은 어떨까요? 아이가 얼마나 말을 안 듣는지, 목사님 제발 제 얘기 좀 들어봐 주세요. 우리 아이가 이렇습니다, 남편은 또 어떻구요, 라며 고발하는 거예요. 그런데 아이들 얘기를 한번 들어보세요. 상대 배우자 얘기도 좀 들어보세요. 서로 다를 거예요. 쌍방의 이야기를 들어봐야 돼요. 그러면 또 다른 이야기를 듣게 됩니다. 그런데 안타깝게도 내담자는 자신이 들어야 할 메시지는 안 들어요. 들어야 할 얘기에는 불편해하고 자기 말만 일방적으로 쏟아내니까 문제가 해결되지 않습니다. 끊임없이 갈등만 일어나죠.

여러분, 우리가 들어야 할 말씀을 듣는 게 은혜입니다. 그 말씀은 우리 내면을 힘들게 합니다. 지난주 아내가 상담센터에서 문제가 있어 열을 받았습니다. 제가 이때다 싶어 소고기를 구웠지 않겠습니까? 거기다 비빔면을 열심히 만들어서 아내에게 딱 주었습니다. 그리고 나서 아내가 마음이 풀어져 저녁 때 한마디 하더라고요. "여보, 고마워요." 이 말 듣기가 너무나 힘듭니다. 그러나 저는 들었습니다. 사랑하는 남자분들, 정신 똑바로 차리고 살아야 합니다.

여보, 고마워. 굉장히 비싼 말입니다. 어마무시한 가치가 있는 응답이에요. 여러분, 자기 입장만 생각하는 게 아니라 상대방을 생각할 줄 아는 것이 믿음의 방향성입니다. 내 아픔과 고통만 생각하는 게 아니라 그 가운데서 하나님을 바라보는 것이 믿음입니다. 우리는 사랑이 없는 사람들입니다. 그런데 사랑이 있을 수 있도록 은혜를 베푸시는 하나님이 계시기에 소망이 있는 겁니다.

착시와 착각을 걷어내 주시는 은혜

우리는 착시 현상을 가지고 착각을 얼마나 많이 하는지 모릅니다. 사실 우리가 착시와 착각이라는 어두움을 걷어내야만 진실을 볼 수 있어요. 이 방해 요소를 없애야 본질을 볼 수 있거든요. 그런데 우리는 이해관계가 생기는 순간 착시와 착각에 빠집니다. 유재석이 진행하는 <유 퀴즈 온 더 블록>이라는 프로그램에서 스승의 날 기념으로 선생님 몇 분과 인터뷰한 내용을 방송했습니다. 그중 영어 선생님이 계셨는데 강의를 너무나 잘하시는 분이었어요. 그분이 모든 학생을 다 가르칠 수 있어도 자기 아이는 못 가르친다는 말을 하시더군요. 그 말에 제가 큰 위로가 됐어요. 제가 목회를 해도 우리 집 아이들을 잘 양육하는 건 어려운 일이죠. 선생님이 그 말을 하신 이유는, 학생들에게는 가르침이 구조화되어 아이들이 잘 모르는 부분이 이해가 되어도, 자기 아이는 "아빠, 이해가 안 돼요" 하면 "왜 이해가 안 돼? 이게 왜 안 돼?"부터 나온다는 거예요. 문제가 뭘까요? 접근 방식인 거예요. 사실 우리의 착시와 착각으로 내 아이는 나을 거라고 생각해요. 그러니까 늘 갈등이 생기는 겁니다. 아이는 있는 모습 그대로인데 부모가 쓸데없는 착시와 착각을 가지고 있어요.

내 아이는 공부를 잘할 거다. 우리 집안 사돈의 팔촌이 명문대학에 갔으니 우리 집안은 머리가 좋은 거다. 그러니 내 아이도 명문대학에 갈 거다라며 착각하고 살아갑니다. 사실은 자기 생긴 모습 그대로이고 변함이 없거든요. 부모의 착각과 착시로 자기 자녀를 평가하고 오해하며 살아가기에 많은 학생은 가르칠 수 있어도 자기 아이는 가르치지 못하는 거죠.

여러분, 하나님의 은혜가 우리 속에 임할 때 나타나는 기적 같은 역사가 있습니다. 갑자기 불이 떨어지는 그런 것이 아니라, 착시와 착각을 거두어 주시고 문제의 본질을 보게 해주시는 순간입니다. 그 순간에 감사가 생겨요. 하나님이 붙잡아 주셨구나, 하나님의 은혜구나, 깨닫습니다. 며칠 전에 제 아들이 교통사고를 당했어요. 크게 다친 건 아닙니다. 친구들과 자전거 타다가 신호를 잘 지켰는데 한 여성 운전자가 신호 위반하며 운전해서 그 차에 부딪힌 거예요. 다른 아이가 횡단보도 신호등을 보고 나가고 아들이 두 번째로 나갔는데 차에 부딪히고 말았어요. 그런데 이 운전자가 착하신 분이었어요. 차에 내려서 넘어져 있는 아이를 보면서 울었다는 거예요. 아이는 별로 안 놀랐다고 해요. 사고 운전자가 아내에게 전화해서 죄송하다고 하는데 도리어 아내가 위로해 주고 병원 진료를 받았어요. 그런데 요즘 코로나로 병원이 예민한 거 아시죠? 저는 아빠로서 참 못난 게 아내로부터 아이 사고 소식을 듣고 빨리 병원에 가보라고 하면서 짜증부터 나더군요. 왜냐하면 그날 중요한 약속이 있었거든요. 일단 약속을 미루고 달려갔어요. 병실에 보호자 한 명만 들어갈 수 있었어요. 딱 들어가니 아들 녀석이 누워 있었어요. 두 번째 마음은 감사한 마음이 들더군요. 갑자기 과거에 에버랜드에서 아이를 잃어버린 경험이 떠올랐어요. 그때는 아이가 어리니까 제가 아이 이름을 부르며 얼마나 뛰어

다니면서 찾았는지 몰라요. 그런데 애가 울지도 않고 잃어버린 위치에서 가만히 있는 걸 발견했어요. "신원아, 괜찮아?" 물으니 그제야 아이가 막 울더라고요. "많이 놀랐지?" 하면서 끌어안던 그 장면이 딱 떠올랐어요. 고등학교 1학년이지만 처음으로 교통사고를 당하고 119 앰뷸런스에 실려 응급실 와서 누워 있는 이 녀석이 얼마나 무서울까? 하는 생각이 들었어요. 그런데 확실히 제 아들입니다. 저를 보자마자 "왜 왔어?" 하는 거예요. 아프지 않냐고 물으니 단답형으로 "아니!" 그래요. 피가 질질 나고 있는데도 말예요. "야, 무섭지 않았냐?" "좋아요! 사진 찍어 보니 별다른 이상이 없더라고요." 감사하게도 찰과상만 있었어요. 큰 사고 안 당하고 이만한 것이 참 감사하다는 생각이 들었습니다. 하나님이 붙잡아 주셔서 감사했습니다. 여러분, 저도 아빠로서 아들에 대한 착시와 착각이 왜 없겠습니까? 그런데 그게 한순간에 싹 걷어지면서 마음에 가득찬 것이 감사였어요. 빨리 나을 수 있으니 얼마나 감사한지요.

하나님이 없다 하는도다

이스라엘 백성들도 마찬가지입니다. 너무나 고통스러운 현실에 처해 있어요. 1절을 보십시오. "어리석은 자는 그의 마음에 이르기를 하나님이 없다 하는도다 그들은 부패하고 그 행실이 가증하니 선을 행하는 자가 없도다". 자기가 옳지 않으면서 하나님이 없다고 얘기하고 있어요. 부패하고 행실이 가증한 그들에게 어떤 면에서는 하나님이 없어야 마음이 편한 거죠. 제가 이번 주에 읽은 글귀 중에 마음에 와닿은 것이 있습니다. 사람이 제일 무서워하는 게 뭔지 아세요? 귀신이 아니에요. 내가 한 일에 대한 결과라고 합니다. 많이 먹고 나서 살찌는 결과를 두려워한다는 거예요. 자기가 행동한 것의 결과를 기다릴 때 너무 짜증이 나는 거예요. 물론 여러분 중에 안 계시겠지만, 시험을 애타게 기다려본 적 있으세요? 가끔 개념 없는 애들이 있어요. 수능을 완전히 포기하고, 어차피 이렇게 된 거 그냥 내일 쳤으면 좋겠다. 이런 애들은 정상이 아니고, 정상인 아이들 가운데 시험을 기다리는 아이는 없어요. 좀 연기됐으면 좋겠고, 우리 학교에 불이라도 나서 시험을 안 쳤으면 좋겠다. 대부분 그렇게 생각하지 않습니까? 왜 그럴까요? 공부를 덜 해서 그래요. 시아버지가 내일 우리 집에 와요. 며느리는 왜 싫을까요? 요리를 안 했거든요. 준비를 해놔야 하는데…. 우리 집 얘기예요. 그래서 제가 어제 아내에게 잘했어요. 쉽지 않아요. 여러분, 마찬가지예요. 주일이 기다려지는 목사가 있고 주일이 너무 힘든 목사가 있어요. 내가 한 행동의 결과에 대한 두려움이 우리 안에 다 있다는 말입니다.

왜 하나님이 없다고 얘기할까요? 그래야 마음이 편하거든요. 하나님을 늘 의식하면서 살아가는 건 진짜 힘들어요. 여러분, 우리 교회에 CCTV가 세 개 달려 있어요. 저쪽에 하나, 뒤편에 하나, 그리고 제 방에 달려 있어요. 원래는 기본 두 개를 단답니다. 그런데 제가 추가 비용을 감수하고 방에 하나 더 달아달라고 했어요. 그래야 제가 더 깨어 있을 것 같은 거예요.하나님 앞에 내가 한 행동 하나하나가 보인다는 것이 얼마나 불편하겠습니까? 그런데 그 거룩한 불편을 안고 사는 게 믿음이에요. 하나님이 생생하게 보고 계신다고 생각하면 불편하지요. 그 불편함이 하나님 앞에서 아름다운 믿음이 되는 거예요. 하나님이 살아계신다고 생각하면 우리가 함부로 말할 수 있을까요? 요즘 프로야구 개막했지 않습니까? 제가 응원하는 팀이 잘하고 있어요. 어느 팀이라고 얘기는 안 하겠습니다. 어제도 이겼어요. 혹시 대전에 계시는 분들 위로가 있길 바랍니다. 그런데 요즘 코로나로 관객이 거의 없이 경기를 하니까 심판과 코치에게 마이크를 달게 하고 경기의 재미를 북돋고 있어요. 보통 선수들이 다 코치의 후배들이잖아요. 그러니 원래는 말을 참 편하게 해요. "야! 붙어! 야! 인마!" 그런데 마이크를 달자 갑자기 언어가 확 바뀌었어요. "오버 런 하지 않습니다.", "직선 타구 확인합니다." 그래서 아나운서가 해설자에게 물어봤어요. "원래 저렇게 말하나요?" 그랬더니 해설자는 "절대 저렇게 안 하죠. 마이크 차니까 저렇게 하는 거예요" 하더군요.

여러분, 우리가 하나님이 살아계시다고 믿으면 우리 행동과 말이 달라질 수밖에 없어요. 하나님이 없다, 라고 하는 이 말은 우리의 언어인 것입니다.

말씀과 삶의 일치

그런데 갑자기 2절에서 말씀하십니다. "여호와께서 하늘에서 인생을 굽어 살피사 지각이 있어 하나님을 찾는 자가 있는가 보려 하신즉".

우리가 살아가다가 가끔이라도 하나님의 도우심을 구하는 모습을, 하나님이 보신다는 거예요. 저는 이런 하나님이 너무나 좋습니다. 우리에게 완벽함을 요구하시지 않는 완벽하신 하나님, 우리가 온전하지 않음에도 불구하고 하나님의 온전하심으로 우리의 부족함을 채워 주시고, 우리의 오류와 넘어짐을 거듭 일으켜 주시는 거예요.

유진 피터슨 목사님의 책 중에 《거북한 십 대 거룩한 십 대》가 있습니다. 참 좋은 제목이라고 생각합니다. 이 책에 이런 내용이 나옵니다. 부모는 아이가 자라기를 원해요. "너 몇 살인데 아직도 그런 식이냐? 이거 하고 난 다음에 이거 못하겠니?"라고 해요. 그런데 이 책에 뼈 때리는 얘기가 나옵니다. "부모가 자라야 아이가 자랍니다." 우리는 안 자라요. 부모인 우리는 어떻게 살아야 할지 모르고 살아간단 말이에요. 우리가 자라야 아이가 자라는 법인데 우리는 가만히 있고 애들이 자랐으면 좋겠어요. 그게 모순이라는 거예요. 유진 피터슨 목사님의 그 얘기가 제 마음을 때렸어요. 우리의 부족함을 알고 아이들을 좀 안아 줍시다. 부모가 좀 더 커야 아이가 크지 않겠어요? 우리가 좀 더 자라야 아이가 자라지 않겠어요? 하나님의 완벽심이 있기 때문에 우리가 부족함에도 하나님 앞에서 소망을 갖고 살아갈 수 있습니다. 찾으신다는 것은 "너 점수는 몇 점이냐?" 이게 아닙니다. 주님이 말씀하시는 것은, 오류투성이인 우리가 주님의 완벽하심을 바라보는지를 찾으신다는 것입니다. 잘못 가는 시계를 차고 있다면 맞는 시간으로 맞추어서 사용하는 것처럼, 잘못된 음을 연주하고 있다면 옳은 음을 튜닝하는 것처럼, 내 영혼이 주님을 향해서 나아가는 겁니다. 그런 의미에서 우리가 평생 해야 할 노력이 있습니다. 그리스도인의 삶이 그리스도인답게 일치될 수 있도록 노력하는 것입니다. 어떻게 가능할까요? 주님을 바라볼 때입니다. 목적과 수단에 일치가 일어날 수 있는 정직함이 하나님의 은혜입니다. 우리가 하는 일과 방법 사이의 일치, 성경에 쓰인 것과 그 말씀을 좇아 살아가는 삶의 일치, 설교하는 것과 설교자로서 삶을 살아내는 것의 일치, 이것이 우리의 싸움입니다. 열 번 넘어져도 열한 번째 일어날 수 있는 믿음을 가지고 또 한 번 주님 앞에 나아가는 것이 은혜라고 저는 믿습니다.

어제의 눈물을 닦아 주는 오늘의 은혜

여러분, 그렇게 우리가 하나님을 찾다 보면 주님이 주시는 게 있습니다. 오늘이 막막할 때가 있잖아요? 그런데 오늘 주시는 이 말씀이 어제의 은혜를 깨닫게 하는 하나님의 방편이 됩니다. 지금까지 내가 잘 살아왔구나, 하나님이 기가 막히게 인도해 주셨구나. 17년 전 부산을 떠나올 때 주머니에 백만 원 있었는데 집도 없이 시작한 17년의 사역을 하나님이 인도하셨구나. 오늘이 막막할 때 하나님 주신 은혜는 과거의 은혜를 깨닫게 해주십니다. 어제의 은혜가 오늘의 막막함을 견디게 해줍니다. 오늘의 은혜가 어제의 눈물을 닦아주실 때가 있거든요. 이해가 안 되는 사건이었는데 하나님 은혜 속에서 재해석됩니다. 마치 요셉이 그랬던 것처럼요. 형들이 왜 나를 팔았을까? 사랑하는 아버지와 같이 살지 못하고 포로로 잡혀 와 숱한 고생을 겪고 총리가 되었지만, 만족할 수 없는 마음, 정서적 허기짐이 있던 요셉은 형들을 만난 다음 고백합니다. "형들은 나를 팔았지만, 이것은 하나님이 나를 먼저 보내신 사건입니다." 해결 안 되는 과거의 사건이, 오늘 주님이 주시는 은혜로 놀라운 기적이었음이 밝혀집니다.

제가 쓰고도 감동을 받은 말이 있습니다. "믿음이라는 영역은 과거와 현재와 미래가 만나는 공간이다." 과거를 만나서 오늘이라고 하는 순간을 또 한 번 인식하는 거예요. 불안한 미래를 믿음으로 만나는 순간이 바로 지금, 이 순간입니다. 어거스틴이 그래서 이런 얘기를 했죠. "그리스도인은 영원한 한 가지 시대만 산다. 영원한 현재다. 과거는 기억하는 현재이며, 현실은 살아가는 현재이고, 미래는 살아갈 믿음의 현재다." 그게 믿음입니다. 우리가 살아가는 삶의 모습입니다.

가난한 자의 의미와 복

"너희가 가난한 자의 계획을 부끄럽게 하나 오직 여호와는 그의 피난처가 되시
도다"(시 14:6).

성경을 해석할 때 중요한 두 가지 요소가 있습니다. 역사성과 상징성입니다.
역사성을 강조할 때가 있고 상징성을 강조할 때가 있어요. 꼭 알아야 합니다.
역사성 없는 상징성은 신비주의입니다. 성경 본문에서 영적인 해석만 하고 상
징으로만 이해하면 위험합니다. 또 역사성만 있고 상징성이 없으면 어떻게 될
까요? 고고학이 됩니다. 결국 바른 해석은 역사성과 상징성이 함께 만나야 되
는 거예요. 그러기 위해 중요한 게 있습니다. 6절에서 "가난한 자"라고 하는
말의 뜻이 뭘까요? 여러분은 가난하다고 생각하십니까, 부유하다고 생각하
십니까? 누구를 기준으로 삼느냐에 따라서 가난할 수도 있고 부유할 수도 있
습니다. 제3세계에 사는 먹을 게 없는 사람들에 비하면 우리는 굉장히 부유
한 사람들이죠. 하지만 엄청난 부자들이 많은 국가와 비교하면 우리는 가난
하단 말이에요. 우리가 지금까지 선진국에 대해 오해한 것이 있어요. 여러분,
미국 하면 떠오르는 게 뭐죠? 베버리 힐스와 뉴욕 도심의 펜트하우스가 떠오
릅니다. 출근할 때 헬기를 타거나, 문짝 8개 달린 리무진이 태워서 와썹? 하
며 플렉스하는 사람들이 미국의 기준인 줄 알아요. 사실 그 사람들은 가장
부유한 계층이고 미국의 민낯과 평균을 보면 우리보다 못한 사람이 많아요.

유럽도 마찬가지입니다. 여러분이 생각하는 가난함은 기준에 따라 내가 부유해질 수도 가난해질 수도 있어요. 가난의 정체성은 규정할 수가 없습니다.

그렇다면 성경이 말하는 가난은 무엇일까요? 내가 나를 채울 수 없다는 것을 수긍하는, 인식론적인 의미가 있습니다. 여러분, 사랑하면 상실을 느끼지 않나요? 영국의 올리버 색스라는 뇌신경학 교수가 책에서 이런 얘기를 하죠. "상실은 모든 사람이 겪는 것이다." 내 안에 평안이 없고, 기쁨이 없고, 자유가 없고, 나 스스로 채울 수 있는 것이 내 안에 없다, 라는 인식이 성경이 말하는 가난입니다.

예수님이 말씀하셨죠. "심령이 가난한 자는 복이 있다". 물론 이 가난은 함축적인 의미입니다. 물질적인 가난함도 포함하고 있습니다. 그러나 가난함으로만 끝나는 게 아니라 거룩한 목마름으로 발전하는 겁니다. 의에 주리고 있다는 거예요. 여러분, 배가 고프면 밥을 찾잖아요. 내 영혼의 가난함을 느낄줄 아는 것이 하나님 백성의 엄청난 축복입니다. 왜 그럴까요? 그 가난함이 있는 곳에 하나님이 피난처 되시는 축복이 있거든요. 목회자로서 우리가 일평생 성도로 살아가면서 잊지 말아야 할 것이 있습니다. 가난함을 놓치면 망한다는 사실입니다. 하나님 앞에서 의의 주림이 있어야 합니다. 존 파이퍼 목사님이 이런 얘기를 했죠. "현대 그리스도인들의 가장 큰 문제는 너무 쉽게 만족한다는 것이다. 하나님에 대한 열망을 가져라. 더 큰 목마름을 가져라. 하나님 앞에 더 은혜를 사모하는 마음을 가져라." 기도를 하면 할수록 무엇이 느껴집니까? 기도의 부족을 느껴요. 운동 안 하는 사람은 뭐라 말합니까? 저는 나름대로 걷고 있다고 해요. 그러면서 숨쉬기 운동만 하고 있지요. 여러분, 운동을 즐기는 사람은 하루만 빠져도 운동의 부재를 느껴요. 집마다 그런 애들이 있어요. 공부는 안 하면서 "앉아 있었다고!" "책 봤다고!" 신경질적으로 말합니다. 그런데 공부에 집중하는 아이들은 자신이 더 해야 한다고 생각해요. 실제로는 눕순이들이 많지요. 침대에 누워서 아이패드로 게임하면서 수업 듣고 있다고 해요. 각자 집에 다 있는 아이들 모습이지요?

가난함은 주님을 추구하는 사람들에게 주신 은혜입니다. 은혜에 대한 갈망이 있을 때 하나님이 우리의 피난처 되심을 알게 됩니다. 하늘의 위로가 있습니다.

포로 된 자들에게 주시는 기쁨

"이스라엘의 구원이 시온에서 나오기를 원하도다 여호와께서 그의 백성을 포로된 곳에서 돌이키실 때에 야곱이 즐거워하고 이스라엘이 기뻐하리로다"(시 14:7).

여러분 여기서, 시온을 잘 이해하셔야 해요. 역사성이 전부인 사람들은 '시오니즘'이라는 유대민족주의운동을 지지합니다. 시온은 '요새'라는 뜻입니다. 이 시온의 생성이 다윗이 왕으로 취임할 때 다윗궁이 있던 곳입니다. 잃어버린 법궤를 다시 찾아와 보관한 곳이고 예루살렘 성전이 지어진 곳입니다. 종말론적으로 보면 새 하늘과 새 땅이 임하는 상징적 의미가 시온입니다. 앞에서 말씀드린 것처럼 역사성의 관점으로만 이 지명을 생각하면 어떻게 될까요? 이상해지는 거예요. 기독교 근본주의자들이 말하는 이스라엘의 회복, 예루살렘의 회복이 있습니다. 예루살렘은 다 옳은 거고 이스라엘은 무조건 존중해야 하는 나라라고 주장해요. 제가 볼 때 문제가 많은 민족 중에 넘버원이 유대인입니다. 자뻑 기질이 세포 사이사이 흐르는 민족이거든요. 고전문학에서 서민들 피를 빨아먹는 고리대금업자는 유대인으로 등장합니다. 실제로 유대인과 거래해 보면 그 오만함이 줄줄 흐르는 것을 볼 수 있어요. 그러면 이 시온은 어떤 곳일까요? 역사적인 장소뿐만 아니라 상징성이 있는 곳임을 기억해야 합니다. 다윗의 인생에서 가장 별 볼 일 없던 시기에 주님이 다윗을 왕으로 삼으신 곳, 주변 나라들에 비해 열악하기 그지없던 곳, 바로 그곳을 주님이 임재하시는 장소로 삼았습니다. 저와 여러분을 생각해 보면, 남들이 볼 때 내로라하는 무언가가 없다 할지라도 내 삶 가운데 임재하시고, 우리 삶의 시온을 드러내십니다. 우리는 포로 된 삶을 살아가고 있습니다. 아닌 것 같아도 자본주의의 포로로 살아가고, 현실이라는 거대한 문제의 포로로 살아갑니다. 오늘 본문은 그런 자들에게 하나님이 놀라운 은혜와 자유, 기쁨을 약속하십니다.

말씀을 정리하겠습니다. 사랑하는 여러분, 가난하고 연약한 자들이 거룩한 목마름과 하나님의 은혜를 사모합니다. 오늘 예배를 통해서 주님의 은혜가 필요하구나, 그렇게 느끼지 않으셨어요? 늘 내 남편만 바뀌면 괜찮을텐데…. 우리 애들만 좀 더 잘하면 나는 문제가 없을 텐데…, 하시죠. 여러분, 남편과 아이들이 바뀐다고 달라지는 게 아니에요. 남편이 말 잘 듣고 자식이 공부를 잘하면 우울증이 오고 삶이 공허해져요. 우리 안에 있는 본질적인 문제가 뭔지를 봐야 해요. 이것만 있으면 좋겠다, 저것만 있으면 좋겠다고 생각하시잖아요? 이것만 되면 진짜 우리 교회가 폭발적인 부흥될 텐데, 이렇게만 하면…. 아니요! 우리 안에 있어야 하는 건 하나님을 향한 가난함, 하나님을 향한 목마름! 그것으로 충분합니다. 예배당이 아름답고 성도가 많이 모인다고,

하나님이 역사하시지 않아요. 하나님은 우리가 하나님을 찾는지를 보십니다. 이 땅에 수많은 교회가 있습니다만, 시편 14편 1절에서 4절의 말씀처럼 없다, 없다, 없다고 주님이 말씀하시는 거예요. 하나님이 이렇게 목마르게 찾고 있고 안타깝게 찾고 계십니다. 내가 볼품없고 아무 힘도 없지만, 주님을 향한 거룩한 마음과 가난함을 가지고 있을 때 하나님은 "너의 피난처가 되어 주마. 네 마음에 숨 쉴 구멍 하나 없지? 네가 살아가면서 기댈 곳이 되어 주마. 너의 언덕이 되어 주마. 내가 너의 아버지가 되고, 너의 목자가 되어 주마"라고 말씀하십니다. 오늘 이 말씀이 우리에게 주는 메시지입니다. 거룩함은 축복입니다. 가난함은 축복입니다. 오늘 우리 안에 그 마음을 품고 함께 나아가는 복이 성도들에게 임하기를 주님의 이름으로 축원합니다. 기도하겠습니다.

하나님 아버지, 감사합니다. 우리의 삶에 이것만 해결되면 참 행복할 것 같고, 저 사람만 변화되고 우리 아이들만 좀 정신 차리면, 좋아질 거로 생각합니다. 그러나 우리 문제의 본질은 거기에 있지 않습니다. 착시와 착각으로 살아가는 우리 인생에 주님을 볼 수 있는 눈을 열어 주시기를 간절히 구합니다. 주님이 나의 피난처이고 나의 도움이라는 사실을 깨닫기를 원합니다. 우리가 진짜 구해야 할 것이 어떤 것인지를, 우리의 가장 큰 축복이 이 거룩한 가난함이라는 것을 잊지 않도록 축복해 주옵소서. 이스라엘 백성들은 포로가 되어 자유에 대한 목마름을 가지고 살았습니다. 우리는 상대적 빈곤과 어려움 때문에 가난함을 몸으로 살아낼 때가 있습니다. 하나님, 내 영혼이 그 가난함 안에 있도록 축복해 주옵소서. 목마를 수 있게 도와주시고, 간절해지게 도와주시고, 주님의 은혜를 구하는 주의 백성으로 우리를 다시 빚어 주시옵소서.

설교 유튜브로 보기

시편 18:1~6

[1] 나의 힘이신 여호와여 내가 주를 사랑하나이다

[2] 여호와는 나의 반석이시요 나의 요새시요 나를 건지시는 이시요 나의 하나님이시요 내가 그 안에 피할 나의 바위시요 나의 방패시요 나의 구원의 뿔이시요 나의 산성이시로다

[3] 내가 찬송 받으실 여호와께 아뢰리니 내 원수들에게서 구원을 얻으리로다

[4] 사망의 줄이 나를 얽고 불의의 창수가 나를 두렵게 하였으며

[5] 스올의 줄이 나를 두르고 사망의 올무가 내게 이르렀도다

[6] 내가 환난 중에서 여호와께 아뢰며 나의 하나님께 부르짖었더니 그가 그의 성전에서 내 소리를 들으심이여 그의 앞에서 나의 부르짖음이 그의 귀에 들렸도다

부르짖음을 들으시는 하나님

시편 18:1~6

하나님의 영광은 어디에

영국의 전도자, 로드니 집시 스미스(Rodney 'Gipsy' Smith)라는 분이 계십니다. 배우지 못한 집시 부모의 아들로 자라서 별명이 '집시'였어요. 그분은 백악관 초청으로 두 명의 대통령을 만나기도 했습니다. 대서양을 마흔다섯 번이나 건너가 수백만 명의 사람들에게 복음을 전한 순회 사역자로 살았습니다. 그가 한 유명한 말이 있습니다. "복음서는 다섯 권이다." 이게 무슨 이단 옆차기 같은 소리인가요? 마태, 마가, 누가, 요한복음의 사복음서의 다음에 그리스도인의 삶이 있다는 거예요. 안 믿는 사람들은 사복음서에 관심이 없습니다. 그들은 그리스도인의 삶을 통해서 성경을 봅니다.

우리는 어떻게 살아야 할까요? 저는 어릴 때 하나님께 영광을 돌린다는 말이 불편했습니다. 왜냐하면 영광을 돌린다는 속성 안에는 반드시 어떤 내용이 내포돼 있기 때문입니다. 하나님께 영광을 돌린다면서 사실은 집을 샀다든지, 승진했다든지, 일류 대학에 붙었다든지 하는 이유가 있습니다. 채점하는 기계를 부숴서라도 대학을 붙여 주신다면 영광인 거죠. 우리 자매들이 좋아하는 꽃미남이 갑자기 눈이 바뀌어서 나를 사랑한다고 하면 하나님께 영광 돌리고 싶은 거죠. 축구선수가 골을 넣고, 운동선수가 큰 대회에서 금메달을 따고, 연말에 연예인 시상식에서 대상 받으면 가장 먼저 하나님께 영광 돌린다고 소감을 말합니다. 누구나 그런 삶을 살기를 원하지만, 하나님의 영광이 거기에 있을까요? 성경을 살펴보시면 하나님의 영광이라는 단어는 우리가 생각하는 영광과 반대입니다. 예수님의 십자가를 사람들은 저주라고 생각했습니다. 바로 거기에 하나님의 영광이 있었습니다. 우리가 깨어지고 무너지는 그 자리에서 하나님은 영광을 보여 주십니다. 우리의 눈과 우리의 시각으로 보면 하나님의 영광을 절대 만나지 못합니다. 그래서 우리에게 갈등이 있는 것이고 고난이 있는 것이지요.

시편 18편을 쓴 다윗의 정황과 그의 성장기

오늘 본문 시편 18편의 부제에 "여호와의 종 다윗의 시, 인도자를 따라 부르는 노래, 여호와께서 다윗을 그 모든 원수들의 손에서와 사울의 손에서 건져 주신 날에 다윗이 이 노래의 말로 여호와께 아뢰어 이르되"라고 명시돼 있습니다. 다윗이 직접 지었을 때는 정황이 있습니다. 노래는 사연이 있거든요. 작곡가가 노래를 만들 때 자신의 사연을 담잖아요. 요즘 청소년들과 청년들은 모를 수 있는데 최백호라는 가수가 있어요. 그가 부른 "가을엔 떠나지 말아요"라고 시작하는 "내 마음 갈 곳을 잃어"라는 노래가 있습니다. 이 노래를 들으면 어떤 생각을 할까요? 1976년 노래라고 일부러 모른 척하지 마세요. 저와 비슷한 또래분들 분명히 아시잖아요. 사람들은 사랑하는 연인이 떠나고 나서 애틋한 마음을 표현한 거로 듣습니다. 그런데 사실은 최백호 씨가 작사한 이 노래에는 사연이 있어요. 그가 스물한 살에 부른 노래인데, 자신이 어렸을 때 어느 가을날 돌아가신 어머니에 대한 애절한 마음을 담은 거예요. 그래서 가사에 가을엔 떠나지 말고 차라리 하얀 겨울에 떠나라고 쓴 거죠. 알고 보면 우리가 전혀 모르는 의미를 담고 있는 곡들이 많습니다. 곡에는 다 의미가 있습니다.

그래서 다윗의 인생을 살피면서 오늘 시편을 보면 큰 위로를 얻을 수 있습니다. 이 시편의 정황은, 다윗이 모든 원수들의 손과 사울의 손에서 하나님이 건져 주신 날에 여호와께 아뢰고 있습니다. 다윗은 몹시 불행한 인생을 살았습니다. 일단 출생 자체가 불행이에요. 지금은 막내가 사랑을 받지만, 고대 사회에서 막내는 천덕꾸러기였어요. 왜 그럴까요? 노동집약적 농업과 목축업의 시대의 자녀는 집안의 노동력이었습니다. 그래서 무조건 자식을 많이 낳아야 했죠. 그 시대의 여성은 예쁘고 날씬하고 음식을 잘하는 것보다 자녀를 많이 낳아야 인정받았습니다. 열 명이 농사짓는 것과 백 명이 농사지어 추수한 결과는 다르기 때문입니다. 그래서 낳고, 낳고, 또 낳고, 정신없이 낳아야 축복이라고 생각했습니다. 지금처럼 내 새끼, 예쁜 우리 아들 하는 개념보다 노동력에 도움 되는 아이가 최고인 거예요. 첫째부터 일곱째까지 밭에서 삽을 뜨고 있는데, 갑자기 엄마가 "여보, 속이 이상한 것 같아요" 하고 애를 낳는다고 생각해 보세요. 아버지와 형들은 모두 노동하고 있는데 막내는 엄마를 보채고 앉아 있으면 짜증 나죠. 우리 아버지 형제가 5남 2녀입니다. 할머니가 45세 때 막내 삼촌이 태어났어요. 할머니의 고백이 신기하더라고요. 소화가 너무 안 되더래요. 나이가 들어 소화 문제 때문에 배가 나오나 보다 하시다가 임신 사실을 6개월 때 아셨다고 해요. 첫째 고모와 막내 삼촌이 거의 엄마와 아들뻘이에요. 그러다 보니까 고모가 시집가고 아이들이 태어났는데 삼촌이 조카보다 어린 일이 벌어진 거죠. 명절에 가족이 모이면 애매한 상황이 생깁니다. 고대 사회에서 다윗이 그랬을 것 같아요. 거기다 다윗은 시대와 안 맞는 사람이었어요. 고대 사회는 일상이 전쟁이었기 때문에 남자의 카리스마가 중요했거든요. 여러분, 전쟁할 때 중요한 게 무자비해야 한다는 것입니다. 지휘관이 칼을 들고 적을 물리쳐라, 돌격하라, 하는데 "장군, 찌르면 아플 텐데요" 하며 머뭇거리거나 활을 쏘면서 '쟤도 엄마가 있겠지?' 이런 생각을 하면 전쟁이 안 됩니다. 그런데 하나님 나라 인디밴드의 원조가 우리 다윗 형님이잖아요? 이 형님은 인디밴드 감수성으로 홍대 거리에나 어울리는 분이어서, 그 당시에는 집에서도 밖에서도 인정받기 어려웠어요. 감수성이 쩔어요. 밤하늘의 별을 보면서, "아빠, 별이 떨어져요" 하면 아빠는 어떻게 생각할까요? '아, 미친놈이 하나 태어났구나' 하는 거죠. 양을 보면서 "양의 눈망울을 보니 눈물이 날 것 같아요" 하는 아들이 얼마나 짜증 나고 기막히겠어요. 그러니 막내 다윗은 늘 제쳐났단 말이에요.

제가 이번 주에 글을 쓰다가 다윗에 대해 이렇게 썼어요. "초대받지 못한 전쟁터에서 그는 일상에서 만나던 하나님을 또 한 번 경험했다." 형님들은 징

집돼 전쟁터에 갔고, 다윗은 형들 도시락을 가져다주러 그곳에 갔어요. 거기서 이스라엘의 영원한 숙적, 골리앗을 만나요. 당시에 똑똑하고 용맹한 사람들이 없었을까요? 우리가 알아야 할 게 있어요. 똑똑하면 해결해 줄 것 같죠? 전 세계 대통령들은 나름 잘난 분이어서 뽑혔지 않습니까? 제가 보니 역대급 대통령이 브라질에 있더군요. 자이루 보우소나루라는 분인데 코로나로 사망자가 하루에 2천 명씩 나오는데 그는 가족들과 바캉스를 갔어요. 멘탈 갑인 대통령이죠. 그래서 기자들이 그에게 어떻게 그럴 수 있냐고 질문했어요. 보우소나루 대통령은 기자 회견장에서 이런 말을 했어요. "내가 죽였냐? 내가 뭐 신이야? 어떻게 그 사람들을 살리겠느냐." 여러분, 투표할 때 얼마나 신경쓰세요? 누군가를 선택할 때 잘나고 똑똑해 보여서 뽑았는데 국정 운영에 실망을 안겨 주는 리더가 얼마나 많습니까?

여러분, 이걸 아셔야 해요. 부모가 생각할 때 '애가 되겠구나'라는 확신이 틀릴 확률이 높아요. 자녀 양육의 많은 경우 의외의 반전이 있어요. 기대와 촉망을 받던 아이가 커서는 큰 실망을 줄 때가 있습니다. 반면에 별 볼 일 없던 아이가 큰일을 이룰 때가 있어요. 사무엘이 왕을 세우려고 기름 부으러 다윗의 집에 왔습니다. 이새의 아들들이 서열대로 앉았고 사무엘은 첫째인 엘리압이 가장 뛰어나 보였어요. 기도 많이 한 사무엘은 하나님의 영광을 보고 하나님의 역사를 보는 기도의 종이었어요. 늘 목소리가 쉬어 있는 기도원 원장님 같은 그 사무엘이 엘리압의 출중한 외모에 넘어갔습니다. 그를 보자마자 기름을 부으려고 하는데 하나님이 말씀하십니다. "그는 내가 이미 버렸다." 요즘 아이들 말로 "겉은 괜찮은데 쓰레기다"라고 하신 거죠. 자매들은 잘생긴 오빠 중에 쓰레기가 많다는 것을 조심해야 해요. 둘째 아들이 지나가고 일곱 명의 아들이 다 지나갔어요. 그런데 사무엘상을 살펴보면 묘한 상황이 있어요. 이새가 주저주저하는 거예요. 아들 다윗은 아버지가 볼 때 자랑스러운 아들이 아니었어요. 결국 사무엘이 그에게 기름을 부었죠.

그러고는 다윗의 인생이 꼬이기 시작합니다. 다윗이 믿음으로 골리앗을 물리쳤는데 이후로 사울 왕에게 어떻게 되죠? 다윗이 자신을 죽이고 왕이 될거라는 피해망상에 걸린 사울 왕을 피해 무려 13년이나 고난과 역경과 수많은 어려움을 겪으며 도망자로 살아갑니다. 다윗을 지켜 줄 괜찮은 성이나 보호해 주는 기반이 없는 상황에서 도망 다니며 내일을 보장받지 못하는 그 두려운 시간을 지나왔단 말이에요. 어두움 속을 견디는 다윗의 마음이 어땠을까요? 다윗의 일상은 절망으로 가득했을 거예요. 그의 일상에 소망과 기대라고 하는 단어는 저만치 동떨어진 낯선 단어처럼 느껴질 거예요. 여러분은 마음의 아픔과 고통스러운 환경 때문에 소망이라는 단어가 내 생애에서 끝나버린 것처럼 느껴진 적이 없으십니까? 가족 관계에서 혹은 경제적인 문제로 소망이라는 단어가 내 인생 저 너머에 있다고 생각하는 분들은 다윗의 고백을 꼭 살펴봐야 합니다. 사람이 1년만 죽음을 피해 다니면 미칩니다. 아니, 몇달만 그런 고통에 있어도 제정신을 유지하기 힘들어요. 부부관계도 서로 사랑해서 결혼했지만, 우리가 살면서 공포영화를 찍는 때가 있잖아요. 적과의 동침 같은 영화를 실생활에서 경험하는 때가 있습니다. 그때 어떤 절망이 드나요? '내가 이런 사람과 계속 살아야 하나?' 하게 됩니다.

여호와는 나의 힘, 나의 전부

13년의 암담한 터널을 견디게 해준 다윗의 비법이 1절에 있습니다. "나의 힘이신 여호와여 내가 주를 사랑하나이다".

이 멋진 표현 앞에서 여러분께 질문하겠습니다. 하나님이 좋으세요, 현찰이 좋으세요? 우리 냉정하게 얘기해 봐요. 저부터도 자신 없어요. 왜냐하면 하나님이 잘 안 보여요. "오! 하나님, 오늘 주님 살 빠지셨네요. 주님, 코가 왜 이렇게 높아지셨을까요?" 이렇게 느껴지세요? 그러면 정신병원에 가야 해요. 반면에 현찰의 힘은 우리가 너무도 잘 아는 거예요. 돈의 힘이 얼마나 큰지 늘 주변에서 보고 있잖아요? 저희 부모님이 제 설교를 들으시거든요. 부모님이 "네가 개척했는데 해줄 게 없다"고 늘 그러십니다. 설립 감사 예배를 드리려 하니까 우리 교회 집사님 몇 분이 그래도 부모님을 모셔야 하지 않냐고 하십니다. 저는 부산에 계신 아버지와 장인, 장모님까지 굳이 모시려 하지 않았는데 지난 월요일에 교회에 오셨어요. 기도해 주시고 헌금도 하고 가시면서, 자꾸 해줄 게 없다는 얘기를 하시는 거예요. 내가 기도는 한다만은 아비로서 엄마로서 못 도와주는 게 너무 힘드시다는 거예요. 개척교회에 돈이 필요하다는 생각을 하는 게 일반적입니다. 이번에 초청장 밑에 끝내주게 쓰지 않았습니까? "우리는 화환과 화분을 이미 많이 받았습니다. 괄호 열고 참고해 주시기 바랍니다." 원래는 "개척교회는 뭐가 필요할까요?"라고 쓰려 했는데 너무 속 보이는 것 같고, 밑에 계좌번호를 넣고 싶은 마음 또한 간절했지만, 아내가 "너무 장난스럽지 않냐?"고 걱정하기에 참고 참고 또 참았습니다.

여러분, 우리가 진짜 기도의 힘을 알고 있나요? 믿음의 힘을 알고 있나요? 이 자본주의 사회에서 돈의 힘 앞에 항상 노출되어 사는 우리에게 다윗이 주는 메시지가 무엇입니까? 하나님이 나의 힘이시라는 거예요. 여러분, 우리가 아무것도 없으나 하나님 앞에서 주님이 우리의 전부인 것처럼 살아가는 게 그리스도인 아니겠습니까? 매 순간 암담한 현실에 있고 앞으로 어떻게 될지 모르지만, 다윗은 그 시간을 살면서 하나님이 자신을 지켜 주시는 힘으로 믿었습니다.

누구에게나 고난이 있다

그는 변변한 방패 하나 없고, 자기를 지켜줄 성도 없고, 지지해 주는 든든한 세력이 없었습니다만, 2절에서 고백합니다. "여호와는 나의 반석이시요. 나의 요새시요. 나를 건지시는 이십니다".

여러분, 믿음의 눈을 들어야 하나님이 우리의 요새 되시고, 방패 되시고, 위로가 되시고, 인도자 되시고, 내 인생길의 빛이 되신다는 걸 깨달을 수 있습니다. 저는 우리 교회를 통해 하나님이 이루실 영광이 두 가지라고 생각합니다. 첫째, 예배의 회복, 둘째, 기도의 회복입니다. 좌절과 상실감에서 하나님 앞에 엎드리는 공동체, 기도의 기쁨을 만나는 공동체, 기도할 때 말할 수 없는 기쁨과 환희가 터져 나오는 교회를 소망합니다.

6절에 보면 다윗은 이렇게 고백합니다. "내가 환난 중에서 여호와께 아뢰며 나의 하나님께 부르짖었더니 그가 그의 성전에서 내 소리를 들으심이여 그의 앞에서 나의 부르짖음이 그의 귀에 들렸도다".

다윗은 하나님이 자신의 고백을 성전에서 들으셨다고 합니다. 13년 동안 다윗은 박탈감을 견뎌야 했습니다. 그는 성전 없는 인생을 살았습니다. 자신은 빈들 같은 인생이고 끝나버린 인생 같았는데 자신의 간구가 성전에서 올려지는 진정한 제물이 되고, 하나님 앞에 진정한 예배가 됐다는 표현을 쓰고 있습니다. 이 기쁨을 느끼는 거예요. 그렇다면 다윗은 이럴 만하니까 하나님이 들어주셨을까요? 여러분, 잘 아시는 거처럼 4절에 "사망의 줄이 나를 얽고 불의의 창수가 나를 두렵게 하였으며"라고 합니다. 창수는 비바람과 태풍입니다. 그의 인생이 비바람과 태풍 속이라는 거예요. 5절에 "스올의 줄이 나를 두르고 사망의 올무가 내게 이르렀도다"라고 합니다. 스올은 죽은 사람이 가는 처소입니다. 히브리 문학적 표현인데 스올 다음에 사망의 올무가 내게 이른다는 것은 어떤 표현일까요? 우리 아이들이 늘 하는 말, "죽겠네"가 있습니다. 숙제가 너무 많아 죽겠네, 배고파 죽겠네, 힘들고 어려운게 얼마나 많습니까. 엄마 아빠들도 마찬가지예요. 죽을 것같이 괴로운 일상을 늘 겪습니다. 가장 큰 문제는, 나만 그렇다고 생각하는 거예요. 누구나 그래요. 목사들끼리 모여서 얘기해 봐도 결론은 비슷합니다. 인생에서 내가 제일 행복하다는 사람은 없고 모두가 힘들다고 해요. 남들이 볼 때는 번듯한 교회여도 자기 입장에서는 큰 교회에 장로님들이 다 있어도 힘들다는 거예요. 얘기 들어보면 모두가 불쌍해요. 이것 때문에 지치고 저것 때문에 힘들고, 할 일이 너무 많아서 괴롭고…. 여러분, 목사가 잘못해서 혼나고 어려운 건 괜찮아요. 그런데 교회에서 자주 발생하는 일이 있어요. 우리는 아직 그런 증상이 드러나지 않아 다행이지만, 서로 사이가 안 좋은 사람들이 뒤에서 째려보면서, '저 사람은 다른 교회로 안 가나' 하며, "목사님, 내 편 들어주세요" 하면 목사인 저는 스트레스로 곤두박질칩니다. 이쪽에서는 목사님이 내 편이야 하고, 저쪽에서는 자기 편이라고 하고, 목사를 반으로 쪼갤 수도 없고…. 그런 힘들고 어려운 순간을 경험할 때 기억해야 합니다. 누구에게나 고난이 있다는 거예요.

집마다 아이 때문에 힘들어요. 어떤 엄마가 자기 아이 문제로 너무 힘들어서 눈물을 흘리며 얘기했어요. 그러니까 그 옆의 엄마가 웃으면서 하는 말이 "그래도 그 아이는 집에라도 있나 보네요." 다 상대적입니다. 오히려 부모이기 때문에 자기 아이의 가치가 안 보입니다. 아이가 집에서만 무력해 보일 때가 있어요. 저도 집에서 우리 아이를 어떻게 해야 되나 하는 마음이 들 때가 한두 번이 아닙니다. 그런데 밖에서는 리더십도 있다고 해요. 아빠인 저는 믿을 수 없는 얘기지만, 아이를 볼 때마다 답답하단 말이에요. 제 아버지는 해병대 출신이었어요. 저는 아버지가 무서워 집에서 아무 말도 안 하고 살았어요. 말하면 줘 터지니까, 그냥 조용히 지내는 게 삶의 비결이었어요. 그런데 제가 밖에 나가면 주체할 수 없는 끼가 발산되어 응원단장을 맡아 쓰러질 정도로 응원하고, 교회에서는 레크레이션을 미친 듯이 했는데, 아버지는 그런 저를 전혀 모르셨어요. 교회 집사님이 은도가 그런 놈이 아니라고 아버님께 말씀드렸는데, 아버님은 상상도 못했다는 거예요. 심지어 아버지는 제가 고등학교 졸업할 때 "주님의 은혜다"라고 하실 만큼 저에 대한 기대치가 너무나 낮았습니다. 아버지는 제가 중학교 때 "하나님, 은도에게 고졸만 부탁드립니다"라고 기도하셨다고 해요. 당시에는 제가 좀 그랬어요. 수업 시간에 멍 때리다 보면 수학 선생님이 분명히 있었는데 국어 선생님이 들어오시고, 심지어 중학교 2학년 때는 좀 부끄러운 고백인데 시험 친다는 걸 학교 가서 알았어요. 당황하지 않았습니다. 아나 모르나 별 차이가 없었니까요. 그런 아이들에게는 나름대로 평안이 있어요. 한 문제 맞출 때 알 수 없는 그 기쁨이 있잖아요? 왠지 다 맞을 것 같은 느낌! 그리고 사지선다에 나름대로 퍼센티지도 따진답니다. 3번만 밀지 않아요. 왠지 중간에 1번이 들어가야 될 것 같은, 헛되고 헛되니 모든 것이 헛되다는 경험을 충분히 하잖아요. 그러다 뒤늦게 공부하기 시작하고 삶에 어떤 변화가 일어나면서 하나님께 감사한 시간을 보내죠. 우리 자녀들도 마찬가지입니다.

부모님들, 선택해 보세요. 고등학교 때까지 끝내주는 아이가 있어요. 그래서 대학 갈 때까지 모범적이다가 그 이후로는 번지점프를 하든 인생을 막살든 상관없다, 나는 우리 애가 좋은 대학만 가면 충분하다 하는 분, 손 들어보세요. 불안하죠? 그렇다면 참 힘든 시간의 음침한 골짜기로 다녀 본 뒤에 아빠, 길이 없어요, 하며 무언가를 깨닫고는 점차 인생의 가치가 분명해지는 아이가 있어요. 내 자녀는 어느 쪽이 되기를 원하십니까? 대부분 두 번째라고 얘기하실 겁니다. 그러면 뭐가 필요할까요? 암담함이라고 하는 현실을 살아가야 합니다. 유진 피터스 목사님이 이런 얘기를 했어요. "하나님은 다윗을 13년 동안 왕으로 준비시켜 놓았다." 그에게 먼저 기름 부으신 하나님은 광야에서 하나님의 왕으로 만드신 거예요. 설민석식 표현을 쓰자면 애민 정신이 투철한 왕이 다윗이었어요. 그는 13년 동안 인생 밑바닥을 걸어 봤거든요. 13년 동안 배고픔이 뭔지를 알았거든요. 그 불안과 염려를 경험했기에 그는 어떤 왕에게서도 볼 수 없는 마음과 정신이 있었다는 거예요.

죽음이 두렵지 않은 소망과 고백

여러분, 우리가 생각할 때는 똑똑한 사람, 대단한 사람이 타인을 잘 인도해 줄 것 같죠? 아니에요. 우리 인생의 힘든 눈물과 슬픔의 골짜기를 지나가는 사람이 누군가의 심정을 이해하고 공감할 수 있습니다. 여러분, 청소년·청년 사역은 누가 하는지 아세요? 그 아이들의 아픔이 보이는 사람이 합니다. 어떤 분이 그런 얘기를 하시더군요. 부르심이 뭐냐고요. 간단해요. 그 아이가 보이면 부르심이에요. 제가 어제 전남 강진을 갔다 왔거든요. 이전에 저를 불러 주신 교회인데 감사하게도 다시 불러 주셨어요. 그 교회에서 종종 연락 주시는 집사님 부부가 계신데, 아내 분이 암 진단을 받으셨어요. 힘든 암 투병 끝에 많이 좋아지셔서 이번엔 복직을 준비하고 있는데 병원에서 또 안 좋은 게 보인다는 거예요. 조직 검사를 하고 다음 주에 결과가 나온다고 합니다. 가정의 아이들도 아직 어려서 마음이 짠했어요. 그런데 그 자매가 이런 말을 합니다. "목사님, 저는 죽는 건 두렵지 않습니다." 저는 애들 생각에 마음이 힘들지 않냐고 했더니 "내가 돌아갈 본향이 있다는 말씀에 전혀 두렵지 않아요"라고 하십니다. 여러분, 우리가 돌아갈 본향이 있다는 것보다 더 큰 위로가 어디 있습니까? 내가 하나님을 아버지라고 부를 수 있는 것보다 더 큰 위로가 어디 있습니까? 그래서 제가 그분과 얘기하면서 슬퍼지는 게 아니라 소망을 얘기하며 우리를 기다리는 영원한 기쁨을 묵상할 수 있었어요.

이름 모르는 많은 성도가 우리 교회를 위해 함께 기도한다는 사실이 저는 너무나 감사했어요. 여러분의 소망은 무엇입니까? 지금 오늘을 붙잡고 있는 기준과 근거는 무엇입니까? 다윗은 하나님이었습니다. 위기를 극복할 때 우리가 착각하는 게 있어요. 이것만 해결되면, 이 돈 문제만 해결되면, 우리 애만 속을 안 썩이면, 걱정할 게 하나도 없을 텐데⋯. 그게 착각입니다. 그것만 이루면 해결될 것 같습니까? 천만의 말씀입니다. 다윗은 깨달은 거죠. 나에게 천군만마가 있다고 해서 이 위기를 극복할 수 있는 게 아니라는 사실입니다. 사울에게는 모든 게 있었어요. 완벽한 성, 수많은 군사와 마병을 가지고 있었지만, 그의 인생을 지켜주시는 하나님이 없어서 그는 비참한 인생을 살았습니다. 다윗은 아둘람굴에서 살았지만, 그의 내면에 주님이 주시는 기쁨이 있었고 평안이 있었고 자유함이 있었어요. 오늘 우리 안에 다윗의 그 하나님이 있는지 살펴봐야 합니다. 다윗은 바로 그 얘기를 하는 거예요. 수많은 어려움이 있고, 스올의 아픔이 있고, 죽을 것 같은 사방의 원수들이 진을 치고 있지만, 그때마다 하나님은 나의 산성이 되시고, 나의 요새가 되시고, 나의 방패가 되셨다는 고백을 말입니다.

기도의 기쁨 가운데 보이는 하나님

여러분, 고난의 시간에 눈을 부릅떠 보세요. 성벽이 없는데 있는 것처럼 살아가는 게 가능한가요? 불가능하죠. 가능한 것이 무엇일까요? 이것을 가능하게 만드는 비밀이 6절에 있습니다. "내가 환난 중에서 여호와께 아뢰며 나의 하나님께 부르짖었더니 그가 그의 성전에서 내 소리를 들으심이여 그의 앞에서 나의 부르짖음이 그의 귀에 들렸도다". 기도예요. 기도의 기쁨 가운데 하나님의 살아계심이 보이기 시작합니다.

종교개혁자 루터의 친구는 루터를 이렇게 표현합니다. 기도의 사람이다! 루터는 하루에 3시간씩 기도했다고 합니다. 몇 시간을 기도했냐가 중요한 게 아닙니다. 루터가 늘 기도했다는 데 주목해야 합니다. 그 말은 기도 아니면 살 수 없었다는 뜻이에요. 여러분, 염려를 선택하지 말고 기도를 선택하세요. 하나님 앞에 엎드리기 시작하는 거예요. 그래야 나를 고통스럽게 하는 두려움의 장막이 벗겨집니다. 여러분들 앞에 드리워 있는 어려움과 두려움과 암담함의 장막이 영원할 것 같죠? 종이 한 장이에요.

예전에 아이들이 어릴 때 에버랜드가 집에서 가까워 많이 갔거든요. 에버랜드는 꿈과 환상의 도시잖아요. 그런데 그곳에서 알바하는 청년들이 탈바가지 쓰고 쌍욕하고 있는 거 모르시죠? 에버랜드에 자주 가면 그 소리가 들려요. 삼복더위에 탈을 쓰고 지나가면서 너무 더우니까 욕을 하더라고요. 한 번은 제가 고생하는 알바에게 음료수를 사준 적이 있어요. 에버랜드의 실상은 합판 하나 세워 놓은 환상의 도시잖아요. 이 땅에서 우리가 보는 세상의 본질이 다 그런 환상입니다. 지나가는 어떤 것과 같은 세상에서 우리는 영원한 것을 추구해야 합니다. 그래야 승리하는 거예요.

여러분, 지금 주소를 잘못 찾고 있지 않나요? 부부의 날에 많은 분이 "내 인생 최대의 실수는 너를 만난 거다"라고 한답니다. 그럼 지금의 배우자를 만나지 않았다면 행복했을까요? 우리가 다 연약한 모습으로 살아가지만, 환경이 좋다고 해서 행복한 게 아닙니다. 집이 넓고 좋은 학력을 가졌다고 행복한 게 아니에요. 하나님이 내 산성이 되셔야 소망이 있는 거예요. 우리는 멋진 기쁨을 누려야 하잖아요. 세상의 사소한 기쁨 말고 영원한 하나님 나라표 기쁨이 있어야 되는 거예요. 다윗이 오늘 우리에게 얘기하는 것이 바로 그것입니다.

다시 1절을 읽어 보실까요. "나의 힘이신 여호와여 내가 주를 사랑하나이다".

우리가 기도할 때 하나님 사랑을 경험할 수 있습니다. 내가 혼자 사랑하는 게 아닙니다. 하나님의 놀라운 사랑이 부어지면서 얻는 축복이 전달되는 거예요. 이런 놀라운 은혜가 있기를 축복합니다. 이사야 26장 3절, 4절을 읽고 말씀을 마칩니다. "주께서 심지가 견고한 자를 평강하고 평강하도록 지키시리니 이는 그가 주를 신뢰함이니이다 너희는 여호와를 영원히 신뢰하라 주 여호와는 영원한 반석이심이로다". 기도하겠습니다.

하나님 아버지, 우리 인생의 한계를 만나고 우리의 연약함을 만납니다. 우리 믿음의 선배인 다윗도 마찬가지였고 수많은 하나님의 사람이 절망을 양식처럼 먹고 살았고 암담함이 그의 집처럼 늘 다가왔습니다. 모든 게 끝난 것 같은 세상에서 다윗은 여호와가 우리의 힘이라고, 여호와가 우리의 방패 되시고, 소망이 되신다고 선언하고 있습니다. 하나님, 우리가 이 고백을 함께하고 이 놀라운 은혜 가운데 살아낼 수 있도록 축복해 주옵소서. 좌절과 낙담 가운데에 있는 성도들에게 기도가 회복되게 하시고, 하나님이 함께하심을 보게 해주시고, 하나님이 나의 요새, 나의 방패 되시고, 나의 모든 것 되심을 고백하고 발견하는 놀라운 은혜를 경험하게 하여 주시옵소서. 아멘.

설교 유튜브로 보기

고린도전서 7:17~24

¹⁷ 오직 주께서 각 사람에게 나눠 주신 대로 하나님이 각 사람을 부르신 그대로 행하라 내가 모든 교회에서 이와 같이 명하노라

¹⁸ 할례자로서 부르심을 받은 자가 있느냐 무할례자가 되지 말며 무할례자로 부르심을 받은 자가 있느냐 할례를 받지 말라

¹⁹ 할례 받는 것도 아무 것도 아니요 할례 받지 아니하는 것도 아무 것도 아니로되 오직 하나님의 계명을 지킬 따름이니라

²⁰ 각 사람은 부르심을 받은 그 부르심 그대로 지내라

²¹ 네가 종으로 있을 때에 부르심을 받았느냐 염려하지 말라 그러나 네가 자유롭게 될 수 있거든 그것을 이용하라

²² 주 안에서 부르심을 받은 자는 종이라도 주께 속한 자유인이요 또 그와 같이 자유인으로 있을 때에 부르심을 받은 자는 그리스도의 종이니라

²³ 너희는 값으로 사신 것이니 사람들의 종이 되지 말라

²⁴ 형제들아 너희는 각각 부르심을 받은 그대로 하나님과 함께 거하라

부름 받은 대로

고린도전서 7:17~24

메인스트림을 주목하라

40대, 50대 부모들에게 앙케트를 실시했습니다. 소원이 무엇인지 물었는데 여러분이 다 아시는 뻔한 내용이 나왔습니다. 첫 번째, 부자가 되는 것. 두번째, 자녀들이 명문대에 진학하는 것입니다. 대한민국의 모든 사람이 이렇게 생각하는 것 같습니다. 내가 부자가 되고 자녀가 명문대 진학하면 하나님이 기뻐하실 거라고 확신하는 것 같아요. 그렇다면 대한민국의 메인스트림은 부자와 명문대일까요?

여러분, 고린도전서 7장을 살펴보세요. 이해하기가 좀 어렵고 신학적으로도 논란이 많은 본문입니다. 큰 줄기를 놓치면 다른 내용도 놓치기 쉽습니다. 제가 중학교 다닐 때 하도 공부를 안 하니까, 사촌 형이 제게 묻더군요. "네가 선생님이라면 시험 문제에 무얼 출제하겠냐?"고요. 저는 한 번도 생각해 본 적 없는 질문이에요. 확실히 사촌 형처럼 똑똑한 사람은 다르더라고요. 그 사람이 질문하는 것을 보면 얼마나 똑똑한지 알 수 있어요. 그런 질문에 잘 모르겠으면 가만히 있는 게 상책이에요. 그런데 제가 몇 마디를 했더니, 형님이 사랑의 눈으로 제 뒤통수를 팍 때리더니, "야, 책에 잉크가 남아돌아서 진하게 쓰여 있는 게 아니야. 볼드체로 쓴 것들은 중요하기 때문이야" 하면서 중요한 골자를 먼저 공부하고 그다음에 주변부에 있는 것들을 공부해야 한다는 얘기를 들려주었어요.

성경도 마찬가지입니다. 이단들은 놀랍도록 성경 본문을 그럴듯하게 활용합니다. 그런데 그들의 문제는 바로 메인이 없다는 거예요. 마치 척추는 없고 줄기세포만 있는 것과 같아요. 본문의 메인스트림이 무엇인지를 잘 봐야 합니다.

고린도 교회에 어려움이 있었습니다. 어떻게 보면 이 말이 맞는 것 같고, 어떻게 보면 저 말이 맞는 것 같은 혼란에 빠졌습니다. 젊은 세대에게 어르신들이 조심해야 할 말이 있어요. "결혼 안 하냐?" 소리 했다가는 미움받기에 십상입니다. 아모르파티라는 노래 가사처럼 연애는 필수, 결혼은 선택이라고 해요. 요즘 기독 청년 중에도 비혼주의자들이 적지않습니다. 고린도전서 7장을 보면 마치 사도 바울이 비혼주의를 적극적으로 응원하는 것처럼 보입니다. 그런데 또 결혼에 대해서 지지하는 것처럼 읽히기도 하고요. 7장에서는 신분제를 인정하는 것처럼 보이는 구절 때문에 전근대적 사고방식을 가졌다는 공격을 받기도 합니다. 여러분, 오늘 읽은 7장의 메인스트림을 주목해야 합니다. 바로 17절부터 24절의 내용입니다.

어떤 상황에서도 그리스도는 나의 주

가장 핵심적인 논점은 우리가 살아가는 모습에 그대로 머물러 적응하라는 뜻이 아니라, 우리가 처해 있는 상황이 어떠하든지 그리스도인은 하나님을 나의 주님으로 섬길 수 있다는 것입니다. 내가 무엇인가가 되어서 주님을 섬기는 것이 아니고, 어떤 성과를 내어 주님을 위하여 사는 것이 아니라, 내 형편이 어떠하든지 주님의 부르심대로 살아야 한다는 것입니다. 살아가면서 내가 이래서 어려워졌고 저래서 힘들고 고통스럽다고 얘기들을 합니다. 제가 질문 하나 드려도 될까요? 여러분이 처해 있는 현재 상황에서 하나님이 안 계실까요? 반드시 계십니다. 내가 잘못된 선택을 한 결과로 하나님이 안 계신다고 생각한다면 큰 착각이에요. 그 자리에서 그리스도가 주 되심을 고백하고 살아가는 거예요. 주부는 주부로서 학생은 학생으로서 직장인은 직장인으로서 하나님과 함께 살도록 오늘 본문이 우리에게 얘기하고 있습니다.

18절에 할례를 받은 사람들이 할례를 없애려고 하지 말라는 말이 나옵니다. 요세푸스라는 고대 역사학자가 있습니다. 이분이 쓴 유일한 단어가 이 본문에 나오는 "할례를 받지 않은 것처럼 하기 위하여서"입니다. 18절에 "무할례자가 되지 말며"라는 표현은, 그레코로만(Greco-Roman, 그리스로부터 로마로의 과도기) 시대의 모습과 관련이 있습니다. 당시 남자들은 어디에서 클럽 활동을 했을까요? 요즘 비즈니스 하시는 분들은 골프를 치면서 인맥을 쌓잖아요? 2000년 전에는 사우나였습니다. 다 벗고 들어가는 사우나는 아무나 목욕을 즐기는 곳이 아니라 돈과 권력이 있는 사람들의 일종의 로터리클럽이었어요. 그들은 할례받은 유대인을 배제했기 때문에 당시 막대한 돈을 주고 할례를 복구하는 수술을 했습니다. 아마도 세계 최초의 남자 성형이라 할 수 있습니다. 요세푸스의 기록에는 지금 문신을 새기고 다시 문신을 지우는 것처럼 할례를 받지 않은 상태로 복원하는 수술이 종종 있었다고 나옵니다. 그레코로만 시대의 주류 계층에 들어가기 위함이었죠. 이를 염두에 두고 사도 바울은 할례자로서 부르심을 받은 자는 무할례자가 되려고 하지 말라고 한 것입니다. 할례를 받았다는 것은 태어나면서부터 유대인이라는 표징이고 유대인의 자존심이었습니다. 그런데 할례 받지 못했다고 할례 받은 척하지 말라는 의미는 무엇일까요? 하나님의 말씀을 따라 살아가는 것이 중요하고, 하나님이 원하시는 삶을 살아가는 것이 중요하다는 뜻입니다.

순종이 제사보다 낫다

제가 말씀을 정리하다가 한 가지 떠오른 통찰력이 있습니다. 사무엘상은 다윗의 왕조가 일어나는 시대와 사울의 멸망을 얘기하고 있습니다. 그런데 여러분, 사무엘상의 핵심은 우리가 알고 있는 것처럼 다윗이 왕이 되는 결론적 이야기가 메인스트림이 아닙니다. 다윗이 어떤 상황에 있든지 하나님을 나의 주로 고백하는, 그 하나님 백성다운 삶의 회복과 믿음으로 산다는 것이 어떤 것인지를 말하는 것이 사무엘상의 핵심 메시지입니다.

세상의 왕에 오르는 것이 중요한 게 아니란 것을 우리는 자주 간과합니다.

좋은 학교에 진학하고, 대기업에 취직하고, 좋은 집을 사고, 큰 사업에 성공해 대표직에 올라가면 내가 무언가를 할 것 같고 무엇이 된 것 같지만, 하나님은 그런 것에 관심이 없으십니다. 하나님이 원하시는 것은 내가 어떤 자리에 있든지 주님을 주로 고백하고 살아가는 모습입니다. 사무엘상 15장에 사울 왕의 불순종이 나옵니다.

"사무엘이 이르되 왕이 스스로 작게 여길 그 때에 이스라엘 지파의 머리가 되지 아니하셨나이까 여호와께서 왕에게 기름을 부어 이스라엘 왕을 삼으시고 또 여호와께서 왕을 길로 보내시며 이르시기를 가서 죄인 아말렉 사람을 진멸하되 다 없어지기까지 치라 하셨거늘 어찌하여 왕이 여호와의 목소리를 청종하지 아니하고 탈취하기에만 급하여 여호와께서 악하게 여기시는 일을 행하였나이까 사울이 사무엘에게 이르되 나는 실로 여호와의 목소리를 청종하여 여호와께서 보내신 길로 가서 아말렉 왕 아각을 끌어 왔고 아말렉 사람들을 진멸하였으나 다만 백성이 그 마땅히 멸할 것 중에서 가장 좋은 것으로 길갈에서 당신의 하나님 여호와께 제사하려고 양과 소를 끌어 왔나이다 하는지라 사무엘이 이르되 여호와께서 번제와 다른 제사를 그의 목소리를 청종하는 것을 좋아하심 같이 좋아하시겠나이까 순종이 제사보다 낫고 듣는 것이 숫양의 기름보다 나으니 이는 거역하는 것은 점치는 죄와 같고 완고한 것은 사신 우상에게 절하는 죄와 같음이라 왕이 여호와의 말씀을 버렸으므로 여호와께서도 왕을 버려 왕이 되지 못하게 하셨나이다 하니" (삼상 15:17~23).

하나님은 아말렉과의 전쟁에 헤렘을 선포하셨습니다. 히브리어 헤렘은 살아 있는 모든 생명체를 멸하라는 뜻입니다. 하나님이 왜 그렇게 하셨을까요?

살아 있을 이유가 없는 존재들이기 때문입니다. 여러분, 사람을 통해서 하나님의 영광을 볼 때가 있는 반면에 사람에게서 악마를 볼 때가 있습니다. 창녕에서 일어난 어린이 학대 사건을 보면 소름 끼치지 않습니까? 왜 이런 사태가 벌어질까요? 무관심하기 때문입니다. 어떤 학자는 "교회는 소수의 선한 사람과 극소수의 나쁜 사람, 그리고 대부분의 무관심한 사람으로 이뤄져 있다"라고 했습니다. 여러분, 성도에게 중요한 게 있습니다. 무관심한 사람으로 살면 안 된다는 것입니다. 세상을 향해서 이웃을 향해서 성도를 향해서, 그들에게 연약하고 힘든 일이 있을 때마다 함께 기도하고 주님 앞에 나아가는 겁니다. 무관심한 그리스도인은 가장 악한 사람입니다. 곁에 있는 성도들의 눈물과 아픔뿐만 아니라 세상이 잘못되는 것과 이웃이 아파서 부르짖는 것에 우리는 민감해야 합니다.

아픔을 내어놓는 것이 허물이 되지 않는 공동체가 되기를 바랍니다. 염려하고 근심하고 있는 나를 누가 알까 전전긍긍하기보다는 누구에게나 함께 기도를 나누고, 내 연약한 모습이 받아들여지고 이해받고 격려받고 사랑받고 힘을 얻는 공동체, 그것이 대안적 교회 공동체 아닙니까? 그런 교회로 우리가 함께 빚어지기 위해 아멘으로 끝날 게 아니라 우리가 저항하고 새롭게 생각하여 하나님이 원하시는 삶의 방식으로 나아가야 합니다. 그게 바로 순종입니다.

여러분, 사울은 무슨 생각을 했을까요? 하나님이 헤렘을 선포하시면서 아말렉에 존재하는 모든 것은 죽이라고 하셨는데 아각 왕을 살려왔습니다. 왜 그랬을까요? 그는 적국의 왕을 살려와서 백성들에게 자신이 얼마나 혁혁한 공을 세웠는지를 보여 주는 정치적인 쇼가 필요했기 때문입니다. 하나님이 세우셨다는 것보다 사울 왕은 사람이 만든 의식과 개념으로 세워지는 것이 중요했습니다. 여러분, 우리가 교회 생활하면서 조심해야 할 것이 있습니다. 내 교회가 성공하는 것이 주님이 원하시는 것이 아닙니다. 주님이 원하시는 것은 교회답게 살아가는 순종입니다. 별처럼 빛나지 않아도 사람들에게 알려지지 않아도 우리가 하나님 앞에서 하루하루를 잘 살아내고 순종하며 살 때 하나님의 마음에 합한 자라는 말을 들을 수 있는 것입니다. 사울이 실패한 것은 다른 게 아닙니다. 자기의 인기를 살리면서, 멋진 예배를 드리고 싶었습니다. 이스라엘에는 없지만 아말렉에는 기름진 소와 양들이 너무 많았던 겁니다. 기가 막힌 거죠. 이 소를 바치고 이 향을 바치면서 두 가지 영광을 누리고 싶었습니다. 첫 번째는 정치적 영광이고, 두 번째는 종교적인 영광입니다. 사무엘은 무엇을 얘기합니까? 하나님이 그 숫양의 기름을 원하시지 않는다는 것입니다. 순종이 제사보다 낫다는 것입니다. 하나님이 원하시는 것은 성공이나 번영이 아니라 주의 말씀 앞에서 순종하고 살아가는 삶이죠. 그러므로 오늘의 일상에서 작은 한 걸음이라도 주님이 원하시는 자리로 나아가고, 순종하려는 그 노력과 헌신과 수고가 우리의 삶에서 무엇보다도 필요합니다.

부르심에 대하여

고린도전서 7장, 부르심의 의미에 대한 두 가지 신학적 논쟁이 일었습니다. 첫 번째는 하나님의 백성이 되는 구원받는 부르심이고, 두 번째는 직업에 대한 부르심입니다. 이 두 가지로 나뉜 논쟁이 많았습니다. 학문적 논문도 많이 나와 있는데, 사실은 통합적인 것입니다. 우리가 주님의 부르심을 받았다는 것 자체로 이미 의미를 갖습니다. 저는 많은 분을 만나잖아요. 혹시나 우리 성도들에게 코로나를 전염시킬까 봐 손 씻기와 마스크 쓰기를 철저히 하면서 식사도 사양합니다. 심지어 다른 강단에서 설교할 때조차 마스크를 쓰고 하니 걱정 마시기를 바랍니다. 제가 만남을 통해 얻는 복이 있어요. 집회는 혼자 쏟아붓고 오는 게 아닙니다. 만남에 대한 기대가 있습니다. 부산에 갔을 때 한 장로님을 만났어요. 그 장로님은 도대체 직업이 뭔지를 모르겠더군요. 건물 페인트칠을 하는 중소기업을 운영한다고 하시는데 좀 특이해요. 많은 사람을 데리고 다니십니다. 그런데 장로님은 직업 자체에 관심을 가진 사람으로는 보이지 않았습니다. 10년이 넘는 세월을 부산에서 가장 후미진 곳의 일진들, 문제아들 많은 동네의 청소년 부서를 섬기고 계셨습니다. 그 동네의 교회가 다른 장소에 큰 예배당을 짓고 이전했어요. 원래 교회의 남루한 예배당에서 그 문제 아이들이 예배를 드리러 왔어요. 제가 그곳에 설교를 하러 갔다가 기절하는 줄 알았습니다. 아무도 설교에 집중하지 않아서 공황장애가 올 것 같더군요. 한 명도 나를 쳐다보는 아이가 없어요. 난장판의 끝판왕이었어요. 소그룹이 시작됐는데 애들끼리 웃고 난리가 났는데, 남자애들은 팔뚝과 다리에 문신이 가득해요. 선생님들은 아이들 옆에 붙어서 "착하지? 저 목사님 되게 좋은 말씀 하시는 분이야. 한 번만 봐 줄래?" 사정을 하는 거예요. 그래서 설교자들에게 그곳은 아오지 탄광이라는 소문이 날 정도였어요.

그곳에서 장로님은 13년을 섬기며 매주 그 지역의 세 학교 내지 다섯 학교에 심방을 가시는 겁니다. 간식을 준비해서 심방을 한 번도 거르지 않으셨다고 해요. 애들이 교회 오면 햄버거를 사주고, 새벽기도에 나오는 애들에게는 택시비까지 챙겨 주신다고 해요. 그렇게 지역 청소년들을 위해 1년에 쓰시는 돈이 1억 원 가량이라고 합니다. 그러면 그분은 부자시냐? 전혀 그렇지 않아요. 저는 장로님이 너무 걱정이 되었어요. 여러분, 목사가 걱정될 만큼 사역에 몰두하는 분이 계시더라고요. 장로님과 같이 식사하다가 여쭈었어요. "장로님, 너무 오버하시는 것 아닙니까? 애쓰시는 만큼 아이들이 변하나요?" 저는 하나님의 놀라운 은혜가 담긴 후일담을 기대했어요. 수많은 간증에서 나오는 은혜의 박자, 드라마틱한 간증 공식이 있잖아요? 장로님이 숟가락을 딱 놓으며 하시는 말씀이 "13년 동안 밥만 먹고 가는 애들만 봐왔어요." 그런데 장로님의 이어지는 대답이 기가 막혔어요. "참 이상하죠? 목사님, 걔들이 사랑스러워요."

제가 장로님을 통해 느낀 통찰력이 있습니다. 부르심이란, 눈에 보이는 거라는 것입니다. 누구에게는 안 보이는 것이 내 눈에는 너무 밝게 보입니다. 누구 눈에는 전혀 마음에 와닿지 않는 것이 내게는 마음이 저리도록 아프게 와닿는 무언가가 있습니다. 그것이 부르심입니다.

사랑하는 성도 여러분, 요즘 마음들은 괜찮으십니까? 그리스도인은 무엇이 되어서 편안한 사람이 아닙니다. 그리스도인은 물질을 소유했기 때문에 편안한 사람이 아니라, 놀랍게도 순종할 때 행복한 사람입니다. 우리의 삶의 문제는 내가 얼마나 어려우냐의 문제가 아닙니다. 순종의 문제입니다.

거룩한 혁명, 의식의 전환

"네가 종으로 있을 때에 부르심을 받았느냐 염려하지 말라 그러나 네가 자유롭게 될 수 있거든 그것을 이용하라 주 안에서 부르심을 받은 자는 종이라도 주께 속한 자유인이요 또 그와 같이 자유인으로 있을 때에 부르심을 받은 자는 그리스도의 종이니라"(고전 7:21~22).

　이 본문을 보면 사도 바울이 마치 신분제 사회를 찬성하는 것 같습니다. 그런데 빌레몬서를 보십시오. 오네시모라는 사람이 등장합니다. 오네시모는 빌레몬 집에 노비로 있던 사람입니다. 그는 주인의 돈을 훔쳐 도망가 버렸습니다. 그 당시 노예가 그런 짓을 하다 잡히면 죽습니다. 그런 오네시모가 로마에 와서 사도 바울을 만나 복음을 듣고 받아들입니다. 오네시모는 바울에게 자신이 노예였고 주인의 돈을 훔친 죄인이라고 고백했습니다. 당시에도 세상은 참 좁았던 것 같아요. 바울이 오네시모의 주인 빌레몬을 만나 적은 없지만, 그가 복음으로 변화된 흔적이 있는 사람이라는 것을 알고 있었어요. 사도 바울이 빌레몬에게 쓴 편지가 빌레몬서입니다. 바울은 그 편지에서 "내가 너희에게 그리스도의 이름으로 부탁하고 싶은 게 하나 있다. 오네시모 알지? 너무 놀라지 마라. 일단 먼저 들어보고 얘기를 해라. 그가 전에는 무익한 자(우리 식으로 말하면 내가 그놈 성질이 개차반인 거 안다. 네 돈 들고 튀었으니까)였으나, 그리스도의 복음 안에 들어온 뒤 변했다. 네가 할 수만 있다면 이 사람을 자유인으로 풀어 주길 원한다." 이어서 사도 바울이 멋진 말을 해요. "그가 너에게 빚진 것이 있으면 내가 갚으리라" 사실은 못 갚는다는 뜻이지요. 사도 바울 자신도 돈이 없는 사람입니다. 바울 형님의 탁월한 수사학적 능력입니다. 내가 만나면 갚으마, 라고 했지만 두 사람이 만난 적이 없어요. 이때 계좌이체가 있는 것도 아니고요.

　이 빌레몬서의 핵심이 뭘까요? 사도 바울은 예수 믿는 사람들의 관계에 거룩한 혁명 있기를 바랐던 겁니다. 복음을 믿는 사람들에게 의식의 전환이 있기를 바랐던 거죠. 사람을 외모로 판단하고, 가진 것으로 판단하고, 스펙으로 평가하는 세상이 아니라, 하나님의 자녀라는 전혀 다른 기준의 개혁적인 의식으로 살아갈 것, 그래서 우리의 삶으로 순종하면서 때로는 손해 보고 때로는 바보처럼 살아가게 될지라도 하나님이 원하시는 삶으로 한 걸음 한 걸음 나아가기를 주님이 원하시는 것 아니겠습니까?

그리스도가 주인인 삶을 살고 있는가

마태복음 28장에 우리에게 맡기신 본질이 무엇인지 기록돼 있습니다.

"예수께서 나아와 말씀하여 이르시되 하늘과 땅의 모든 권세를 내게 주셨으니 그러므로 너희는 가서 모든 민족을 제자로 삼아 아버지와 아들과 성령의 이름으로 세례를 베풀고 내가 너희에게 분부한 모든 것을 가르쳐 지키게 하라 볼지어다 내가 세상 끝날까지 너희와 항상 함께 있으리라 하시니라"(마 28:18~20).

우리에게 분부하신 것은 단순히 예수가 그리스도라는 표징적 언어로 끝나지 않습니다. 예수가 그리스도라고 하는 것은 우리 삶의 양식이고 방식입니다. 내가 살아가는 삶을 보면서 사람들이 그리스도가 주인인 삶이 바로 저거구나, 하는 것을 보여 주는 것입니다. 안타까운 점은 우리가 표면적 언어적 선포만을 너무 귀중하게 생각한다는 것입니다. 예수 믿으십시오. 예수가 구원입니다, 맞는 말입니다. 그렇다면 우리 삶 속에서 그리스도가 주 되시는 표준이 있냐는 겁니다. 사도 바울이 말씀하는 이 본문의 핵심이 바로 이 내용입니다. 내가 지금 살아가는 삶 가운데 그리스도가 주인 되게 살아가고 있는가. 그리스도가 나의 주인이 되면서 나의 잘못된 시각, 의식, 생각의 변화가 일어나고 있는가. 나와 전혀 관계없는 아이들이 소중하게 보이는 그 기적 같은 일이 내 속에서 일어나고 있는가. 내 마음에 관심이 없던 일이지만 주님이 원하시는 일에 열정이 타오르고 가슴이 뜨거워지는 놀라운 변화가 있는가, 라고 질문하는 것입니다.

사랑하는 성도 여러분, 우리는 그리스도의 분량만큼 자라가야 합니다. 생각이 자라고 의식이 자라가야 합니다. 어디서부터요? 나에게서 출발해 자라가야 합니다. 주님을 의지하고 주님을 바라보는 그 영광을 향해 나아갈 때 우리는 하나님의 도우심과 하나님의 동행하심을 깨닫게 됩니다.

부르심을 향한 순종의 삶

예전에 제가 산본에 있을 때 고등부 선생님 중에 SBS의 PD가 있었어요. 처음에 그분은 직업을 밝히지 않으셨어요. 아무도 PD인 줄 몰랐죠. 청바지에 운동화 신고 오셔서 파이팅도 넘치고 말도 재미있게 하시는 분이었어요. 그러다가 교사들 기도회에서 정체를 드러내셨어요. 기도 제목을 좀 나누고 싶다면서 자신이 SBS의 교양국 PD임을 밝히셨죠. 우리가 다 놀랐어요. 아무리 봐도 PD같이 안 생긴데다 교양국보다는 예능국에 어울려 보였거든요. 제가 SBS에 기도회와 예배 인도를 한 적 있어요. SBS는 바로 옆에 있는 CBS가 아니지 않습니까? 그런데도 직원들 중에 점심을 빨리 먹고 예배를 드리는 분들이 계시더라고요. 직책이 뭔지는 모르는 어떤 분이 기도를 하셨어요. "하나님, 우리를 이곳에 보내신 이유와 목적이 있지 않습니까? 우리가 주님의 부르심을 잃어버리지 않게 도와주십시오." 그렇게 의식이 있는 분들이 세상 곳곳에 있어요. 우리 교회의 SBS PD님의 마음에는 소망이 있었어요. '영재발굴단'처럼 특출난 사람들을 소개하는 프로그램보다 일반인 중에 자기의 삶에 최선을 다하는 사람들을 찾아보는 프로그램을 만드는 것이 그분의 기도 제목이었어요. 그 PD님이 기획한 프로그램이 바로 '생활의 달인'입니다. 그분의 기도 제목을 듣고 기도해 준다고 했는데, 한 주 지나 어떻게 됐냐고 물었더니, 국장에게 퇴짜를 맞았다는 거예요. 퇴짜 맞은 이유는, 유명한 사람이 출연해도 시청률이 안 오르는데 일반인으로 무슨 시청률이 나오겠냐는 겁니다. 교양국은 답답한 곳입니다. 예능국에서는 기발한 아이디어에 힘을 실어 주고, 예능 국장과 PD들도 좀 개성이 강한 모습인데, 교양국은 다큐멘터리 동물의 왕국 분위기에요. 매니아층 외에는 재미가 없어서 시청률을 얻기 위해 고군분투 중인데 교양국에 그런 이야기가 되겠냐는 거죠. 그런데 하나님의 은혜로 파일럿 다섯 편을 편성하기로 하고 생활의 달인이 시작됐어요. 그 방송에는 그분의 기도가 담겨 있었죠. 하나님의 관심은 세상의 일등과 최고가 아니라 어렵고 힘든 사연을 가지고 최선을 다하는 사람들에 있습니다.

여러분, 기독교 정신이 담겨 있는 프로그램을 만들기 위해 누군가 애쓰고 누군가 눈물 뿌려 기도하고 있습니다. 우리의 눈에는 보이지 않지만, 순종하며 살아가는 그리스도인들의 삶을 통해서 하나님이 역사가 지금도 진행되고 있다는 사실을 기억해야 합니다. 더푸른교회가 그런 교회가 되기를 바랍니다. 이곳에서 파송받은 여러분의 삶이 세상 곳곳으로 주의 영광을 펼쳐 보이는 도구가 되어 나보다 더 힘든 사람을 위로하고 격려할 수 있기를 바랍니다. 여러분도 기도할 때마다 생각지 않던 누군가가 떠오르는 은혜가 있기를 바랍니다. 내가 무언가를 가졌을 때 더 연약한 누군가가 떠오르는 교사, 그리스도가 내 삶의 주인이시므로 누군가에게 거저 주라고 하시는 말씀에 순종하는 여러분이 되시기를 바랍니다.

　교회는 민주적인 제도를 가지고 있지만, 더 중요한 것은 신정정치, 곧 하나님의 통치가 있다는 것을 기억하셔야 합니다. 때로는 우리가 하기 싫고 어려운 일이어도 순종해야 할 때가 있습니다. 하나님이 기뻐하시는 일을 위해서 우리의 마음을 내려놓고 살아가면서 늘 도전받을 것입니다. 오늘 이 자리에 오기까지 우리의 계획은 하나도 없었습니다. 우리의 그릇이었고 우리의 생각이었다면 여기까지 올 수 없었습니다. 하나님이 밀어주시고 하나님이 인도해주셨습니다. 우리의 일상 속에서 하나님의 뜻과 계획을 의식하고 그리스도의 다스리심을 삶으로 고백하는 아름다운 부르심을 살아냅시다. 그분의 영광이 저와 여러분에게 있기를 축복합니다. 주님 앞에서 늘 새로워지기를 축복합니다. 기도하겠습니다.

하나님 아버지, 우리는 늘 연약하고 힘들어하고 쓰러지면서, 나는 왜 이것밖에 안 될까, 저렇게 됐더라면, 이렇게 됐더라면, 이것만 이루면, 하는 환상 속에서 살아갑니다. 무엇이 되면이 아니라 주님의 자녀로 살아가는 우리가 되도록 인도해 주옵소서. 예수가 그리스도라는 사실을 우리의 삶으로 고백하게 도와주시고, 우리의 가정이 고백하게 도와주시고, 우리의 직장 생활 가운데 고백하는 우리가 되도록 성령 하나님 주장하시고 역사해 주옵소서. 주님 앞에 올려 드린 우리의 찬양과 기도를 받아 주시고 무엇보다도 이 놀라운 부르심을 살아내게 하여 주시옵소서. 수많은 이야깃거리와 갈등과 고민 가운데서, 내가 그리스도를 주라 고백하는가 하는 그 본질의 고민 안에서 살아내도록 도와주소서. 코로나19로 사회적 거리 두기를 하며 안전을 위한 여러 조치에 따르고 있지만, 주님 앞에 기도하며 나아가는 것만큼은 더 가까이 할 수 있도록 붙잡아 주시고 역사하여 주시옵소서. 감사와 찬양을 올려드리며 주 예수 그리스도 이름으로 기도합니다. 아멘.

설교 유튜브로 보기

복음, 언박싱

고린도전서 12:15~27

15 만일 발이 이르되 나는 손이 아니니 몸에 붙지 아니하였다 할지라도 이로써 몸에 붙지 아니한 것이 아니요

16 또 귀가 이르되 나는 눈이 아니니 몸에 붙지 아니하였다 할지라도 이로써 몸에 붙지 아니한 것이 아니니

17 만일 온 몸이 눈이면 듣는 곳은 어디며 온 몸이 듣는 곳이면 냄새 맡는 곳은 어디냐

18 그러나 이제 하나님이 그 원하시는 대로 지체를 각각 몸에 두셨으니

19 만일 다 한 지체뿐이면 몸은 어디냐

20 이제 지체는 많으나 몸은 하나라

21 눈이 손더러 내가 너를 쓸 데가 없다 하거나 또한 머리가 발더러 내가 너를 쓸 데가 없다 하지 못하리라

22 그뿐 아니라 더 약하게 보이는 몸의 지체가 도리어 요긴하고

23 우리가 몸의 덜 귀히 여기는 그것들을 더욱 귀한 것들로 입혀 주며 우리의 아름답지 못한 지체는 더욱 아름다운 것을 얻느니라 그런즉

24 우리의 아름다운 지체는 그럴 필요가 없느니라 오직 하나님이 몸을 고르게 하여 부족한 지체에게 귀중함을 더하사

25 몸 가운데서 분쟁이 없고 오직 여러 지체가 서로 같이 돌보게 하셨느니라

26 만일 한 지체가 고통을 받으면 모든 지체가 함께 고통을 받고 한 지체가 영광을 얻으면 모든 지체가 함께 즐거워하느니라

27 너희는 그리스도의 몸이요 지체의 각 부분이라

은사와 교회

고린도전서 12:15~27

이분법에 물든 세계

요즘 교회들이 코로나로 비대면 예배를 드리고 있습니다. 유튜브로 설교 영상을 송출하는 것이 익숙지 않은 교회는 고생을 많이 합니다. 다행히도 우리 교회는 유튜브가 잘 정착돼 실시간 영상으로 함께 예배하는 데 문제가 없지만, 어떤 교회는 금요일 저녁에 주일 설교 영상을 녹화해둔다고 합니다. 제가 성가대 영상을 보다가 느낀 게 있습니다. 한 분 한 분 개인적으로 녹화해서 성가대 인원수만큼 화면을 분할해 성가대 찬양을 채우는 방식입니다. 악기 연주자들도 하모니를 맞추어 함께하는데 개별적인 화면을 보면 모두가 다른 장소와 시간에 연주하고 노래합니다. 그런데 악보가 같고 지휘자도 있어서 영상을 통해 노래와 연주를 하나로 맞추니, 실제 찬양과 동일한 성가대 찬양을 영상으로 들을 수 있었습니다.

　사도 바울이 쓴 몸이라는 표현과 지체라는 표현은 2,000년 전 당시의 수사학을 사용한 이들이 자주 쓴 표현입니다. 당시 그레코로만 시대의 철학은 이분법이었습니다. 하늘이 있으면 땅이 있고, 남자가 있으면 여자가 있고, 정신이 있으면 육체가 있다는 식으로 둘로 나뉘어 있습니다. 이 그레코로만 철학의 핵심에는 상위 개념과 하위 개념이 있습니다. 당시 사람들은 남자가 우등하고 여성은 열등한 존재라고 봤습니다. 마찬가지로 하늘은 우등한 것이고 땅은 열등한 것으로 생각한 거지요. 영적인 것은 아주 고귀한 것이고 육적인 것은 아무것도 아니라고 생각했습니다. 또 이 개념에는 몸에 대한 내용도 있습니다. 2,000년 전에도 노동조합이 있었고 데모를 했다는 기록이 있어요. 당시 노동 계층은 고생을 많이 하는 데다 노예로 살아가는 사람들입니다. 어디에나 악덕 기업주들이 있죠. 월급을 안 주고 휴식 시간도 안 주는 거예요. 결국 노동자들이 죽을 것 같으니까 파업을 해서 로마에서 아테네 일대까지 모든 사업이 딱 멈추는 일이 있었습니다. 그래서 그리스 철학자 필로는 "각 도시는 머리다"라는 말을 했습니다. 당시에는 도시 국가 개념이 있어서, 머리로서의 도시를 이끄는 왕과 지도자의 먹거리를 제공하는 것이 노동자 역할이라고 주장한 것입니다. 그래야 몸이 돌아간다는 것이죠. 따라서 손과 발의 역할을 하는 노동자를 열등한 존재로 여기는 것을 당연시했습니다.
　사도 바울은 오늘 본문을 통해, 몸에 대한 이러한 이해를 가진 사람들에게 뒤집어서 혁명적인 사고방식으로 교회가 무엇인지를 설명합니다.

본질을 잃은 서열 사회의 교회

우리는 등수를 매기는 서열 사회, 경쟁 사회를 살아가고 있습니다. 특히 유교 문화권에는 어른이 있고 그다음 서열들이 정해져 있지 않습니까? 저도 목사지만, 저희 집안에 가면 명함도 못 내밉니다. 일가친척 다 합치면 목사가 30명입니다. 저는 그분들이 모인 자리에 가면 열심히 인사하고 식사할 때 밥상에 숟가락, 젓가락 놓는 일을 도맡습니다. 제 서열이 거의 막내거든요. 층층시하 목사님들이니까 나이 오십인 제가 어린 목사라는 얘기를 듣습니다. 도대체 몇 살이 돼야 좀 어른 목사가 될지 모르겠습니다. 앞에 치이고 뒤에 치이는 조금 서러운 세대입니다. 우리는 상위 개념과 하위 개념이라는 것에 너무나 노출돼 있습니다. 우리 아이들 세대도 마찬가지고요.

예수님이 예루살렘 성에 올라가실 때를 상상해 보세요. 그때 예수님의 인기는 최고 상한가를 칠 때였습니다. BTS처럼 반짝이는 스타일 때 십자가를 지시려는 예수님 앞에서 제자들이 갈등합니다. 누가 예수님 오른편에 앉고 왼편에 앉을 것인가의 문제로 다투는 것입니다. 도시 집회를 가면 종종 만나는 일이 있습니다. 어느 교회가 우리 지역에서 가장 먼저 생겼는지를 두고 시비가 붙어 있는 거예요. 왜냐하면 처음부터 교회를 세운 측이 있고, 먼저 기도처를 정해 모인 교회가 있거든요. 보통 어떤 집 사랑채나 헛간을 빌려 모임을 시작한 측이 있습니다. 지금은 교회인데 초창기에는 교회가 아니라고 주장하는 반대편이 있죠. 기도 모임에는 목회자가 파송된 게 아니라는 까닭으로 인정해 주지 않는 것입니다. 모여서 기도하던 중에 다른 곳에서 교회로 명명하고 먼저 세웁니다. 그러고는 설립일이 먼저인가? 모인 날이 먼저인가로

싸웁니다.

한국 교회 개신교 역사도 제물포에 먼저 도착한 사람이 아펜젤러냐, 언더우드냐로 감리교가 먼저냐, 장로교가 먼저냐로 싸우는데 제가 명확하게 말씀드릴게요. 두 분 다 아닙니다. 먼저 오신 분은 아펜젤러 선교사의 사모님입니다. 왜냐하면 우리 동양 문화에서는 익숙지 않은 레이디퍼스트이고 당시 사모님이 임신 중이었거든요. 그러니까 사실 이런 논쟁은 하등 중요한 게 아니에요.

이렇게 교회 안에서 안 중요한데 중요해져 버린 일이 많습니다. 성경이 말씀하는 의도를 무시하고 복음의 본질이 어느 날 희석돼 버립니다. 우리 안에 있는 서열 문화, 경쟁하고 차별하는 문화가 성경 위에 올라가 버리는 오류를 범하고 있는 게 오늘 우리에게서 많이 발견되지 않습니까? 신앙생활 하면서도 어떤 관념에 빠져 있습니까? 똑똑하고 대단한 사람이 세상을 잘 이끌 거다, 하면서 교회가 무엇에 관심을 가질까요? 어느 대학교 나왔다, 어느 직장에 들어갔다, 우리 교회 출신 중에서 장관이 있다고 자랑합니다.

여러분, 하나님은 그런 것을 통해 일하시는 분이 아닙니다. 그런데 우리는 늘 최고가 되고 하나님이 나를 성공시켜 주시리라고 확신해요. 하나님이 원하시는 건 일등이나 명문대학을 들어가는 것이 아니라, 하나님이 원하시는 뜻대로 살아가고 있는가가 훨씬 더 본질적인 거라고 말씀하십니다. 머리가 훨씬 더 중요하고 손발은 더러운 거로 생각하던 당시 사람들에게 바울은 몸에 대한 개념을 얘기하면서 역설적으로 강조하는 거예요.

그러면 다 머리겠느냐는 거예요. 여러분, 우리에게 머리가 하나만 있길 다행이지 두 개 있었으면 아침에 머리 감을 때 샴푸 칠도 두 번, 드라이도 두 번 해야 해요. 이 머리 말리고 저 머리 말리는 게 쉽지 않아요. 샴푸값이 얼마나 들겠습니까? 쌍 드라이기 돌리면서 머리를 말릴 수도 없는 노릇이고요. 머리가 다 머리일 수 없는 거예요. 다 손이겠냐는 거예요. 다 발이겠냐는 거예요. 하나님이 우리 몸에 눈을 두 개로 디자인하셔서 괜찮지, 세 개나 한 개면 희한한 모습이죠. 하나님이 각각 의미와 가치를 디자인하신 거예요. 손은 가치가 없고 발은 가치가 없다고 말씀하시지 않았습니다.

은사의 다양성

고린도전서 12장은 은사의 장이라고 하는 유명한 장입니다. 교회 안의 어려운 문제 중에 은사에 관한 갈등이 있어요. 은사를 잘못 이해하는 분들이 있죠. 더 큰 은사가 있다고 생각합니다. 바울이 그 표현을 쓴 것은 은사의 본질이 무엇인지를 알려주려고 한 것이지, 은사에 서열을 매긴 것이 아닙니다. 다음은, 다음은 하는 다음이라는 표현은 서열의 의미가 아니라 다양성을 표현한 것입니다. 고린도전서 12장 4절부터 7절은 은사의 다양성과 함께 그 근원의 동일함을 얘기합니다. "은사는 여러 가지나 성령은 같고, 직분은 여러 가지나 주는 같으며, 또 사역은 여러 가지나 모든 것을 모든 사람 가운데서 이루시는 하나님은 같으니 각 사람에게 성령을 나타내심은 유익하게 하려 하심이라".

이 말씀은 은사의 본질은 나의 어떠함을 드러내는 것이 아니라 공동체적인 아름다움과 유익을 드러내기 위함이라는 거예요. 병을 고치든, 예언을 하든,

어떤 일을 하든지 공동체를 섬기는 유익이 없고 개인의 유익으로만 은사를 활용한다면 하나님이 기뻐하시는 은사의 역할이 아님을 강조하는 것입니다.

더푸른교회에는 중요한 사람과 덜 중요한 사람이 절대 없다는 걸 기억하셔야 해요. 어린아이부터 어른에 이르기까지 모든 사람은 하나님 앞에서 가치 있고, 하나님 앞에서 존귀함과 존엄함이 있다는 걸 기억해야 해요. 이러한 인식을 잃어버리는 순간, 위험한 일들이 우리를 찾아옵니다.

쓸모없어 보이는 나, 그리스도의 중요한 지체

진보주의 신학자 중에 보수주의 신학자와 똑같은 얘기를 하는 사람이 있습니다. 제가 신학교 다닐 때 교수님과 선배들이 칼 바르트는 진보주의 신학자니까 그의 책은 읽으면 안 된다고 했어요. 그런데 보통의 착한 사람들은 안 보지만, 저는 살짝 삐딱하거든요. 왜 보지 말라고 하는지 궁금했어요. 독일 신학자 바르트의 바자만 나와도 이단이라고 했는데, 사실 알고 보니 그는 우리 같은 보수주의자한테도, 다른 진보주의자한테도 양쪽에서 비판을 받는 분이었어요. 제가 바르트의 책을 읽다가 깜짝 놀랐습니다. 이분이 주님을 뜨겁게 사랑했구나, 하는 걸 알 수 있었어요. 바르트처럼 취급받는 분으로 위트겐 몰트만이라는 분이 계세요. 우리 입장에서 바르트는 너무 나갔다고 했는데, 몰트만은 훨씬 더 나간 분이거든요. 그런데 그분이 쓴 글에 이런 내용이 있습니다. "모든 교회가 복음의 본질을 따라 살아야 하며 이를 가르치기 위해서는 무능력, 결핍 혹은 고통의 경험을 간직한 그리스도인이 필요하다. 이러한 지체들이 우리의 교회를 이루고 있는 몸 중에 가장 소중하고 가장 은사적인 부분이기 때문이다." 말이 어렵죠? 쉽게 알려드릴게요. 우리가 볼 때는 하등 필요가 없는 것 같은 분들이 복음을 따르는 교회에서 중요한 구성원이라는 거예요. 성도 중에 이런 분들이 꼭 계시죠. "목사님, 저는 교회에 전혀 도움이 안 되는 것 같아요" 하는 분, 그런데 몰트만은 이런 사람들이야말로 가장 소중한 존재가 되는 곳이 교회라고 얘기합니다.

또 나 같은 사람은 무슨 필요가 있을까 습관적으로 말하는 분들이 계시잖아요. 사람들이 다 나를 싫어할 거야, 아내도 남편도 나를 싫어해, 아무도 싫어한 적이 없는데 혼자 쌍끌이로 쓸데없는 생각을 하시는 분들이 있습니다. 그럴 시간이 있으면 스쿼트를 한 백 번 정도 하세요. 쓸데없는 생각을 할 시간에 스쿼트 30번만 하면 새로운 하나님 나라 운동이 됩니다. 교회에서는 우리 모두 다 소중합니다. 또 교회에서 많이 듣는 말이, "저는 믿음이 없어요"입니다. 내게 믿음이 있고 없고를 아는 것, 그것이 믿음이에요. 여러분, 보세요. 맛에 대한 개념이 없으면 싱거운지, 짠지, 단지를 몰라요. 짜네, 하는 감각이 있으면 혀가 살아 있는 거예요. 적어도 내가 믿음이 없다는 사실을 아는 게 중요해요.

교회에는 내가 구원받았고 천국 갈 것을 분명히 아는 사람이 있고, 그것을 모르는데 구원받은 사람이 있어요. 어쩌면 우리 중에는 두 번째 사람이 더 많죠. 나는 믿음이 없다는 사람은 믿음을 주로 어디에서 찾으려 할까요? 내 행위나 존재로 구원의 근거를 찾으려고 합니다. 남들은 잘 된다고 하는데도 나는 안 된다, 나는 쓸모없다고 하는 사람들이 있습니다. 지금 본문에서 사도 바울은 누구를 대상으로 말씀하고 있나요? 뛰어나고 대단한 사람들이 아니라, 스스로 쓸모없다고 생각하는 사람들에게, 우리 몸에 손이 얼마나 중요한 역할을 하고, 발이 얼마나 중요한 역할을 하는지를 알아라, 너희는 모두 그리스도의 중요한 지체라고 말하는 거예요.

그리스도를 따르는 존귀한 우리

여러분, 사람의 옷을 만든 최초의 디자이너가 누구였습니까? 최초의 패션 디자이너는 아담이었잖아요. 아담이 친환경 소재인 나무껍질을 이용해 몸을 가렸더니 금세 말라 버렸습니다. 주님이 너무 안타까워서 디자인의 끝판왕인 내구성 좋은 양가죽 옷을 만들어 주셨죠. 양을 잡는다는 것은 하나님이 앞으로 이루실 제사의 의미와 그리스도께서 십자가에 죽으시는 대속적 의미가 있습니다만, 그 양의 가죽으로 옷을 지어 몸을 가렸단 말이에요. 사람들이 느끼는 수치심은 몸에서 아주 소중한 부분을 노출할 때 일어납니다. 팔이나 다리는 내놓고 살아도 괜찮아요. 더우면 민소매 티도 입고, 요즘은 배꼽도 내놓고 그러지만, 우리가 꼭 가려야 하는 신체가 있지 않습니까? 부끄럽다고 느끼는 곳이 가장 소중하다는, 몸에 대한 이러한 논리를 2000년 전 기득권 사회에서는 통치의 수단으로 삼았습니다.

조선 시대 성리학의 유래인 유교는 원래 종교적 개념이었어요. 그 유교가 통치 철학으로 합쳐진 것이 성리학이에요. 성리학의 핵심은 무엇입니까? 정도전이나 이성계는 왕은 왕답고, 재상은 재상답고, 노동자는 노동자답고, 천민은 천민다울 때 유교적 이상 국가가 만들어진다고 했습니다. 그런데 여기서 중요한 개념이 통치체제예요. 그 안에 우등과 열등 개념이 있어요. 우리도 1등급, 2등급으로 층위를 매기잖아요.

여러분, 좋은 대학이라는 게 있을까요? 학교 자체는 좋은 곳이에요. 거기에서 배우고 나면 어떤 사람이 나오느냐가 중요하지, 좋은 대학이라는 말은 사실 잘못된 개념이에요. 지방의 삼류 대학이라는 곳도 거기서 주님을 만나고, 인격적인 교제를 하고, 비전을 가지고 살아간다면 그의 인생에서 가장 아름다운 학교가 되는 거예요.

교회 청년부에 있던 일입니다. 아이들이 대학에 진학하고 청년부에 오면 인서울에 다니는 친구들과 지방에 다니는 친구들이 섞여 있으면서도 확 나뉩니다. 공부 잘한 아이 중에 관악산, 신촌, 안암동에 있는 대학에 들어간 이들이 있어요. 그런데 자신은 머리가 나빠서 중앙대에 갔다는 아이가 있었어요. 그럼 나머지 친구들은 뭐가 됩니까? 지방 대학교에 간 친구들에게 "너, 어느 학교 다니냐?" 하면 "아, 예, 그냥 갔어요" 합니다. 한번은 제가 노골적으로 얘기했어요. "네가 스스로 인생을 창피하게 생각하는데 누가 네 인생을 존귀하게 보겠냐?"

제가 고신대학교 홍보대사입니다. 어디를 가도 고신대학교 나왔다고 하니, 제 제자들이 고신대학교가 굉장한 명문 학교인 줄 알더군요. 거기도 지방 대학교에요. 그런데 저는 왜 고신대가 자랑스럽냐면 하나님이 저를 그곳에 보내셨다는 확신이 있기 때문이에요. 학교 브랜드가 나의 수준을 만드는 게 아니에요. 하나님의 인도하심으로 그리스도인으로서 살아가야 할 가치체계를 배웠기에 그 학교가 소중하단 말이에요. 그런데 지금 교회 안에서 내가 어느 학교 나왔거든! 내가 어느 직장 다니고 있어! 라는 게 우리의 명함이 돼 있다면 사도 바울이 펄펄 뛸 일이 아니겠냐는 거예요.

바울은 그리스도가 우리의 머리이며 우리의 삶을 보시는 분이고, 노예이든 자유인이든 상관없이 함께하시며 동행하고 계신 분임을 기억하라며 그것이 교회라고 이야기합니다. 요즘 우리 교회에 어려운 문제가 있습니다. 관계의 피상성 문제입니다. 현대인은 누구나 고독을 느낍니다. 사람들이 서로 많이 만나고, 휴대폰으로 쉽게 연락해도 관계의 질은 과거보다 떨어져 있어요. 문명이 발달했는데도 불구하고 우리는 가족 안에서조차 고독을 느끼며 살아갑니다. 내 아픔을 숨기는 데 능한 거예요. 여러분, 교회가 됐다는 것이 무엇인가요? 당신의 아픔이 우리의 아픔이 되는 거고, 당신의 기쁨이 우리의 기쁨이 되는 게 교회입니다. 더푸른교회에 많은 성공한 사람이 모이는 게 중요한 게 아니라 교회가 무엇인지를 증명하는 공동체가 되는 게 중요합니다. 세상이 주는 열등감에 갇혀 있는 사람이 아니라 자유하는 자가 되십시오. 삶의 형편이 자신을 낮게 평가해도 주님이 아니다, 너는 내 것이고, 나의 소유된 백성이라고 말씀하시면, 아멘 하고 일어날 수 있는 사람들이 교회 아닙니까? 아무리 좌절할 것이 많다 해도 주의 말씀이 임할 때 소망을 갖기 시작하고, 나의 가치를 발견할 뿐만 아니라 상대방의 가치를 귀하게 여길 줄 아는 것이 교회 아닙니까?

교회란 무엇인가

몸이라는 게 신기해요. 좋은 음악을 들으면 기분이 좋아지죠? 여러분, 음악은 어떤 기관이 듣는 겁니까? 귀가 듣는 겁니다. 그런데 온몸이 행복해집니다. 가끔 때에 맞는 음악이 나올 때 온몸이 즐거워요. 제가 요즘은 커피를 잘 안 마시는데, 커피를 내릴 때 두 잔 내려서 아내에게 "여보, 커피 먹어" 하면 아내가 "내가 커피 마시고 싶은 걸 어떻게 알았어요?" 하며 행복해해요. 너무 커피가 먹고 싶었다는 거예요. 저는 그냥 내렸을 뿐이고 아내가 행복해하니 커피 한 잔에 행복을 얻었을 뿐이에요. 또 어떨 때는 평소처럼 했는데도 마른 하늘에 날벼락치듯 "당신은 결혼한 지 몇 년인데 아직도 모르냐?"는 얘기를 듣기도 해요. 사람의 몸은 참 신기해요. 좋은 음악 한 곡을 들으면 온몸이 행복하고, 맛있는 음식 하나 입에 들어가면 혀와 위장만 행복한 게 아니라 머리와 온몸이 행복해요. 해부학적으로 보면 혓바닥과 목구멍과 위장이 기쁜 건 이해돼요. 그런데 머리가 행복하고 온몸이 행복해집니다. 이게 교회예요. 그리스도의 기쁨이 우리의 기쁨이 되는 것입니다.

또 하나의 문제는 너무나도 개교회 중심이라는 겁니다. 예전에 어떤 교회에 문제가 생겼을 때 다른 교회들이 그 교회 그렇게 하면 안 된다고 얘기했더니, 그 교회 교인들이 왜 다른 교회 교인들이 난리냐고 반박한 일이 있습니다. 여러분, 이런 분들은 교회론에 치명적인 문제가 있는 거예다. 교회는 하나입니다. 우리가 왜 선교해야 할까요? 누군가의 아픔이 우리의 아픔이기 때문입니다. 지구 반대편의 고통받는 민족의 아픔이 우리의 아픔이 되고, 전혀 상관없는 사람의 기쁨이 우리의 기쁨이 되는 것이 교회로 살아가는 방식입니다. 그런데 교회가 성도의 숫자와 건물 외양만 중요하게 여기다 보니 관계성이 파괴돼 버린 거예요.

제가 꿈꾸는 교회의 모습이 있어요. 예배는 한 시간 만에 끝나요. 제가 죽기 살기로 설교가 길어지지 않게 시간 재면서 한 시간 안에 끝내려고 애쓰거든요. 그런데 예배 후에 사람들이 돌아가지 않는 거예요. 얼마나 삶 나눔이 고팠는지 맛있는 음식이 없는데도 테이블 깔고 계속 대화를 나눠요. 그리고 더 놀라운 것을 봤어요. 굳이 조를 안 나누어도 매주마다 나눔 대상이 달라진다는 놀라운 현상이에요. 지난주 얘기한 사람은 피하고 또 새로운 사람을 만나더라고요. 저는 서로 몰랐던 사람을 알아가는 모습이 건강한 교회라는 생각이 들어요. 기도하다가 이름만 휙 지나가는 것이 아니라 그 사람의 얼굴이 떠오르고, 그 사람의 상처를 알고, 그 사람의 고통을 공감하는 기도가 진짜 기도이듯이, 교회란 바로 그런 것임을 바울이 이야기합니다. 세상은 내게 이익이 없는 관계는 별개다, 네가 살아가는 삶과 내가 살아가는 삶은 다르다, 재상과 천민은 같을 수 없다고 합니다. 그런데 바울은 전혀 다른 이야기를 하고 있어요. 그리스도가 머리이고 우리가 지체로 연결되어 있다는 거예요. 우리의 마음 속에 누군가의 아픔이 내 아픔이 되고, 누군가의 기쁨이 나의 기쁨이 되는 것, 바로 교회라고 말씀합니다.

은사는 무엇인가

우리는 안타깝게도 교회에 다니고 있지만, 교회가 되어야 한다는 사실은 간과합니다. 교회에 가요, 예배드리고 헌금해요, 마치고 열심히 봉사하고 조직이 돌아가는데, 실상은 교회가 뭔지를 모르고 살아가는 거예요. 교회란 너무나도 혁명적이고 엄청난 변혁을 일으키는 공동체입니다. 너와 나의 다름이나 재산 정도에 따라 사람을 나누는 곳이 아니라, 당신이 얼마나 소중한 사람인지, 당신이 얼마나 존귀한 사람인지를 드러내는 곳이 교회입니다. 그래서 절망 중에 있다가 교회로 모이면 다시 해 봐, 할 수 있어, 노력 한번 해 볼까, 우리 같이 힘을 내볼까, 소망을 갖고 살아가도록 회복되는 거예요.

여러분 중에 혹여라도 내가 소망이 없고 무가치하다고 느끼는 분이 계십니까? 단언컨대 사탄의 소리입니다. 절대 그렇지 않습니다. 여러분은 소중한 사람들입니다. 주님이 자신의 생명 값을 주고 산 사람들입니다. 세상은 끊임없이 나를 일회용품 취급할지라도, 일주일 내내 바닥을 헤매고 존재감이 없다고 느껴질지라도, 하늘의 가치를 가진 사람입니다. 교회 공동체에 들어오는 순간 그 기쁨을 맛볼 수 있습니다. 세상이 준 수많은 짐, 그 무거운 짐을 벗고 그리스도의 옷을 입으며 그 영광의 자녀 된 권세로 살아가는 곳이 교회입니다.

사실 고린도전서 12장은 은사의 장이 아니라 교회를 향한 하나님의 메시지입니다. 교회에서 방언하고 또 신기한 무엇을 한다고 서열이 있는 게 아니에요. 은사의 다양성이 있고, 그 다양성의 중심에 한 성령이 계신다는 것입니다. 한국 교회에 한창 성령세례라는 말이 유행한 때가 1980년대 후반부터 1990년도입니다. 제가 다닌 학교에서는 성령세례가 아주 문제가 많다고 했어요. 대학교 1학년 마칠 무렵에 선배 한 분이 제게 한 달가량 지낼 수 있는 짐을 꾸려 오라고 했어요. 지금의 저라면 어디서 한 달을 지내는 건지 물어볼 텐데, 그때는 선배가 하나님 옆에 계신 분이라고 생각했어요. 게다가 전도사님이니까 순종하는 마음으로 어딘지 모른 채 한 달간 생활할 수 있는 짐을 싸서 부산에서 미니버스를 타고 강원도 홍천까지 갔어요. 홍천에 눈이 펑펑 내리는데 부산 촌놈이 못 보던 눈을 보고 두리번거리며 신기해하니 차에서 내리라고 하더군요. 1991년 1월이었어요. 선배는 한 달 뒤에 오겠다더니 가 버렸어요. 그때 경험한 훈련은 예수전도단 DTS였어요. 당시에 저는 예수전도단이 어떤 곳인지 잘 몰랐어요. 그 선배가 딱 한마디 하더군요. "은혜 많이 받고 성령세례만 받지 마라."

그래서 DTS 훈련을 받는데 지금은 제가 동안이지만, 당시는 심각한 노안이었거든요. 나이대로 조 편성을 하는데 제가 대학교 1학년이 아니고 예비역 복학생으로 보였던지, 27살 반에 넣은 거예요. 군대도 안 다녀온 21살인데. 저보다 나이 많은 조원들과 큐티를 하는데 너무나 생경한 모습을 경험했어요. 고신대에서는 큐티를 하면 본문 분석을 하거든요. 오늘 이 말씀이 구속사적으로 어떤 의미가 있는지, 문맥은 어떤지…. 그런데 큐티 시간에 한 자매가 갑자기 일어나 춤을 추는 거예요. 정신이 좀 이상한가, 했더니 성령이 춤추게 한다는 거예요. 저는 받아들이기 힘든 모습이었어요. 그런 체험적 신앙을 소중히 하는 분위기여서 제 눈에 특이하게 보이는 사람이 한둘이 아니었어요. 하나님이 방금 자신에게 말을 했다는 분도 있었어요. 제 달팽이관은 문제가 생겨서 아무 소리도 못 듣는지…. 공중파로 말씀해 주시면 좋을 텐데…. 제가 너무 좁은 우물에 살았나 싶고 큰 충격을 받았어요. 사실 성령의 스펙트럼은 굉장히 넓지 않습니까. 또 전도 여행을 가려고 지도를 펼쳐놓고 기도하는데 한국말로 또박또박 기도하는 사람은 저밖에 없었어요. 다들 기도만 하면 방언과 눈물이 터지는데 한 자매가 눈물을 줄줄 흘리며 하나님이 우물을 보여주셨다는 거예요. 그 옆에 감나무가 있다고 덧붙였어요. 사실 우물이야 많죠. 대충 어느 동네에나 있고 또 그 옆에 감나무도 있어요. 전도 여행을 갔어요. 어느 마을에 멈춰서는 우물 옆의 감나무가 여기라는 거예요. 제가 지금까지 배운 성경에는 이런 부동산을 알려주시는 하나님이 없는데….

여러분, 성령론이나 은사론의 핵심은 신비로운 어느 장소로 가는 게 아니라 교회로 가는 겁니다. 교회 되는 은사로 서로를 격려하고 위로하는 거예요. 공동체의 연약함을 채우고 섬기라고 주신 하나님의 선물이 은사이고, 그러한 공동체가 아름다운 교회입니다. 우리는 지금까지 은사로 갑질을 해왔어요. 하나님이 주신 아름다운 선물을 가지고 바보짓을 했어요. 그 은사는 교회가 교회답게 하는 하나님의 은혜인 거예요. 함께 섬겨 가는 거예요. 경쟁하는 게 아니라 하나 되는 것이 바로 교회이고 그 안에 하나님의 놀라운 역사가 있다는 거예요. 그래서 저는 이렇게 말씀드리고 싶습니다. 모든 은사는 상호의존성을 가지고 있습니다. 하나의 은사로 존재하지 않습니다. 하나의 은사는 다른 은사가 필요하고, 다른 은사는 또 다른 은사가 필요하다는 것으로 함께 하나 되는 거예요.

사랑하는 성도 여러분, 우리 함께합시다. 주님의 마음에 이끌려 가고, 주님의 마음으로 함께 섬기고, 주님의 통로로 살아가는 겁니다. 혹여라도 여러분 중에 헌금 때문에 부담 갖지 마십시오. 성령의 감동을 따라 살아가십시오. 그리고 하나님의 채우심을 경험하는 여러분이 되시기를 바랍니다. 하나님의 역사하심을 경험해야 해요. 그리스도인은 가질 때 행복한 사람이 아니라 나눌 때 행복한 사람들입니다. 가질 때 기쁨보다 나눌 때 기쁨이 훨씬 큰 사람들입니다. 하늘의 기쁨을 맛보는 저와 여러분이 되기를 주님의 이름으로 축원합니다. 기도하겠습니다.

하나님 아버지, 감사합니다. 우리를 교회로 불러 주셔서 감사합니다. 하나님, 우리 각자의 은사가 우리의 어떠함을 드러내는 것이 아니라 교회를 드러내는 데 쓰이게 도와주옵소서. 하나님, 여기 이 교회 안에서 나는 쓸모없는 자라고 느끼는 사람이 한 명도 없게 하시고, 여기 와서 존귀함을 발견하고 가치 있음을 발견하는 귀한 역사가 있도록 축복하여 주시옵소서. 우리 갓난아이부터 노년에 이르기까지 하늘의 영광, 하늘의 가치를 담고, 교회 됨의 영광으로 살아가는 은혜가 있도록 축복하여 주옵소서. 우리의 모든 인생 가운데 주님이 홀로 영광 받아 주시옵소서. 아멘.

설교 유튜브로 보기

고린도전서 13:1~13

1 내가 사람의 방언과 천사의 말을 할지라도 사랑이 없으면 소리 나는 구리와 울리는 꽹과리가 되고

2 내가 예언하는 능력이 있어 모든 비밀과 모든 지식을 알고 또 산을 옮길 만한 모든 믿음이 있을지라도 사랑이 없으면 내가 아무 것도 아니요

3 내가 내게 있는 모든 것으로 구제하고 또 내 몸을 불사르게 내줄지라도 사랑이 없으면 내게 아무 유익이 없느니라

4 사랑은 오래 참고 사랑은 온유하며 시기하지 아니하며 사랑은 자랑하지 아니하며 교만하지 아니하며

5 무례히 행하지 아니하며 자기의 유익을 구하지 아니하며 성내지 아니하며 악한 것을 생각하지 아니하며

6 불의를 기뻐하지 아니하며 진리와 함께 기뻐하고

7 모든 것을 참으며 모든 것을 믿으며 모든 것을 바라며 모든 것을 견디느니라

8 사랑은 언제까지나 떨어지지 아니하되 예언도 폐하고 방언도 그치고 지식도 폐하리라

9 우리는 부분적으로 알고 부분적으로 예언하니

10 온전한 것이 올 때에는 부분적으로 하던 것이 폐하리라

11 내가 어렸을 때에는 말하는 것이 어린 아이와 같고 깨닫는 것이 어린 아이와 같고 생각하는 것이 어린 아이와 같다가 장성한 사람이 되어서는 어린 아이의 일을 버렸노라

12 우리가 지금은 거울로 보는 것 같이 희미하나 그 때에는 얼굴과 얼굴을 대하여 볼 것이요 지금은 내가 부분적으로 아나 그 때에는 주께서 나를 아신 것 같이 내가 온전히 알리라

13 그런즉 믿음, 소망, 사랑, 이 세 가지는 항상 있을 것인데 그 중의 제일은 사랑이라

그리스도인의 삶, 사랑

고린도전서 13:1~13

사랑의 감정

널리 알려진 유명한 본문을 설교한다는 건 유명한 셰프 앞에서 음식을 하는 것과 같습니다. 그래서 잘 알려진 본문보다 덜 알려진 본문으로 설교하는 게 설교자의 두각도 나타낼 수 있고, 왠지 잘해 볼 수 있을 것 같은 느낌이 듭니다. 이번에 무리수를 뒀습니다. 고린도전서 13장은 많은 분이 아시는 성경 내용이죠. 믿지 않는 분들도 좋아하시는 내용입니다. 그런데 오늘 이 본문이 말하는 핵심은 무엇일까요? 성경이 가르치는 사랑이란 어떤 것인지 생각해 봅시다.

사랑에 대한 관념은 저마다 다릅니다. 우리 집만 해도 아내가 생각하는 사랑과 제가 사랑하는 생각이 마치 로또와 같습니다. 맞지 않는다는 뜻이죠. 아들이 느끼는 사랑은, 집에 오면 휴대폰을 마음껏 쓰게 해주는 것입니다. 딸도 자기만의 사랑이 있겠죠. 제발 엄마 아빠 잔소리 없는 그 세상이 사랑의 끝판왕이라고 생각하는 것 같습니다. 목사가 생각하는 사랑은 또 다를 수 있습니다. 여러분은 사랑을 무엇이라고 생각하십니까? 고린도전서가 기록된 2000년 전 사람들이 가진 사랑의 감정은 어떤 것일까요?

이성보다 하등하게 취급받는 감정

2천 년 전 고린도 사회의 사람들은 '감정'은 쓸모없는 어떤 것으로 여겼습니다. 제가 신학교 다닐 때 늘 듣던 말이, 감정으로 하나님 앞에 나아가면 안 된다는 것이었어요. 고신 교단이어서 특히 그랬는지 모르지만, 부르짖고 기도하면 왕따 되는 분위기가 있었습니다. 저는 어릴 때부터 아버님 옆에서 같이 통성기도하고 철야 하며 부르짖고 찬양을 한 시간씩 하는 분위기에 익숙했습니다. 그러다 고신대 신학과를 간 거예요. 지금도 잊히지 않는 순간이 있습니다. 경건회라는 예배를 드린 날이었습니다. 그날따라 찬양 인도자가 "통성으로 기도합시다"라는 멘트를 날리고 기도가 시작됐어요. 저는 분위기 파악 못 하고, 하면 안 되는 놀라운 실수를 했습니다. 800명의 학생들이 조용히 고신스러운 간절함으로 미간에 임하신 주님의 영광을 음미하면서 "주여" 아주 나지막하게 읊조리는데, 한 미친 학생이 락커처럼 세상 다 떠나갈 것은 목소리로, 마치 주님이 난청에 걸리시기라도 한 것처럼 부르짖었습니다. 그때부터 저는 신학과의 이상한 놈으로 찍히기 시작했습니다. 찬양 인도를 하면 늘 선배가 주의를 줍니다. 제발 흔들거리지 말고 찬양 인도를 해라. 그래서 제가 하나님이 나를 흔들거리게 만드셨는데 어떻게 안 하느냐, 했더니 선배들한테 계속 불려갔습니다. 지금도 저를 기억하는 선배들은 저와 관련된 이상한 추억을 갖고 있더라고요. 제가 학교 다닐 때 흰 양복을 입고 다녔다는 말도 안 되는 소리를 합니다. 제가 눈에 많이 튀었던 건 분명한 사실 같습니다. 청바지에 흰 티를 입어도 튀는 이가 있고요. 아래위로 형광색을 입어도 안 보이는 이가 있습니다. 저는 뭘 해도 좀 튀는 스타일이어서는 선배들과 동기들에게 "너 왜 그러냐?" 하는 소리를 자주 들었습니다. 그런 분위기에서 저는 자연스럽게 감정이라고 하는 것은 폐기처분 해야 하는 어떤 것이라고 생각했습니다.

2000년 전 고린도 사회가 극도로 꺼린 감정이 이와 유사했을 것입니다. 저는 신학교에서 감정보다 의지가 중요한 것이고, 통찰력 있게 성경을 관통하는 신학적 지식이 훨씬 우위에 있다는 훈련을 받고 자랐습니다. 심지어 교수님들은 "설교 준비하다가 죽으면 순교다. 말씀을 파다가 끝내라. 하나님이 주신 거룩한 삽으로 파다 파다 지쳐서 하나님의 광맥을 찾아내는 것이다" 이런 얘기를 들려주시면 아멘, 하고 감동했지만, 아무리 찾아봐도 제 인생에는 삽이 없다는 것을 깨달았습니다. 어느 목사님이 "하나님, 오늘 여기에 있는, 앞으로 주의 종이 될 이들에게 하나님의 산맥을 자를 수 있는 말씀의 칼을 주시옵소서"라고 기도해 주셨지만, 아무리 봐도 제 인생은 카터 날도 없는 비참한 모습이란 걸 깨달은 거죠.

아름다운 은사, 사랑 그러나 현실은

사도 바울은 그레코로만 시대에 최적화된 사람으로 태어났습니다. 그의 지식을 따라갈 자가 없었어요. 로마서를 보십시오. 편지글인 그 성경에 우리가 믿는 그리스도가 어떤 분이고, 예수님이 십자가에 죽으신 의미가 무엇인지를 명확하게 논리적으로 기록했습니다. 바울 서신을 보면 군더더기가 없습니다. 논리가 첨예하게 흐르고 있다는 것을 발견합니다.

반면에 성경 해석학에서 몹시 힘든 본문 중 하나가 베드로전후서입니다. 글을 잘 쓰는 사람의 글은 반복해서 읽어 보지 않아도 의미가 명확하게 다가옵니다. 가끔 아이들이 쓴 편지를 읽어 보면 주어가 어디 있는지, 도대체 무슨 말인지 알 수 없는 경우가 있지 않습니까? 그래서 생긴 속설이 베드로는 글재주가 좀 부족하다, 입니다. 그에 비해 바울은 학식이 높은 사람입니다. 당시 히브리인들이 할례를 받아야 구원을 얻는 거라고 얘기할 때 사도 바울은 한 방에 끝내 버렸습니다. 봐라! 구원받은 사람에게 하나님이 할례를 명하지 않았느냐고 주장하는 그들에게 사도 바울은 논리적으로 격파하거든요. "뭐라고 말하느냐? 아브라함이 할례를 받아서 구원받았느냐? 아니다. 성경을 봐라. 아브라함은 하나님께서 부르셨고 그 부르심을 믿음으로 순종한 것을 보고 의로 여기셨다고 하지 않았느냐? 할례라고 하는 행위가 그를 의롭게 여긴 것이 아니라 순종이 의로움이다. 할례는 몸에 하는 것이 아니라, 앞으로의 삶이 구별된 존재라는 것을 표징적으로 드러내는 사건이다. 구약의 그 할례가 드디어 그리스도와 함께 죽고 그리스도와 함께 살아난 세례라는 개념으로 나아가는 것이다." 바울은 간단하게 말하면서도 깊이가 있습니다. 그러한 바울이 고린도전서 13장에서 우리가 가장 사모해야 할 아름다운 은사가 사랑이라고 말씀해 주고 있습니다.

 1절부터 3절의 내용을 앤서니 티슬턴이라는 영국 신학자의 번역으로 읽어 드리겠습니다. "내가 사람이나 천사의 말을 하더라도 내게 사랑이 없다면, 나는 단지 소리 나는 항아리나 울리는 심벌즈에 불과합니다. 내가 예언하는 능력이 있어 인간으로서는 발견할 수 없는 심오한 비밀을 통찰하고 모든 지식이 있다 해도, 또 산을 옮길 수 있을 만큼 충분한 온갖 종류의 믿음이 있다 해도, 사랑이 없다면, 나는 아무것도 아닙니다. 내가 내 모든 소유를 나누어 가난한 자들을 먹였더라도, 내가 내 몸을 내주어 자랑할 거리가 있다 하더라도, 내게 사랑이 없다면, 아무런 유익이 없습니다."

 여기서 중요한 건, 방언이 필요 없고 천사의 말이 무익하다는 게 아니라 그 어떤 것도 사랑이 없으면, 아무것도 아니라는 데 방점이 있습니다. 성경을 해석할 때 메인 주제를 제대로 보고 해석하지 않으면 자꾸 다른 것에 주목하게 되거든요. 이 본문에서 제일 중요한 것은 사랑이라는 것이 얼마나 중요한지를 얘기하는 거예요. 우리는 아주 익숙한 이야기지만, 2000년 전의 이 말은 사람들을 갸우뚱하게 했습니다. 앞에서 말씀드린 것처럼 감정을 굉장히 하찮게 여기는 시대에 사랑을 이야기하면 제대로 이해하기가 어렵죠.

 사람과 사람 사이에는 경쟁이 존재합니다. 전쟁에서 필요없는 게 감정입니다. 이겨야 할 대상을 향해 사랑이나 긍휼 따위는 필요치 않습니다. 여러분, UFC 경기를 보셨습니까? 경기장에 들어서면 싸우기 전에 눈싸움을 합니다. 눈싸움할 때는 전도할 마음으로 하는 게 아닙니다. "주님이 형제를 사랑하세요", "형제의 몸을 만드신 주님을 찬양합니다" 이런 마음이 아니라 마치 원수를 보듯이 째려본단 말이에요. 그리고는 죽일 듯이 폭력성을 극대화시킵니다.

남자들이 왜 UFC 경기의 폭력을 즐겨볼까요? 사실 사회도 옥타곤과 같거든요. 우리 마음에 잠재된 폭력성을 마주하는 일이 비일비재합니다. 직장 생활하면서 늘 친절하게 헌신적으로 "제가 하겠습니다" 하면서 선교사의 마음으로 일하면 죽습니다. 항상 자나 깨나 불조심하듯이 사람 조심해야 하죠. 누가 내 뒤통수를 칠지 모르는 게 세상의 조직입니다. 우리 여성 성도님들도 마찬가지지만 사회 생활하시는 분들은 기본적으로 김밥에 김 깔듯이 공황장애가 올 수 있는 현실을 살아내야 합니다.

집밖에서 늘 긴장하며 근심과 스트레스를 견뎌야 하고 힘든데 문제가 그뿐입니까? 집안에도 수많은 문제가 있습니다. 돈 문제는 죽을 때까지 따라다니고, 건강에도 문제가 생깁니다. 그러면서 자녀도 속을 썩이고 말을 안 듣습니다. 늘 염려 속에 살아가는 우리에게, 사랑하라고 하면 피곤하고 힘들죠. 밖에서 지쳐 집에 들어오면, 자녀들을 사랑할 마음이 이미 소실되고 소망이 없는 거예요. 마음에는 사랑이 없다는 숙제만 남습니다. 내가 엄마인데 내가 아빠인데 사랑은 없고 죄책감만 쌓입니다. 교회에 다니는 사람들은 기본적으로 사랑하는 마음이 없다는 것에 더욱 찔리죠. 마음에 이중 삼중의 고통을 안고 살면서 겨우 성경책 들고 교회에 옵니다. 얼마나 힘들고 지쳐 있는지는 주님만이 알고 계십니다.

성경이 말씀하는 사랑

오늘 본문의 사랑은 어떤 개념입니까? 1절의 "사람의 방언과 천사의 말을 할지라도"에서 천사의 말을 한다는 게 무엇일까요? 방언 좋아하시는 분 중에 예쁜 방언이 있고 못난 방언이 있다고 하는 분이 있더군요. 경상도 사투리에 예쁜 사투리가 있고 못난 사투리가 있나 봐요. 사실 우리끼리는 알아요. 경상도 말이 다 똑같을 것 같은데 조금씩 다르거든요. 방송에 나오는 배우들이 족보 없고 지역을 넘나드는 근거 없는 사투리 쓸 때 굉장히 짜증 납니다. 앞마디는 부산 사투리를 썼다가 뒷마디는 경북 사투리를 썼다가 갑자기 경남 서쪽 사투리를 쓰는, 근본 없는 대사를 들으면 되게 짜증 나요. 곽경택 감독의 영화 "친구"가 인기 있었잖아요. 장동건 씨가 촬영하면서 사투리 연기가 가장 힘들었다고 해요. 감독이 부산 출신이거든요. 부산 사투리는 억양에 고와 저와 중이 있는데 억양에 따라 의미 자체가 완전히 달라지거든요. 그러니까 자기는 똑같이 했는데 감독이 아니라고 얘기한다는 거예요.

이처럼 말을 해도 예쁘게 하는 말이 있고 아닌 말이 있어요. 천사의 말이라는 표현은 마치 천국 같은 느낌의 아름다운 말, 가슴을 울리는 이야기라고 할 수 있습니다. 그 말에 사랑이 없다면 의미 없는 외침일 뿐입니다.

"내가 예언하는 능력이 있어 모든 비밀과 모든 지식을 알고"(고전 13:2).

이번 주에 주석을 읽다가 가슴이 답답해지더군요. 주석가 중에 이런 분들이 있어요. 누구는 무슨 말 하고, 누구는 무슨 말 하고, 누구는 무슨 말 하고…. 그래서 뭐가 맞냐? 전부 다 무엇 무엇일 거다는 얘기를 끊임없이 하는 거예요. 그러다가 신학적인 어떤 개념을 발견하면 그게 대단해 보이는 거예요. 제가 존경하는 이문식 목사님은 하나님 나라의 은둔 고수 같은 분입니다. 설교하러 갈 때 특별히 힘든 곳이 신학대학원입니다. 신대원 학생들은 신학에 독이 올라 있어서 모든 설교를 비판하는 습관이 있어요. 그런데 이문식 목사님은 신대원 학생들 앞에서 원고 한 장 없이 자그마한 성경책만 펼쳐놓고 두 시간을 논스톱으로 풀어 주십니다. 신대원생들이 입을 쩍 벌리고 듣습니다. 그 마음이 완악해져 있는 사람들과 교수들, 박사학위 받은 사람이 즐비한데도 높은 학위가 없는 이 목사님은 신학의 다양한 차원을 넘나들며 말씀을 쉽게 풀어주시는 거예요. 제가 그날 운전해 드렸거든요. 제가 모시는 목사님의 능력이 발휘된 날이니 기분이 얼마나 좋겠습니까? 후배들이 "형님, 진짜 좋은 멘토 목사님 만났네요" 하니 제가 로망에 젖어 흐뭇했습니다. 조금 전까지 농담하고 장난치던 목사님이 너무 커 보이잖아요. 그런데 이문식 목사님의 좋은 점이 있습니다. 강단 위 뛰어난 설교가의 모습이다가 평범한 땅에 내려오는 데 0.3초밖에 안 걸립니다. 자신이 신비로워져 있는 것을 허락하지 않습니다. 갑자기 먹거리 얘기를 막 하시는 거예요. 조금 전까지 토마스 아퀴나스에게 갔다가 칼빈에게 갔다가 하며 수많은 신학자를 넘나드셨던 분이….

사람들은 엄청난 신학적 개념을 중요시하지만, 당시의 관용어법을 잘 풀어서 이해하는 게 중요합니다. 이문식 목사님에게 제가 말씀을 쉽게 푸는 지혜를 많이 배웠습니다. "산을 옮길 만한 모든 믿음이 있을지라도"를 우리 집으로 표현해 볼게요. 우리 집 거실의 전망이 매우 좋아요. 멋진 산이 보입니다. 그런데 주상복합건물 세워지면서 뷰를 가려 거슬리는 거예요. 아내가 저것만 없으면 좋겠다고 말해요. 그 말이 곧 "산을 옮길 만큼 충분한 능력"이라고 할 수 있습니다. 하나씩 없애고 싶은 거예요. 내 마음에 이것만 좀 없애면 좋겠다, 내 인생에 이 문제만 해결되면 좋겠다는 것이 산을 옮길 만한 모든 믿음이라는 관용적 표현입니다. 그런 엄청난 능력이 주어진다면 얼마나 대단할 것 같습니까? 내게 슈퍼맨 같은 능력이 있다 할지라도 사랑이 없으면 아무런 의미가 없다는 거예요.

사랑의 핵심, 타인에 대한 관심과 존중

사랑의 본질을 결정짓는 핵심은, "다른 사람에 대한 관심과 존중"입니다. 우리 한 사람 한 사람을 향한 하나님의 놀라운 뜻이 있고, 나의 아픔이 공동체에 함께 받아들여질 수 있고, 여러분의 기쁨이 사랑으로 공유될 수 있습니다. 성도들이 착각하는 게 있어요. 목사님이 바쁘신데 내 기도제목을 부탁하는 것은 부담을 드리는 것이라고 생각해요. 사실 저는 안 바쁩니다. 코로나입니다. 바빴을 때가 있었죠. 요즘 집에서 계속 앉아 있습니다. 여러분, 절대로 제게 부탁하는 것에 부담을 느끼지 마세요. 나도 힘든데 다른 사람들도 힘들 것이다, 교회를 모르시는 거예요. 교회는 내 아픔을 공개하고 나누는 곳이에요. 거기서 위로가 시작돼요. 받아들여지기 때문입니다. 우리 교회 한켠에 성도들의 짐을 보관하는 가구가 있습니다. 성도님들이 교회 재정을 절약하려고 이케아에서 샀지 않습니까? 문제는 금손이 아니라면 이케아 물건은 조립하기 힘들다는 거예요. 제가 조립하시는 모습을 봤거든요. 산전수전 다 겪으신 우리 집사님들이 공구를 준비해 도면을 살펴보면서 조립하시는데 점점 이상해지더라고요. 자꾸 부품이 남아요. 이케아는 남으면 안 됩니다. 저는 놀라운 사실을 깨달았어요. 조립이 허술하면 남거나 없거나 둘 중 하나에요. 남아도 안 되고 부족해도 안 됩니다. 제 눈에 확 띈 게 조그마한 나사예요. 작은 나사가 들어가지 않으면 그 제품은 완성되지 않습니다. 이게 교회입니다.

여러분, 사랑의 핵심은 하나님이 여러분을 지으셨다는 사실을 내가 고백하고 받아들임으로써 존중하는 겁니다. 어린아이라 할지라도 가장 연약한 사람이라 할지라도 관심을 기울이고 존중하는 겁니다. 그 사람의 아픔을 못 본

듯 지나가는 게 아니라 살펴보는 겁니다.

예수님의 비유에 선한 사마리아인이 등장하는 말씀이 있습니다. 어느 유대인 교사가 예수께 질문하는데 그는 바리새인이었습니다. 지식으로만 꽉 차 있는 사람이죠. 그가 예수께 "내가 무엇을 하여야 영생을 얻겠습니까?"라는 질문을 던집니다. 주님이 "네 생각에는 어떠하냐?" 되물으셨습니다. 이 바리새인은 모세오경을 달달 외우는 사람이에요. 그의 논리를 뒤집을 수 있는 무언가를 말씀하셔야 하는데 예수님의 대화법은 신묘막측했습니다. 네가 그렇게 생각하니까 틀렸다, 라고 하시지 않아요. 네 생각에는 어떠하냐? 물으시니 그는 "하나님을 온 힘을 다해 온 마음을 다해 사랑하고, 이웃을 내 몸과 같이 사랑하라고 하였나이다"라고 답했습니다. 예수님이 그에게 말씀하셨죠. "옳도다! 그것을 행해라" 우리 식으로 말하면 "부라보! 잘 아네. 그렇게 살으라고, 짜샤"일 것입니다. 그런데 이 사람이 뭐라고 하죠? 딴지를 걸기 시작하는 거예요. "내 이웃이 누구입니까?"라고 질문합니다.

여러분, 유대인들이 얼마나 피곤한 인간들이냐면, "안식일을 거룩히 지켜라" 하면 우리는 주일에 예배하고 그날 절제하면서 지킨단 말이에요. 그런데 바리새인들은 미세하게 따져서 세부 규정을 만듭니다. "안식일이 언제부터 언제까지입니까?" 그것을 정해 줘야 해요. "해 뜰 때부터 해 질 때까지다" 또 물어봐요. "해가 뜬다는 건 지평선에서 해 머리가 잠깐 떠올랐을 때입니까? 아니면 다 떠올랐을 때부터입니까?" 이런 식으로 안식일의 시작과 끝에 대한 시간 규정이 스무 가지가 넘습니다. 또 있어요. "안식일에 노동하지 말아라" 하면 질문합니다. "노동은 무엇입니까?" 그러면서 세부 규정을 만들어요. 안식일에 바느질 규정이 있어요. 주일에 두 땀까지는 가능하답니다. 세 땀부터 안 된다고 해요. 안식일에 걸음은 380미터까지만 허용해요. 실제로 미국 교민 중에 종종 그런 일이 있답니다. 옆집에 유대인 가족이 사는데 갑자기 도와 달라고 소리를 질러 무슨 일인가 싶어 가보니, 에어컨을 좀 꺼달라는 거예요. 열 받잖아요. 손가락이 없나 말이죠. 그들은 안식일이어서 버튼을 누르면 안 된다는 거예요. 실제로 안식일에 예루살렘의 모든 호텔에는 비어 있는 층들 이 있어요. 높은 층에서 자면 절대 안 된다는 거예요. 하면 안 되는 수많은 규 정 때문에 바리새인은 세 종류가 있어요. 법률 집행관, 생활 지도 담당, 그리 고 다음 세대를 가르치는 교사가 있어요. 심지어 부부 사이에 문제가 생기면 지도해 주는 사람에게 가야 해요. 너무 피곤한 생활 방식이죠.

예수님은 이 바리새인 교사의 율법적인 사고방식을 지적하신 게 아니라, 선 한 사마리아인의 비유를 들려주셨습니다. "어떤 이가 예루살렘에 올라갔다 가 여리고로 내려가는 길에 아주 나쁜 강도를 만났어. 강도에게 거의 죽을 만 큼 맞아 갈빗대 몇 개 나가고, 돈 다 빼앗기고, 옷도 벗겨 갔어. 무지하게 나쁜 놈이야. 돈만 가져가지 않고 신발까지 벗겨 갔거든. 그는 거의 죽게 되었어."

여기서 '거의 죽게 되었다'는 건 죽었다 바로 앞 미완료 시제예요. 죽기까지 72단계의 시제가 있는데 71번째 단계에 있었다는 뜻이니, 죽은 상태에 임박 했다는 의미죠. 그런데 누가 지나가느냐, 다음 등장인물이 기가 막힌 거예요. 제사장이 지나가요. 예수님 시대의 제사장은 그 숫자가 너무 많아서 매관매 직도 횡행했어요. 요즘도 그런 분들이 있죠. 부르심이 없는데도 목사가 꼭 되 고 싶은 분들 말이죠. 근사해 보이는 제복에 우림과 둠밈(Urim and Thummim) 을 가지고 싶은 사람이 많았어요. 그래서 제사장으로 자기 순번이 돌아오려 면 18개월에서 20개월이 걸렸어요. 그러니 자기 순번이 오면 얼마나 준비하 고 가겠습니까? 그때 제사장 순번이 와서 올라가는 길에 한 명이 자빠져 있 는 거예요. 다 죽어가는 소리로 도와주세요, 하는데 제사장은 지나가 버렸어요. 왜 지나갔을까요?

그는 지금 예배 시간에 맞춰야 했어요. 여러분, 그 제사장이 아주 못된 놈이라고 생각하겠지만 입장을 바꿔 생각해 보실래요. 예를 들어 주일에 설교를 해야 해요. 11시 예배잖아요. 제가 오늘 교회 문을 9시 반에 열었거든요. 일찍 오시는 교인들이 계세요. 저보다 일찍 오셔서 기다리시면 죄책감이 들잖아요. 예배 한 시간 반 전에 오면 괜찮은 목사 아닙니까? 그런데 오늘 두 분이 기다리고 계시더라고요. 내가 9시에 와야 하나, 차라리 주말에 교회에서 자야 하나, 이런 생각이 들었어요. 그런데 상상하기도 싫은데요. 눈을 떴는데 10시 55분이다 그러면 어떨 것 같습니까? 제가 실제로 그런 적이 있었어요. 산본에서 부활절 새벽기도 찬양 인도를 맡았는데 5시 반 예배에 눈 떠보니 5시 27분이었어요. 제가 경상도 남자잖아요. 모든 분노와 불안이 락커 발성으로 샤우팅되는 거예요. "안 깨우고 뭐했노!!!" 사실은 화를 낸 게 아니라 "여보, 내가 불안해요. 망했어요" 이걸 샤우팅한 거죠. 인권이 형님의 영이 제게 들어왔어요. 발성뿐만 아니라 머리도 그분처럼 산발한 모습으로 튀어나갔는데, 사람이 정말 그렇게나 빠를 수도 있구나 싶더군요. 제가 교회에 도착한 시간이 5시 32분이에요. 머리는 승천해 있고 정신이 없는데 찬양 인도를 하고 있어요. 가사도 생각이 안 나요. 여러분, 이런 일 한번 겪으면 온몸에 피가 마릅니다. 만약 여러분이 목사인데 예배 5분 전에 깨어 정신없이 달려 1분 전에 교회 건물 계단 밑에 왔는데 어떤 아저씨가 피범벅으로 좀 도와달라고 하면, 어떻게 하시겠습니까? 나는 나이팅게일이야, 이러고 돌보시겠습니까? "아, 어쩌나. 119에 전화해야 할 텐데. 죄송해요. 저 지금 예배 때문에요" 하면서 지나가겠죠. 이것이 리얼 버전입니다.

두 번째, 레위인이 지나갔어요. 이 사람은 왜 강도 만난 자를 만지기 싫어했을까요? 성경에서 죽은 시신을 만지면 1주일 동안 부정한 사람이라고 했어요. 영업정지 7일, 자가 격리 14일은 쉽지 않아요. 그를 돌보다가 자칫해서 죽으면 내가 복을 받기는커녕 일주일 자가 격리해야 해요. 딱 보니까 곧 죽을 모습이어서 장의사 불러야 할 상황이니 지나치고 말았죠.

그런데 당시 유대인들이 제일 멸시한 사람이 사마리아 사람이었어요. 북이스라엘이 앗수르에게 멸망한 뒤 앗수르 인들이 강제 이주 정책을 펼치면서 북이스라엘의 수도 사마리아에 다국적 사람들을 옮겨와 피를 섞어버린 거예요. 그러면서 민족정신이 흩어버린 땅이 사마리아가 되었죠. 유대인들은 같은 민족으로 보지 않고 앗수르의 앞잡이라고 여겼어요. 그래서 사마리아 사람들에 대한 공분이 있었죠. 입에 담기도 싫어한 사마리아 사람이 등장하더니 강도 만난 자에게 묻지도 따지지도 않고 상처를 싸매고 당시 병원 역할을 겸한 여관에 데리고 가서는 두 데나리온을 주면서 돌봐주도록 부탁까지 했어요. 지금 우리 식으로 하자면 자기 카드를 병원 원무과에 맡기면서 나중에 사인할 테니 치료해 주시오, 한 것이죠.

예수님이 유대인 교사에게 다시 질문해요. "네가 생각하기에 누가 강도 만난 자의 이웃이 되겠느냐?" 바리새인이 얼마나 자존심이 상했는지 사마리아 사람이요, 라고 얘기하지 않아요. "자비를 베푼 자니이다"라고 하죠. 예수님은 "너도 그처럼 하라. 괄호 열고 자식아! 괄호 닫고" 이러고 끝냈단 말이에요.

아가페, 가치를 창조하는 사랑

사랑하지 않으면서 내가 누구보다 더 높은 율법적 지식이 있다, 내가 누구보다 더 낫다, 하는 건 무익하다고 성경은 말씀합니다. 믿음은 누구보다 더 낫기 위한 개념이 아닙니다. 신앙은 누구보다 뛰어나기 위한 개념이 아닙니다. 사도 바울은 그리스도의 십자가 은혜를 경험하고 자신의 삶을 완전히 뒤집어 놓은 놀라운 복음의 역사를 경험한 뒤 깨달았습니다. 복음의 은혜는 누구보다 나으며 누구보다 뛰어난 존재가 되거나 인종적으로 혹은 민족적으로 나은 존재가 되는 것이 아니라, 그 어떠한 사람이어도 존중하고 관심을 가져야 하며 사랑으로 대해야 할 대상이라는 것을 깨달았습니다. 이것이 바로 하나님의 놀라운 사랑입니다. 헬라어로 사랑이라는 단어는 아가페입니다. 아가페에 관한 여러 해석이 있는데, 아가페는 사랑의 대상이 되는 가치에 반응하기보다는 가치를 창조하는 것을 말합니다.

여러분, 목사들은 이런 게 있어요. 우리도 찬양팀이 있다 보니까 좋은 악기가 눈에 보입니다. 유튜브의 유명한 찬양팀의 노래와 연주를 보면, 비싼 키보드의 상표가 눈에 딱 들어옵니다. 우리도 저 악기 있으면 얼마나 좋은 연주를 할까? 어떤 교회 갔더니 스타인웨이 피아노가 있는 거예요. 그 피아노 소리 들으면서 저것 뜯으면 개척교회 재정 문제는 쉽게 해결될 텐데, 이런 생각을 하게 됩니다. 사람들은 세상이 우선시하는 가치에 반응합니다. 특히 남자들은 차에 반응합니다. 한국 사회는 어떤 차를 모느냐가 자신의 명함이거든요. 이번에 우리 집사님이 차를 바꾸셨는데 주차장에서 자신의 차를 타지 않고 리모콘으로 빼는 거예요. 남자 집사님들은 전부 "오오!" 하며 놀라는데 여자 집사님들은 아무 반응이 없어요. 그 차 앞에서 "아까 먹은 그 음식 짜지 않니?” 이런 얘기를 하고, 남자들끼리는 “옵션이 뭔가요? 얼마인가요?” 하며 차의 가치에 반응합니다.

반면 성경이 말씀하는 아가페 사랑은 가치에 반응하는 것이 아니라, 가치를 창조하는 사랑입니다. 우리의 사랑이 누군가의 존재 가치, 잃어버린 가치가 아니라 가려진 가치를 드러내게 하는 거예요. 그게 교회입니다. 아무런 소망이 없던 내가 주님의 사랑으로 우리가 하나님의 사랑에 동참할 때 숨겨져 있던 가치가 드러나기 시작하는 거예요. 여러분 한 명 한 명이 그 하나님의 영광 앞에서 완전히 새로워지고 아름다워지는 것을 경험하는 거예요. 이러한 경험이 일어나는 곳이 바로 교회라고 믿습니다.

우리에게 어떤 능력이 없다 할지라도, 어떤 소망이 없다 할지라도, 우리의 삶이 바닥을 치고 있다 할지라도 이곳에서 교회 됨을 경험할 때 하늘의 가치를 경험하는 공동체, 아가페 공동체가 됩니다. 참된 사랑은 영적인 은사를 자아가 아닌 교회를 섬기는 데 쓰는 것, 곧 다른 사람을 세우는 것입니다.

은사가 아무리 뛰어나도 방향성이 잘못되면 위험합니다. 머리 좋은 사람이 좋은 방향을 떠나면 사기 치며 삽니다. 건강한 체구로 사람들을 보호하는 게 아니라 사람을 때리면 깡패입니다. 그래서 은사 자체는 중요하지 않습니다. 은사가 사랑을 만나지 못하면 폭력이 되는 것이죠. 저 사람이 말하는 것은 좀 이상한데 저 사람한테 가면 사람이 쓰러지지 않느냐, 저 사람이 하면 신기한 이적이 나타나지 않느냐? 아닙니다. 절대 조심하셔야 합니다. 사랑이 있어야 하는 거예요. 은사로 자신의 욕망을 채우는 사람이 한둘입니까? 성적인 문제 일으키고 돈 문제 일으킨 이유가 다른 데 있는 게 아니에요. 사랑이라고 하는 하나님의 은혜 속에 깊이 잠기지 못하면 우리의 은사는 폭력으로 변질됩니다. 은사 자체가 나빠서가 아니라 우리가 사랑으로 겸손히 감당할 힘이 없을 때 문제가 생기는 것입니다.

하나님의 사랑은 거룩한 미완료성

신학자 칼 바르트는 이런 말을 했습니다. "사랑은 현재를 비추는 영원한 미래의 불빛이다. 따라서 사랑은 전혀 모양을 바꿀 필요가 없다." 하나님의 사랑은 미완료 시제예요. 여러분, 만족이 있으세요? 부모님을 보면서 완벽한 분들이라고 할 수 있나요? 자기 자녀들도 마찬가지고요. 우리의 눈에는 다 부족해요. 자신을 향한 아쉬움도 있어요. 저는 키가 10센티미터만 더 컸으면 수트핏이 훨씬 좋겠다 싶어요. 어떤 분들은 영어를 유창하게 잘했으면 좋겠다 싶고, 사람마다 불만족스러운 자기 생각이 다 있습니다. 그러면 왜 우리는 허전하게 만들어졌을까요? 마치 꽉 채워 넣어야 하는 그림에서 한 칸이 비어 있는 듯한 우리 인생을 보게 됩니다. 그건 하나님의 거룩한 미완료성입니다. 주님이 다시 오셔서 그 모든 것을 채우십니다. 우리의 사랑은 하나님이 방점을 찍으시는 미래적 순간, 주님의 부활이라는 그 미래적 순간이 오늘 우리에게 오신 사건이 성령의 임재입니다. 미래적 역사가 우리 안에 현재로 들어온 위대한 사건을 칼 바르트가 설명한 거예요.

주님이 이루실 종말적 사건, '가봐야 알지'라고 하는 그 사건이 이미 우리 안에 들어오셔서 역사하십니다. 그러니 여러분, 두려워하지 마십시오. 여러분 인생이 실패와 부실이 아니라 하나님이 채워 놓으실 거룩한 빈칸임을 기억하셔야 합니다. 함께 사랑해 가십시다. 함께 공감하고 함께 마음을 쏟으며, 우리의 바라는 바가 성취되든지 되지 않든지 우리가 사랑 안에 머물 때 하나님은 하나님의 일을 이루어 가실 것입니다. 우리가 추구해야 할 것은 성취가 아닙니다. 사랑입니다. 교회 됨입니다. 더 돌보고 더 위로하며 함께할 때 주님이 주의 일들을, 우리의 강함이나 우리의 탁월함이나 우리의 똑똑함이 아니라 우리의 교회 됨을 통해 이루실 줄 믿습니다. 기도하겠습니다.

하나님 아버지, 오늘 이 시간 주의 말씀 앞에 함께 섭니다. 사랑이라는 이 위대한 이야기들, 방언도 폐하고 지식도 그치고 모든 것이 사라지지만, 영원히 살아내야 할 그 완성적 사랑을 향해 살아가는 존재가 우리임을 잊지 않게 하여 주옵소서. 더 사랑할 수 있는 은혜를 허락해 주옵소서. 우리의 은사에 주님의 사랑이 가득하게 도와주시고, 이 교회가 주님의 사랑을 늘 만나고 누리는 역사가 있도록 축복하여 주옵소서. 마음에 힘든 문제로 고통하는 성도들이 있습니다. 주님, 우리가 사랑으로 함께하겠습니다. 주님, 그곳에 주님의 놀라운 치유가 있게 하여 주옵소서. 우리가 사랑의 손을 함께 내밀겠습니다. 주님, 그곳에 회복의 역사가 있게 도와주옵소서. 하나님, 우리가 더 사랑할 때 세상이 우리가 그리스도인이라는 것을 알게 하여 주옵시고, 이 세상을 거룩하게 살아낼 힘을 주시옵소서. 아멘.

설교 유튜브로 보기

베드로전서 2:1~10

[1] 그러므로 모든 악독과 모든 기만과 외식과 시기와 모든 비방하는 말을 버리고

[2] 갓난 아기들 같이 순전하고 신령한 젖을 사모하라 이는 그로 말미암아 너희로 구원에 이르도록 자라게 하려 함이라

[3] 너희가 주의 인자하심을 맛보았으면 그리하라

[4] 사람에게는 버린 바가 되었으나 하나님께는 택하심을 입은 보배로운 산 돌이신 예수께 나아가

[5] 너희도 산 돌 같이 신령한 집으로 세워지고 예수 그리스도로 말미암아 하나님이 기쁘게 받으실 신령한 제사를 드릴 거룩한 제사장이 될지니라

[6] 성경에 기록되었으되 보라 내가 택한 보배로운 모퉁잇돌을 시온에 두노니 그를 믿는 자는 부끄러움을 당하지 아니하리라 하였으니

[7] 그러므로 믿는 너희에게는 보배이나 믿지 아니하는 자에게는 건축자들이 버린 그 돌이 모퉁이의 머릿돌이 되고

[8] 또한 부딪치는 돌과 걸려 넘어지게 하는 바위가 되었다 하였느니라 그들이 말씀을 순종하지 아니하므로 넘어지나니 이는 그들을 이렇게 정하신 것이라

[9] 그러나 너희는 택하신 족속이요 왕 같은 제사장들이요 거룩한 나라요 그의 소유가 된 백성이니 이는 너희를 어두운 데서 불러 내어 그의 기이한 빛에 들어가게 하신 이의 아름다운 덕을 선포하게 하려 하심이라

[10] 너희가 전에는 백성이 아니더니 이제는 하나님의 백성이요 전에는 긍휼을 얻지 못하였더니 이제는 긍휼을 얻은 자니라

제사장으로 살다

베드로전서 2:1~10

베드로전서가 쓰인 시대 상황

예수님의 제자 중에 반장을 꼽는다면 베드로일 것입니다. 그가 남긴 성경이 베드로전후서입니다. 이 성경이 기록된 상황을 이해하면 우리에게 주는 메시지가 뚜렷해집니다. 당시는 네로가 통치하던 시대입니다. 인류의 파괴자, 세상의 독이라고 불린 미친 황제였죠. 그가 다스릴 때 로마 도시가 폐허로 변한 대형 화재가 일어났고, 그 책임을 기독교인들에게 뒤집어씌워 무참하게 죽이도록 했습니다. 네로가 이렇게 제대로 미쳐 가던 63년부터 64년 초반에 기록된 성경이 베드로전서입니다. 즉, 곧 터질 엄청난 고난과 역경을 직면하면서 베드로는 이 성경을 기록했습니다.

5장 13절에 "택하심을 함께 받은 바벨론에 있는 교회"라는 표현이 나옵니다. 로마 시대인데 바벨론이라니 뜬금없죠? 로마의 앞 시대가 알렉산더 대왕이 세운 그리스 제국이었고, 그리스 제국 앞에 페르시아, 그리고 그 앞이 바벨론입니다. 요한계시록에서 바벨론은 무엇을 상징합니까? 로마를 의미합니다. 이 로마에 있는 교회들을 말한 것이죠. 그러니까 사도 베드로가 오늘날 우리에게 편지를 쓰더라도 "바벨론 한복판에 있는 교회"라고 할 것입니다. 우리의 삶에 전혀 하나님이 계시지 않은 것 같고, 하나님이 안 보이는 것 같은 바벨론적 시대 상황 속을 표현한 것입니다.

여러분, 학교와 직장에 가면 하나님이 보이십니까? 가끔 보인다는 분도 계시는데 대부분 잘 못 보시죠? 늘 비수기 아닙니까? 우리는 하나님이 안 계신 것 같은 세상을 살아갑니다. 직장에 출근하면 하나님이 커피 한잔하라며 커피 내려 주신 적 없고, 학교에서 하나님이 쉬는 시간에 50분 동안 수업 듣느라 고생했다, 내가 너와 함께하겠다, 말씀하시지 않습니다. 바벨론과 같은 현실에 교회로 세워진 우리를 향해서 기록한 성경으로 베드로전서를 살펴보겠습니다.

고난을 마주하며 공감하는 교회

2000년의 교회 역사는 고난과 함께한 역사였습니다. 종교개혁을 일으킨 루터와 칼빈의 시대도 전염병을 감당할 수가 없었습니다. 고난과 역경의 수많은 문제가 겹쳐 흘렀습니다. 우리가 신앙생활을 하다 보면 나만 힘든 것 같고, 나만 잘 안 되는 것 같고, 나만 고통스럽다고 느낄 때가 많습니다. 여러분, 이

걸 깨뜨릴 수 있는 게 무엇일까요? 혼자만의 시간에서 나와 공동체와 함께하는 시간에 서로의 고난을 마주하는 것입니다. 우리가 함께 고난받는 공동체라는 것을 깨닫게 됩니다. 어려움을 한 번도 겪어 보지 못한 사람은 남의 어려움에 전혀 공감할 수 없습니다. 저는 우리 성도님 중에 허리 아픈 분을 보면 그 고통을 너무나 잘 이해합니다. 제가 28살에 허리디스크가 터져서 수술했잖아요. 그래서 저는 임산부의 고통은 잘 몰라도 허리 아픈 분의 고통에는 깊이 공감합니다. 세상이 다 미울 정도로 아픕니다. 옆에 있는 배우자가 가만히 쳐다보고 있어도 화가 나요. 지금 쳐다볼 일이냐고요. 내가 느끼는 아픔처럼 안 아픈 사람들을 보면 속상하고 힘든 거예요. 우리가 겪은 비슷한 아픔을 겪고 있는 사람을 보면 마음이 그쪽으로 가는 울림이 있습니다. 내가 경험한 아픔이 단순한 아픔이 아니라 그 아픔을 경험한 사람들의 마음을 공감하라고 주신 놀라운 은혜입니다. 실패도 마찬가지입니다. 인생에서 날마다 승승장구하겠습니까? 때로는 나락으로 떨어지고, 감정이 바닥을 치고, 이해 안 되는 수많은 상황을 경험합니다.

베드로는 이제 막 예수를 믿은 사람과 예수를 알던 사람들을 향해 이 성경을 기록했습니다. 수많은 낙담과 좌절을 견디면서도 점점 몰려오는 먹구름에 두려움이 듭니다. "내가 예수를 믿으면 잘 될 줄 알았는데 왜 이렇게 되는 거지?"라고 생각하는 사람들에게 고난에 대한 말씀을 전해줍니다.

믿음은 시험받으며 자란다

우리가 베드로전서를 통해 배워야 할 사실은 한 가지입니다. 우리의 믿음은 항상 시험을 받는다는 것입니다. 시험받지 않는 믿음은 없습니다. 늘 테스트를 받게 돼 있죠. 학교 다닐 때 시험 치는 걸 좋아한 사람은 아무도 없습니다. 그런데 철이 들면, 자신이 공부하고 실력이 늘기 위해서는 시험이 있어야 한다는 걸 알게 되죠. 여러분, 시험 안 치면 공부합니까? 우리 집 아이들도 시험 날짜 앞에서 발등에 불 떨어진 심정으로 공부하더라고요. 제가 부모가 되니까 이런 마음이 들어요. 시험은 꼭 있어야겠다. 아이들 수능 시험이 다가오면 조마조마하시죠? 그런데 어른이 되어 치르는 삶의 시험은 어떠한가요? "주님, 시험을 주시옵소서, 역경을 주시옵소서" 하고 기도하는 분 계시면 좀 심각한 겁니다. 그렇게 기도 안 해도 하나님이 우리의 삶에 일상적으로 허락하시는 것이 고난입니다. 고난을 통해서 살아가는 삶을 접하는 것이 어렵지 않습니다. 어려움을 직면하면서 우리는 어떻게 이 어려움을 벗어날 수 있을지 고심합니다. 베드로는 그 이야기를 하는 것입니다. 우리의 믿음은 늘 시험받으며, 그 시험을 통해 믿음이 아름답게 빛난다는 것을요.

후배 목회자 중에 독특한 친구가 있는데요. 교회를 개척하고 난 다음에 권투를 배우더라고요. 갑자기 때려 주고 싶은 사람이 많이 생겼는지… 옛날에는 주먹 좀 쓴다는 사람들이 복싱장에 다녔잖아요. 이 친구도 소싯적에 애들 좀 만져 주고 한 친구였어요. 그런데 복싱을 배워보려고 체육관에 갔는데 관장님이 줄넘기만 죽어라 시켰다고 해요. 내가 줄넘기 하러 복싱 배우러 왔나 싶을 만큼요. 그리고 나서 스텝 밟는 걸 2주 정도 했다고 해요. 이것도 좀 너무 오래 시킨다 싶을 때 스파링을 하게 해주는 거예요. 남자들에게 로망은 링 위에 한번 올라가 보는 거잖아요. 링 줄에 내 몸을 부딪치며 왠지 모를 쾌감을 느끼면서 헤드기어 쓰고 첫 시합을 했다고 해요. 스파링 상대가 "즐거운 게임

되길 바랍니다" 해서 "좀 봐주십시오" 하고 폼 잡고 시작했다가 몇 대 처맞으면서 생각이 달라졌어요. 목사라는 타이틀은 사라지고 죄인 중의 괴수가 쑥 올라오면서 내가 맞은 것의 두 배로 갚아 주마, 이런 마음이 들지 않겠습니까? 그런데 몸이 마음처럼 안 움직여요. 몸에 힘이 들어가면서 열심히 주먹을 뻗고 때리려 해도 상대는 한 대도 안 맞는 거예요. 더 열 받잖아요. 힘은 힘대로 들고 짜증 나는 거예요. 그런데 그 모습을 관장님이 모두 촬영해 놓았어요. 자신은 모르지만, 찍고 난 것을 보면 그야말로 개싸움이 따로 없어요. 마치 여자분들 머리끄덩이 잡고 싸우는 모습처럼 엉망인 것이 드러나죠. 그 후로는 신중하게 원투를 배우고 훅을 배우기 시작했다고 해요. 그 후배가 며칠 전 페이스북에 스파링 영상을 올렸더군요. "연습은 중요하다. 나도 모르게 주먹이 나오고 훈련한 대로 몸이 움직여진다"고 쓴 거예요.

여러분, 우리의 믿음은 가만히 두면 절대 자라지 않습니다. 애완동물을 보면 새끼 때는 다 예쁘잖아요. 인간의 욕심은 끝이 없어서, 예쁜 모습 그대로 유지하고 크지 않았으면 해요. 저도 아이들이 아기 때 예쁜 모습에서 20대 후반으로 훅 갔으면 좋겠다 싶을 때가 있어요. 초등학생부터 예쁜 짓 하는 숫자가 줄다가 중고등학생이 되면 눈빛도 달라지고 짜증만 내고 그러잖아요. 부모도 갱년기 오고 화 나고 힘들어요. 그런데 그것이 우리가 자라는 과정입니다. 한번은 아이가 그러더군요. "아빠, 저를 아들로 보지 마시고 성도로 봐줘요"라고요. 요즘 아들이 언제 인간 될까 싶은 생각이 들면 노력 중입니다. "성도님, 사랑합니다" 하면서요. 집마다 성도가 있다고 생각하세요. 남편이 성도다 생각하시고, 아내가 성도다 생각하셔야 오늘 하루 버틸 수 있습니다. 우리가 늘 힘겨운 이유는 자라고 있기 때문이에요.

신앙은 고난을 만나야 성장합니다. 권투를 하면서 샌드백만 치면 절대 몰라요. 나보다 강한 상대를 만나봐야 내 실력이 드러납니다. 내가 어디가 부족한지 알게 됩니다. 아이에게 To 부정사가 뭔지 아냐고 물으면 다 안다고 해요. 그런데 시험 치면 틀린단 말이에요. 사실 모르고 있던 거죠. 고난에 직면해야만 내 믿음의 실체를 알 수 있습니다.

우리 성도들을 위해 기도할 때마다 제 한계를 느낍니다. "하나님, 왜 이런 문제가 계속 일어납니까? 하나님, 제게 능력이 있어서 안수 한번 하고 모든 문제가 해결되면 목사 할 맛이 나지 않겠습니까? 개척하도록 하셨으면 그 정도 능력은 주셔야지요." 그런데 저는 문제 해결의 은사보다 아픔을 함께 안아 주며 살아가는 은사가 훨씬 소중한 것 같아요. 힘들지만 함께 오늘을 버텨가고, 함께 공동체로 지어져 가면서 서로가 서로에게 영향력을 미치고 위로하는 모습이 귀하다고 생각해요. 저는 교회 밴드를 볼 때마다 감사한 마음이 들어요. 한 분이 소식을 올리면, 함께 위로해 주고 작은 댓글 하나라도 공감하며 써주시는 분이 가득 넘쳐요. 그 작은 위로가 힘이 되는 거예요. 베드로는 이런 모습이 그리스도인의 삶의 방식이라고 이야기하고 있습니다.

뜨겁게 서로 사랑하라

"너희가 진리를 순종함으로 너희 영혼을 깨끗하게 하여 거짓이 없이 형제를 사랑하기에 이르렀으니 마음으로 뜨겁게 서로 사랑하라"(벧전 1:22).

유진 피터슨 목사님은 뜨겁게 사랑하라는 이 표현을 다음과 같이 썼습니다. "여러분의 삶이 거기에 달려 있다는 듯이 사랑하십시오." 여기서 뜨겁게 라는 말의 헬라어 원어는 "모든 근육을 집중시켜서"라는 뜻이 있습니다. 우리 아파트 5층에 헬스클럽 있어요. 헬스클럽 문 닫기 전인 밤 9시에서 11시에 제가 운동을 합니다. 그 시간에 주로 중고등학생들이 옵니다. 집에서 나올 때는 운동하러 간다고 얘기하고 오겠죠. 그런데 그 아이들은 어디서 본 것은 있어서 근육을 만들고는 싶은데 방법을 모르고 서로 누가 무거운 걸 드는지 싸우고 있는 거예요. 한 친구가 5킬로그램을 드니까, 옆에서 난 7킬로그램 든다며 기구를 들고 있고, 또 옆의 친구는 난 10킬로그램이야, 하면서 말입니다. 운동을 제대로 하지 않아요. 그래서 제가 제일 가벼운 5킬로그램을 들고 바른 자세와 동작, 호흡을 알려 주었더니 3개를 못 드는 거예요. 딱 한마디 했어요. 운동은 너희 마음대로 하는 게 아니라 제대로 해야 운동이 되는 거라고요. 정확하게 근육에 집중시켜야 해요. 운동을 했다는 게 중요한 게 아니라 어느 부위에 힘을 주고 어디에 긴장하고 집중했느냐가 중요합니다.

그리스도인의 삶에서 집중해야 할 부분은 사랑입니다. 주님을 사랑한다고 얘기하면서 서로를 향한 뜨거운 사랑이 없다면, 가짜 그리스도인으로 표현할 수 있습니다. 누군가에게 관심을 가지고, 누군가의 아픔이 내 아픔이 되고, 누군가의 고통이 우리 모두의 고통이 되어 함께 회복과 기쁨을 누리는 것이 교회입니다. 그 사실을 베드로가 강조하고 있습니다.

버려진 돌로 이 땅에 오신 예수

베드로전서 2장 4절에서 6절에 돌 이야기가 나옵니다. 여기서 중요한 핵심 가치가 있습니다. 사람들은 괜찮은 모양의 더 나은 물건을 가지고 싶어 합니다. 여러분, 사과를 상자째 사지 않고 낱개로 살 때가 있잖아요. 어떤 것을 고르세요? 제일 좋은 것 좀 더 큰 것을 뒤집니다. 코스코에서 바나나 고를 때 이거나 저거나 비슷해 보여도 들었다 놨다 하면서 고심하며 고르잖아요. 사람은 본능적으로 좋은 것을 고릅니다. 집을 선택할 때 좋은 집을 찾지 않겠습니까? 아무도 안 살 집인데, 주님, 저라도 사야 되지 않을까요? 하는 순교자적 마음으로 집을 사는 사람은 없습니다.

그런데 예수님은 이 땅에 오셨을 때 사람들의 눈으로 보면 버려진 돌이었다는 것입니다. 우리는 늘 예쁜 돌이 되고 싶고 멋진 인생이 되고 싶고 아름다운 모습으로 살고 싶어 합니다. 그런데 예수님이 버려진 돌로 이 땅에 오셨다는 것은 참 난센스입니다. 하나님의 선택은 더 나은 돌이 아니라 버려진 돌을 선택하심으로써 그리스도를 주춧돌로 삼아 교회를 지으셨다는 거예요. 돌은 제각각 의미와 역할이 있습니다. 하나하나 연결되면서 개체가 아니라 실체가 되어 삽니다. 산재한 돌멩이들이 연결되면서 한 채의 건물을 이루면 이 집에 돌멩이가 몇 개 들어갔구나, 라고 말하지 않습니다. 건물을 보면서 콘크리트가 10톤이구나, 라고 말하는 사람은 없습니다. 건물 한 동이라고 생각합니다. 버려진 돌을 주님이 모퉁잇돌로 삼으시고 지으셨습니다. 쉽게 말하면 아무것도 아닌 우리(Nothing)를 소중한 어떤 것(Something)으로 만들어가신 놀라운 일입니다. 내가 아무 인생이 아닌데 주님 앞에 쓰임 받는 인생이 되었다는 뜻이죠.

부동산에서 이런 얘기를 하더군요. 대로변에 있는 건물과 인접한 뒷골목에 있는 건물은 가격 차이가 납니다. 당연히 대로변이 훨씬 비싸죠. 그런데 뒷골목의 건물 가치를 높이는 방법이 있다고 해요. 대로변의 건물을 같이 구입해서 브릿지로 연결하면 뒷골목의 건물 가치가 같아진다는 거예요. 저는 무슨 말인지 못 알아듣겠는데 부동산을 보는 눈이 있는 분이 얘기해 주시더군요. 여러분, 모퉁잇돌이 되신 주님이 낯씬인 우리를 연결하시면서 우리의 삶을 의미 있고 가치 있는 존재로 바꿔 놓으셨다는 겁니다. 우리가 함께 지어져 가는 복을 누리면서, 우리의 삶을 향한 주님의 놀라우신 긍휼을 경험하고 있습니다. 베드로는 사람에게는 버린 바가 되었으나 하나님의 택하심을 입은 보배로운 산 돌이신 예수님으로 인해 우리가 가치 있게 되고 긍휼을 얻은 자가 된다고 전해 주고 있습니다.

고난을 통해 보는 하나님의 영광

베드로는 고난의 때에 어려움과 역경을 통해서 우리를 빚어 가시는 하나님을 이야기하면서, 그리스도께서 십자가의 고난을 당하시며 큰 영광을 바라보신 것처럼 우리를 통해 이루어 가실 하나님의 영광을 바라보는 것이 믿음이라고 말하고 있습니다. 제가 설교를 준비하다가 중요한 결론으로 워딩이 떠올랐습니다. "번영의 시간과 성공의 시간은 인간을 드러내고 나를 드러내지만, 기근의 시간과 고난의 시간은 하나님을 보게 합니다." 참 신기해요. 잘 나갈 때는 누구 덕분이에요? 다 내가 잘해서라고 생각해요. 그런데 고난의 시간은 신비롭게도 내가 없어져요. 무언가를 할 수 있는 운신의 폭이 없고 답답한 그 고난의 순간에 주님이 보이기 시작하고 하나님의 역사하심이 보입니다. 지금 코로나19라는 상황에 모두가 답답하고 힘들어합니다. 이 고난의 순간에 앞이 하나도 보이지 않고, 어디로 가야 할지 모르겠고, 어떻게 해결해야 할지 모르는 그 상황에서 하나님이 우리의 삶을 주장하시고 다스리는 분이심을 보게 됩니다. 고난은 우리의 삶이 주님을 더욱 의식하게 해주는 통로입니다.

우리가 잘 아는 9절 말씀을 메시지 성경으로 읽어드리겠습니다. "그러나 여러분은 하나님께 택하신 사람들입니다. 여러분은 제사장의 일이라는 고귀한 사명을 감당하도록 선택받았고, 거룩한 백성이 되도록 선택받았으며, 하나님의 일을 하고 하나님을 위해 말하는 그분의 도구로 선택받았습니다."

우리가 영적 제사장으로 부름 받았다는 것입니다. 개역개정 성경에는 "그러나 너희는 택하신 족속이요 왕 같은 제사장들이요 거룩한 나라요 그의 소유가 된 백성이니 이는 너희를 어두운 데서 불러 내어 그의 기이한 빛에 들어가게 하신 이의 아름다운 덕을 선포하게 하려 하심이라"고 쓰여 있습니다. 앞부분의 그러나는 반등하는 내용이 이어진다는 접속사입니다. 앞부분에 무엇이 기록되어 있나요? 사람들이 보기에는 예수가 도대체 구원자라는 사실이 느껴지지 않습니다. 사람들의 눈에 예수님은 실패자입니다. 영화 어벤져스 시리즈를 보면서 우리는 끝을 아는데도 긴장하며 감상하죠. 타노스는 절대 못 이길 거야, 하면서 보다가 결말에 타노스가 이기면 후속편이 있다는 걸 누구나 예상합니다. 그런데 우리는 삶에서 그리스도를 그렇게 보지 않습니다. 여러분, 사실 믿음으로 산다고 하면서도 믿음의 힘이 큰가요, 돈의 힘이 큰가요? 돈의 힘이 훨씬 크게 느껴집니다. 목사님들은 믿음이 큽니다, 라고 말하시는데, 제가 세속적이어서 그럴까요? 아무리 봐도 현실적인 눈으로 보면 돈의 힘이 훨씬 커요. 부모가 아이들에게 공부하라고 하는 마음에는 사실 두려움이 있습니다. 살아보면서 스펙이 중요하고 명문대 출신이 대우받는 모습을 경험하니 그것들이 무시할 수 없는 가치이고, 내 아이들이 이런 시스템에서 우위를 차지해야 안심이 되잖아요. 그러니 자녀들에게 너 세상에서 그냥 살 수 있을 것 같니? 하며 두려움으로 다그칩니다. 여러분, 저도 후배 사역자들이 "형님을 보니 개척에 대한 마음이 생겼습니다" 하면 "주님 앞에서 담대하게 개척해라" 이 말이 안 나와요. "야, 하지 마. 너무 힘들어" 하는 게 인간이에요. 그런데 저희 아버지는 이상한 생각이 있으시더라고요. 아들도 목사니까 손자도 목사 했으면 좋겠다는 위험한 생각을 하시는 거예요. 저는 아이들이 정규직 직장 생활하기를 원합니다. 살아보니 두려움이 큰 거예요. 우리 어른들 그렇지 않나요? 삶을 안전하게 보장받고 싶은 마음이 믿음으로 모험하는 인생보다 훨씬 큽니다. 비정규직의 버려진 돌과 같은 인생이며 내일 일은 난 몰라요 노래하는 삶이 낭만적입니까? 내일의 내일을 보장받을 수 없는 불안을 오늘 살아가야 한다는 얘기잖아요. 근심과 염려로 살아가는 것을 누가 원하겠습니까?

여러분, 사람들이 보기에 예수님은 완전히 미친 사람이었어요. 신하도 군대도 없는 이가 내가 왕이다, 하면 사람들이 어떻게 볼까요? 예전의 학교 선생님은 지금과 달리 무서웠어요. 그때는 공납금을 내야 했는데 제 기억에 초등학교 시절 공납금 안 낸 아이들은 앞으로 불러내어 혼내고 언제까지 낼 건지 무섭게 다그치신 선생님이 계셨어요. 요즘 같아서는 학생 인권에 어긋나는 일이라며 난리 났을 텐데, "야! 강은도 일어나!" 해서 혼내시면, 아버지가 안 주시고 제가 돈을 몰래 쓴 것도 아닌데 어떻게 하나 생각하며 그냥 몸으로 때웠어요. 제가 어렸을 때도 그랬는데 하물며 우리 아버지와 큰아버지는 오죽했겠습니까. 그런데 큰아버지의 담임선생님이 아버지의 초등학교 3학년 담임선생님이 되신 거예요. 그래서 아버지는 학기 초에 선생님께 딱 찍히고 말았죠. "니 형이 아무개지? 니 형도 독한 놈이었는데 너도 안 내기만 해봐." 그러자 아버지가 참았어야 했는데 선생님께 말대구를 했나 봐요. "너 이놈의 새끼, 교회 다니지? 너네 아빠도 교회 다니지? 예수 믿지? 그런데 왜 그렇게 가난한 거야?" 아버지가 가만히 넘어갔어야 했는데 "우리 집은 예수 부자예요" 했다가 엄청 맞았다는 얘기를 들었어요. 여러분은 그런 예수 부자를 원하십니까? 남의 얘기라고 웃으시지만, 그런 예수 부자 좋으시냐고요. "주님, 오늘 차비가 없네요. 그래도 감사합니다. 걸어가면 되죠. 내일쯤 집에 도착하겠죠" 이렇게 생각하는 분이 있나요? "먹을 게 아무것도 없네. 다이어트를 이렇게 생존학적으로 시키신 주님의 이름을 찬양합니다"라고 말할 사람이 누가 있겠습니까. 가난과 역경과 어려움 속에서 왜 나는 이렇게 살아갈까, 회의할 것입니다. 그런데 우리가 주님을 본받는다는 것은 보장받지 못하는 그런 삶 가운데로 들어가 십자가를 짊어지는 삶이라고 성경은 말씀하고 있습니다.

여러분, 우리가 그리스도를 알게 됐다는 것은 우리의 힘이 아닙니다. 신앙의 가정에서 태어났다고 가능한 일이 아닙니다. 성령님이 알게 하셔야 되는 겁니다. 성령님이 깨닫게 해주셨다는 것을 인식한다면 그리스도의 삶에 참된 의미를 부여할 수 있습니다. 제가 예전에 전도할 때 한 남자분이 이런 얘기를 하시더군요. 젊은 놈이 생산적인 일을 해야지, 왜 그런 쓸데없는 짓을 하냐고요. 배 타고 나가 고기를 잡든, 농사를 짓든, 공장에서 일하든 할 것이지 나이도 젊은데 쓸데없는 짓 한다고 욕을 했습니다. 그때 저는 그 말에 기분 나쁘지 않았어요. 그분한테는 쓸데없는 짓이지만 그리스도의 비밀을 알고 있는 제게는 쓸데없는 짓이기는커녕 이보다 영광스러운 일이 없기 때문입니다.

걸려 넘어짐의 은혜

"그러므로 믿는 너희에게는 보배이나 믿지 아니하는 자에게는 건축자들이 버린 그 돌이 모퉁이의 머릿돌이 되고"(벧전 2:7).

예수는 사람들에게 보이지 않는 존재이어도 우리에게는 진리이고, 내가 연약하고 아프고 여러 문제에 둘러싸여 있어도 내 삶의 가장 중요한 보배입니다. 그러나 그를 알지 못하는 사람들에게는 땅바닥에 뒹굴고 있는 버려진 돌과 같다는 것입니다. 그뿐만 아니라 8절에서 "또한 부딪치는 돌과 걸려 넘어지게 하는 바위가 되었다 하였느니라"라고 했습니다. 여러분, 예수를 믿는다는 것은 우리의 삶을 걸려 넘어지게 한다는 거예요. 십자가를 바라보는 삶은 불편하고 굉장히 힘듭니다. 저희 할아버님이 평생 예수 믿고 사셨습니다. 나이 마흔에 기적적인 회심을 하시고 91세에 돌아가실 때까지 새벽기도 한 번 빠지지 않고 신실하게 사신 분입니다. 그런데 연세가 많이 드신 후부터 온종일 극동방송을 들으셨어요. 목사인 저는 1일 1예배만 해도 힘든데, 종일 듣고 계시더라고요. 할아버님이 몸이 연약해지면서 믿음이 약해질까 봐 그러셨다고 해요. 한번은 제가 할아버지 인생에서 제일 기억나는 목사가 누구신지 여쭤봤습니다. 그랬더니 손양원 목사님 얘기를 하시는 거예요. 그 유명한 손양원 목사님이 할아버지와 같은 1902년생으로 두 분이 친구였다고 해요. 손 목사님이 자주 하신 설교가 "십자가의 삶, 걸려 넘어지는 삶"이었다고 합니다.

여러분, 예수 믿으면서 걸려 넘어지는 삶은 지극히 일반적이고 잘 살아가고 있는 증거라는 거예요. 날마다 우리의 믿음이 시험당하고 있다는 것입니다.

예수를 믿는데 왜 일이 이토록 안 되며, 왜 이리 일이 안 풀릴까? 라고 하지만, 성경에서 말씀하는 것처럼 모퉁잇돌의 은혜는 우리를 걸려 넘어지게 하는 은혜라는 거예요.

안 믿는 사람에게는 걸려 넘어지는 것이 실망과 포기지만, 우리는 이 걸려 넘어짐을 통해서 구원자이신 주님을 바라보게 된다는 것입니다. 십자가 역설이죠. 넘어진 사람만이 십자가를 보는 거예요. 쓰러진 사람만이 부활의 영광을 보는 거예요. 좌절하고 낙망한 사람들만이 주님의 영광을 직면할 수 있다는 거예요. 물론 너무너무 힘들고 죽기보다 싫은 얘기이고, 할 수만 있다면 고난과 역경을 피하고 싶지만, 이 고난을 통해서 주님의 영광을 바라본다는 역설을 깨달아야 합니다.

버린 돌 같은 존재를 제사장 삼으심

그러면 일상을 그렇게 계속 고난 속에 살아가는 것으로 끝나느냐? 베드로는 우리의 신분을 택하신 족속이라고 말합니다. 당시에 유대인들이 가진 잘못된 인식이 뭘까요? 우리는 선택받은 백성이라는 데 있습니다. 지금도 유대인을 만나면 처음에는 꺼내지 않다가 조금 친해지면 그들이 하는 얘기가 있습니다. 내가 예수 믿는다고 하면, 그래봐야 너는 이방인이야, 라고 합니다. 자신들은 선택받은 민족이라는 거예요.

제 아내가 "팬텀싱어"라는 성악가와 뮤지컬배우들이 노래로 경연하는 오디션 프로그램의 열혈 팬입니다. 저는 아내가 그 프로그램을 그렇게 열심히 볼 줄 몰랐어요. 저는 야구경기 시청을 좋아하는데 채널 권리를 주지 않으면 아내가 사나워집니다. 어쩔 수 없이 같이 팬텀싱어를 같이 보는데 손뼉을 치면서 어떻게 저렇게 노래를 잘하냐고 감탄해요. 제가 부르면, 하지 말라고 해요. 저도 못 부르는 게 아닌데 말입니다. 그런데 이 프로그램에 제가 알고 있는 친구가 참가했어요. 소코라는 외국인 친구인데 고신대학교 교회음악대학원에서 공부한 친구에요. 소코는 한국말도 잘하고 성품도 좋고 특히 사교성이 좋아요. 제가 집회를 인도하는데 먼저 다가와서는 "선배님! 고신대 후배입니다" 하더군요. 저는 물어보지도 않았는데 먼저 자신을 소개하며 다가온 뒤로 만날 때마다 인사를 하는 거예요. 팬텀싱어에서 소코를 보니 새롭게 느껴지더군요. 그런데 경연에서 좋은 평가를 받다가 중간에 떨어졌어요. 마지막 결승에 올라간 사람들이 심사위원들에게 택함 받은 사람입니다.

야구도 그렇습니다. 프로야구 시즌에 수많은 선수의 경기를 보지만 그들은 고등학교에서 날고뛰는 선수였습니다. 특히 선발투수이면서 4번 타자의 타격감을 겸한 선수가 많아요. 박찬호는 공주고등학교 투수이면서 4번 타자였어요. 이대호와 추신수도 고교 야구에서 투수 출신에 4번 타자였어요. 날고뛰는 고교 스타 선수들조차도 프로선수가 되는 건 쉽지 않아요. 해설자가 얘기하더군요. 프로 무대에 한 번이라도 서본 선수는 야구 선수로서 성공하는 거라고요. 연봉 2,400만 원 받는 선수가 있는가 하면 15억, 20억을 받는 선수도 있잖아요. 우리가 볼 때 누구는 택함을 받고 누구는 택함을 받지 못했다는 사실이 당사자에겐 얼마나 힘들겠습니까. 프로 스포츠가 인기를 끌기 전의 국민 스포츠는 고교 야구였어요. 우리나라 4대 고교 야구가 있었어요. 청룡기, 황금사자기, 봉황대기, 대통령배인데 온 국민이 직접 야구장에 가서 관람하거나 TV 중계를 지켜 봤죠. 제가 이번에 오래간만에 황금사자기 고교 야구를 봤어요. 뉴스를 보다가 결승전에 강릉고등학교와 김해고등학교가 올라간 것을 알게 됐어요. 강릉고는 야구 불모지 강원도에서 여러 번 결승전에 오른 강호로 알려진 반면, 김해고는 2003년에 창단된 신생 구단에 속하는데 두 팀이 결승전에서 맞붙은 거예요. 연배가 있는 분들은 아시겠지만, 보통은 신일고, 서울고, 선린상고, 천안북일고, 군산상고, 광주일고, 경남고 이런 학교들이 4강 이상에 올라가는데 김해고는 이번에 뜻밖의 돌풍을 일으킨 팀이었어요. 대부분 강릉고의 우승을 예상해 강릉고 감독에게 인터뷰가 쏠렸는데 한 명의 기자가 김해고 박무승 감독을 인터뷰했어요. 그런데 감독이 기자에게 저쪽 가서 얘기하자고 하더랍니다. 그러더니 선수들이 안 보이는 구석에서 갑자기 대성통곡을 하는 거예요. 왜냐하면 박 감독은 선수 생활을 거쳐 프로 무대에 갔는데 한 번도 1군 무대에 올라가본 적이 없는 거예요. 자신의 실력을 인정받지 못하며 여러 실패를 거쳐 아무도 선호하지 않는 김해고 야구팀 감독에 부임한 지 1년 만에 팀을 혜성처럼 결승에 올린 거예요. 선수들과 얼마나 혹독한 훈련 끝에 준결승을 넘어 결승까지 올라왔겠습니까. 그 감격스러움에 아이들 앞에서 눈물을 안 보이려고 구석에서 기자에게 우승을 못 해도 지금까지 힘든 훈련을 잘 견뎌 준 제자들에게 고맙다고 하는데, 제가 너무 감동이 되더라고요. 고교 야구를 관심 가지며 보는 시대가 아니잖아요. 제가 결승전을 TV로 봤어요. 9회초에 3대 1로 김해고가 지고 있고 강릉고는 이미 우승한 것과 다름없는 상황인데 투아웃에서 기적이 일어났어요. 김해고 타자가 포볼로 진출하고, 다음 타자가 데드볼을 맞아요. 투수가 던진 볼에 맞으면 기분 나빠야 하는데 저는 그렇게 좋아하는 타자는 처음 봤어요. 주자 만루가 되면서부터는 심리전이거든요. 고교 야구는 아직 덜 여문 선수들이라 분위기가 쉽게 말려요. 김해고가 득점 기회를 놓치지 않고 무서운 집중력을 발휘해

순식간에 4대 3으로 역전시키며 창단 첫 우승을 차지했어요. 이 역전 드라마로 김해고는 단숨에 고교 야구 왕좌에 이름을 올렸습니다.

여러분, 택함을 받는다는 것은 대단히 아름다운 일이죠. 그런데 그 택함 받은 사람은 버림받는 심정이 어떠한지를 알아요. 그리스도인의 삶은 택함 받은 자들에 의해 지배받는 것이 아니라 버린 돌 같은 존재를 통해서 만들어져 가는 역사입니다. 우리 교회에 사람들이 알 만한 누군가가 있기 때문에 유명한 교회가 되는 것이 아닙니다. 버려진 돌 같은 우리의 연약함을 끌어안으시는 하나님의 역사가 교회입니다. 그리스도께서 친히 버려진 돌이 되시고, 버려진 돌로 빚어내신 영원한 하나님 나라가 교회입니다. 어떤 분이 "교회는 무너지지 않는다. 만약 지금 무너지고 있다면 교회가 아니기 때문이다"라고 쓰신 글을 읽었습니다. 무서운 말입니다. 여러분, 교회는 돈이 없다고 무너지지 않습니다. 교회는 사랑이 부족하다고 무너지지 않습니다. 교회는 능력이 없다고 무너지는 게 아닙니다. 그리스도의 교회는 영원합니다. 어느 날 우리도 모르게 교회의 중심이 그리스도가 아니라, 돈이 되고 사람이 되었기 때문에 교회가 무너지는 겁니다. 그런 곳은 교회라고 부르지 않습니다. 너무나도 놀라운 신비는 버려진 돌 같은 우리의 존재를 주님이 끌어안으시고, 우리를 제사장으로 삼으시고, 거룩한 나라라 부르시며, 우리를 통해 주님의 그 놀랍고 찬란한 빛, 그 하나님의 영광스러운 빛을 선포하도록 하셨다는 겁니다. 우리는 연약하고 부족하지만, 주님의 그 영광을 살아내도록 부르신 공동체로 함께합니다. 바로 교회입니다. 주님의 일하심을 기대하고 살아가는 삶을 기억하십시오. 우리 한 사람의 성공이 아니라, 한 사람의 드러남이 아니라, 우리가 함께 그리스도 안에서 뜨겁게 사랑할 때 주님의 영광을 온전히 드러낼 수 있습니다. 우리가 싸워야 할 싸움은 누구보다 더 나은 삶이 아닙니다. 우리가 더 뜨겁게 사랑하고 함께 인내하고 서로의 아픔을 함께 만져가고 위로하고 격려하면서 주님 앞에 나아가는 것입니다.

이제는 하나님의 백성, 긍휼을 얻은 자

베드로는 10절에서 이렇게 말씀합니다. "너희가 전에는 백성이 아니더니 이제는 하나님의 백성이요 전에는 긍휼을 얻지 못하였더니 이제는 긍휼을 얻은 자니라" 여러분, 이 말씀이 어디에서 나온 것인지 아십니까? 호세아서 2장 23절의 말씀입니다. 호세아가 고멜에게서 아이 3명을 낳습니다. 하나님이 그에게 음란한 여자와 결혼해 음란한 자식을 낳으라고 하셨습니다. 하나님이 사랑의 짝짓기를 이렇게 하시다니, 살짝 더위를 먹으신 건가요? "야! 정결한 여자를 만나야지, 아무나 만나면 쓰냐!" 이렇게 말씀하셔야 하는데 음란한 여자를 만나라고 하셨습니다. 하나님은 고멜에게서 태어난 아이들에게 이름을 지어 주십니다. 첫째 아들이 이스르엘, 둘째 딸이 로루하마, 셋째 아들이 로암미입니다. 이름에는 하나님이 이스라엘 백성들에게 전달하고자 하신 메시지가 담겨 있습니다. '이스르엘'은 하나님이 심었다는 뜻입니다. 그런데 하나님이 심으신 사람답게 자라지 않고 변종이 돼버렸어요. '로루하마'는 하나님의 긍휼을 입지 못했다는 뜻입니다. '로암미'는 내 백성이 아니라는 뜻입니다. 베드로는 이 호세아서 말씀으로 우리가 전에는 하나님의 백성이 아니었는데 이제는 하나님의 백성이 되었고, 전에는 긍휼을 얻지 못했는데 이제는 긍휼을 얻었다고 한 것입니다.

성경에서 옛 언약은 한마디로 구약의 율법을 말합니다. 율법은 죄인지 아닌지를 알려주는 바로미터의 역할을 합니다. 우리는 율법으로 온전하게 행할 수가 없는 존재입니다. 여러분, 율법에서 살인하지 말라고 한 것을 예수님은 형제를 보고 욕하는 자는 다 살인한 자라고 말씀하셨습니다. 우리는 간음을 하지 않아요. 그런데 예수님은 여인을 보고 음란한 마음을 품으면 이미 음행한 것이라고 말씀하시죠. 그렇게 따지면 남자들은 할 말이 없죠. 여자들은 뒤에서 씹고 뜯고 맛보고 즐기면서 이건 살인을 방지하는 조치라며 포장하지만, 그게 살인이라는 거예요. 율법을 지킬 수 있는 사람은 아무도 없어요. 그러니까 율법을 깨닫는 사람이 가는 종착역이 어딜까요? 제사였어요. 어린 양을 잡는 거예요. 내가 죽어야 되는데 양이 대신 죽습니다, 용서해 주십시오 하는 속죄제의 하이라이트가 무엇입니까? 대제사장이 1년에 한 번 대속죄일에 양의 피를 양푼째 들고 지성소에 들어가 피를 뿌립니다. 그 피의 양과 백성의 죄가 일치하지 않으면 대제사장이 죽습니다. 성경에서 '뿌린 피'가 상징하는 것은 예수님의 보혈입니다. 예수님은 우리의 속죄제 종지부로 영원한 언약이 되셨습니다. 구약에서는 제사로 끝나지만, 신약에서는 예수 그리스도의 십자가 용서와 죄 사함과 부활이라는 영광을 보게 해주셨습니다. 우리가 예전에 하나님 백성과 상관없는 존재였고, 헬라인이냐 유대인이냐 하는 갈림길에서 혈통적으로 하나님의 백성이 아니었을지라도 이제는 버려진 돌이 되신 그리스도와 함께 하나님과 이어진 택함 받은 백성이요, 하나님이 기뻐하시는 자녀로 부름 받았다는 겁니다.

말씀을 정리하겠습니다. 사랑하는 성도 여러분, 우리에게 주어진 일상이 늘 쉽지 않지만 기억하십시오. 버려진 우리의 인생을 통해 하나님이 역사하신다는 사실을, 주님께서 몸 된 주의 교회로 우리를 부르셨다는 사실을, 숱한 역경과 어려움 속에서 내가 영적 제사장의 삶을 살아가야 한다는 것을 기억하십시오. 십자가를 지신 우리 주 예수 그리스도께서 오늘 우리를 시험하고 우리를 염려하게 하고 넘어지게 만드는 수많은 문제를 담대하게 견디도록 도우십니다. 지금도 삶의 두려움이 커튼처럼 드리워져 있고 염려와 근심이 내 영혼을 붙들고 있어도, 예수께서 나와 함께하신다는 말씀을 붙들고 담대하게 나아가는 저와 여러분 되기를 주님의 이름으로 축원합니다. 기도하겠습니다.

하나님 아버지, 감사합니다. 늘 일상적으로 다가오는 수많은 어려움과 이 땅에서 낙오됐다는 생각과 인생의 벼랑 끝과 모퉁이 길에 내가 아무것도 아니라는 사실 앞에서 좌절하고 절망할 때가 한두 번이 아닙니다. 잘 다니고 있는 직장에서 퇴직하고 나왔을 때의 그 마음, 그렇게 가고 싶던 학교에 떨어졌을 때의 그 마음, 남들은 멀쩡하게 살아가는 것 같은데 언제 끝날지 모를 몸의 통증을 안고 살아야 하는 그 불안함, 우리는 늘 이런 염려와 근심 앞에서 도대체 하나님이 어디 계신지 한숨 쉬며 살아갑니다. 베드로는 그리스도인에게 고난은 필수이고, 고난을 통해 더욱더 주님을 바라보게 된다는 사실을 말씀하고 있습니다. 하나님, 우리에게 주어진 고난을 통해 주님을 더 바라볼 수 있도록 도와주옵소서. 오늘을 살아갈 힘을 주시고, 서로가 서로에게 위로가 되고 소망이 되는 공동체 되도록 축복하여 주시옵소서. 서로의 눈물을 닦아주고 아픔에 깊이 공감하는, 주께서 원하시는 교회 되도록 은혜를 더하여 주시옵소서. 이 예배와 함께하는 모든 분에게 주의 은혜가 있게 하시고, 우리의 기도가 끊임없이 서로를 위한 중보로 나아가도록 역사하여 주시옵소서. 아멘.

설교 유튜브로 보기

베드로전서 5:1~11

¹ 너희 중 장로들에게 권하노니 나는 함께 장로 된 자요 그리스도의 고난의 증인이요 나타날 영광에 참여할 자니라

² 너희 중에 있는 하나님의 양 무리를 치되 억지로 하지 말고 하나님의 뜻을 따라 자원함으로 하며 더러운 이득을 위하여 하지 말고 기꺼이 하며

³ 맡은 자들에게 주장하는 자세를 하지 말고 양 무리의 본이 되라

⁴ 그리하면 목자장이 나타나실 때에 시들지 아니하는 영광의 관을 얻으리라

⁵ 젊은 자들아 이와 같이 장로들에게 순종하고 다 서로 겸손으로 허리를 동이라 하나님은 교만한 자를 대적하시되 겸손한 자들에게는 은혜를 주시느니라

⁶ 그러므로 하나님의 능하신 손 아래에서 겸손하라 때가 되면 너희를 높이시리라

⁷ 너희 염려를 다 주께 맡기라 이는 그가 너희를 돌보심이라

⁸ 근신하라 깨어라 너희 대적 마귀가 우는 사자 같이 두루 다니며 삼킬 자를 찾나니

⁹ 너희는 믿음을 굳건하게 하여 그를 대적하라 이는 세상에 있는 너희 형제들도 동일한 고난을 당하는 줄을 앎이라

¹⁰ 모든 은혜의 하나님 곧 그리스도 안에서 너희를 부르사 자기의 영원한 영광에 들어가게 하신 이가 잠깐 고난을 당한 너희를 친히 온전하게 하시며 굳건하게 하시며 강하게 하시며 터를 견고하게 하시리라

¹¹ 권능이 세세무궁하도록 그에게 있을지어다 아멘

고난의 미학
베드로전서 5:1~11

잊혀진 적 없는 교회의 문안

유진 피터슨 목사님의 메시지 성경으로 베드로전서 5장 13절 말씀을 읽어 드리겠습니다. "이곳에서 나와 함께 나그네 삶을 살고 있지만, 하나님께 잠시도 잊혀진 적 없는 교회가 여러분에게 문안합니다."

이번 주 말씀을 준비하면서 메시지 성경의 이 말씀이 가슴을 먹먹하게 했습니다. 이곳에서 나와 함께 나그네 삶을 살고 있지만, 하나님께 잠시라도 잊힌 적이 없는 교회가 여러분에게 문안합니다. 여러분, 우리는 바벨론의 중심에서 살아갑니다. 세상에 우리의 소망이 있다고 생각하면 큰 착각이죠. 잠시 보이는 기쁨은 영원하지 않습니다. 살아가면서 우리는 하나씩 깨닫기 시작합니다. 매 순간 이곳이 바로 바벨론이라는 사실을 알게 되는 것이죠. 바벨론과 같은 세상에서 믿음으로 살아간다는 게 무엇일까요? 어렵고 힘든 문제입니다.

우리는 항상 도전받고 살아가는 존재라는 것을 기억하셔야 합니다. 어려움이 와도 돈이나 어떤 권력에 의해 교회는 절대 무너지지 않습니다. 지금까지 우리는 다른 여러 장식을 달고 신앙생활을 해왔습니다. 어느 순간 교회마저도 비교우위라고 하는 경제 원리의 시장이 들어왔습니다. 사람들은 어떤 것을 보고 진리라고 생각할까요? 선포되는 말씀이 아니라 교회 사이즈였습니다. 얼마나 많은 사람이 모였느냐, 이것으로 묻지도 따지지도 않고 진리라고 생각하고 덤벼들었습니다. 교회는 점점 화려해졌고 마치 더 화려한 곳에 더 많은 것이 있는 것처럼 집중했습니다. 어느 순간 하나님이 그 모든 장식을 덜어내시는 시간을 주셨고, 우리의 민낯이 고스란히 드러나기 시작했습니다. 그러면서 우리가 얼마나 형편없는 믿음의 소유자인지를 다시 직면하게 되었죠. 우리가 얼마나 연약한 존재인지를 매 순간 발견하게 되었습니다.

잃어야만 얻는 은혜

오늘 베드로전서 5장 말씀을 통해 단 한마디만 기억해야 한다면 저는 "잃어야만 얻어지는 은혜가 있다"는 말씀을 드리고 싶습니다. 우리는 이것도 얻고 저것도 얻고 싶은 욕망이 있습니다. 그러나 진리는 절대 그렇지 않습니다. 사람들이 살을 빼고 싶어 합니다. 그런데 뭐는 싫어할까요? 공복과 배고픔은 싫어합니다. 성적이 잘 나오길 바라면서 공부는 싫어해요. 이것을 신비주의라고 합니다. 내가 변하는 데 중심이 있는 것이 아니라 결과가 바뀌길 원합니다. 우리는 모두에게는 이런 신비주의적 요소가 있어요. 신비주의는 다른 게 아닙니다. 내가 변하는 게 아니라 결과가 바뀌기를 원하는 거예요.

그런데 하나님은 결과에 관심이 없으세요. 우리에게 관심이 있습니다. 하나님 입장에서는 결과를 바꾸는 게 훨씬 쉬워요. 저도 가만 생각해 보니 결과를 요구하고 있더라고요. 저 한 사람 쓰시려거든 은혜를 주셔야죠, 붙잡아 주셔야죠, 위로해 주시고 격려해 주셔야 겨우겨우 한 번 할까 말까 이런 마음이 들지 않겠습니까? 매 순간 제 한계를 끊임없이 직면합니다. 시원찮은 내 모습을 늘 만나고 경험하면서 얻은 놀라운 사실은, 그런 나를 하나님이 붙잡고 계시다는 거예요. 하나님이 기억하고 있다는 사실이 얼마나 큰 위로가 되는지 모르겠습니다.

모든 것을 잃어버림으로 발견되는 정체성

"그러나 무엇이든지 내게 유익하던 것을 내가 그리스도를 위하여 다 해로 여길뿐더러 또한 모든 것을 해로 여김은 내 주 그리스도 예수를 아는 지식이 가장 고상하기 때문이라 내가 그를 위하여 모든 것을 잃어버리고 배설물로 여김은 그리스도를 얻고 그 안에서 발견되려 함이니 내가 가진 의는 율법에서 난 것이 아니요 오직 그리스도를 믿음으로 말미암은 것이니 곧 믿음으로 하나님께로부터 난 의라 내가 모든 것을 잃어버림으로써 그리스도 안에서 발견되려 함이라"(빌 3:7~9).

여러분의 존재와 정체성은 어디에서 발견되기를 원하세요? 사회적 신분 아닌가요? 혹은 사람들이 좋게 여기는 그 어떤 포지션이 아닌가요? 스펙일 수 있고 외모일 수도 있을 거예요. 그런데 바울은 이 얘기를 합니다. "내가 그 모든 것을 잃어버림으로써 그리스도 예수 안에서 발견되려 함이라." 여러분, 살아가다 보면 정체성이 떨어져 자기의 존재감이 사라집니다. 지난주에 어느 교회 집회에 갔다가 인사를 건네주시는데, 남자들은 묘하게 자기 직함을 꼭 드러내요. 우리 교회 집사인데 강력계 형사라고 하시더라고요. 그분 앞에서 왜 제가 갑자기 떨었는지 모르겠어요. 그런데 외모가 강력계 형사처럼 생기지 않고 학교 선생님처럼 온순하게 생긴 분이었어요. 서로 이런저런 얘기 나누다가 "올 12월에 옷을 벗습니다" 하시더군요. 제가 사회성이 좀 발달했잖아요. 바로 그분께 맞추어 주제를 바꾸었어요. "원래 강력 범죄 일으키는 사람이 사실은 마음이 착한 사람들이더군요." 그러니까 그분이 "맞아요. 제일 나쁜 사람이 사기 치는 놈들입니다. 이 잡범들은 순간순간 거짓말을 해요. 오히려 강력 범죄를 일으킨 사람은 밥 좀 먹이고 등 두들겨 주면서 고생이 많았겠다고 하면 대성통곡하면서 제가 사실은요, 하며 솔직하게 털어놓아요." 형사에게 제일 힘든 사람은 사기범이라는 거예요.

그분과 얘기 나누면서 제가 이런 마음이 들더라고요. 왜 우리는 통성명에 직함이 들어가야 할까? 하나님의 사람이라는 말로 끝나면 되지 않을까? 제게 목사님, 프로필을 보내 주십시오, 하면 삐까뻔쩍하게 소개할 말이 없어요. 저는 고신대학교 신학과와 총신대학교 신학대학원 나온 것이 학력의 전부예요. 제가 볼 때는 주님이 뽑을 수 있는 최대치를 제게서 뽑았다는 생각이 들어요. 그런데 무언가를 더 얹어야만 사람들에게 부각될 것 같은 거예요. 그러나 바울은 반대였어요. "내가 모든 것을 잃어버림으로써 그리스도 안에서 발견되려 함이라."

그리스도 안에서 자녀 됨을 경험하는 교회

여러분, 교회는 어떤 곳일까요? 그리스도 안에서 자녀 됨을 경험하는 곳이에요. 사랑받을 이유가 없어도 사랑받고, 함께 기다려주고, 함께 속상하고, 함께 힘든 것을 경험하는 공간이 교회입니다. 그런데 어느 날 우리도 모르게 교회 생활하면서 자녀들에게 무슨 말을 할까요? "야, 교회 가서 아무 말도 하지 마." 교회가 국정원도 아닌데 왜일까요? 교회로 모이면서 교회로 안 산 거예요. 교회 와서 누군가의 허물을 퍼트리는 확성기 역할을 합니다. 아픔을 이해하면서 용납받고 사랑받고 회복돼야 하는데, 그러기는커녕 공중파보다 빨리 말만 전해지는 것을 보면서 사람들은 교회에서 상처를 받습니다. 여러분, 우리가 다른 데 신경 쓰지 않아도 적어도 누군가의 아픔에 공감하는 마음은 꼭 가져야 합니다. 다른 사람의 아픔에 깊이 공감하는 것이 기독교 정신입니다. 그 사람의 아픔에 대해 눈물 흘릴 수 있는 마음이 없다면 기독교 정신을 갖지 못한 겁니다.

여러분, 다윗은 사울이 좋았을까요? 하나님이 내게 사울 같은 인간을 붙이셔서 13년을 사람 미치도록 쫓아다니고 집에 들어갈 때마다 깜짝깜짝 놀라게 스토킹당한다고 상상해 보세요. 아마 꿈에 나타나면 갈아 마시고 싶을 거예요. 그런데 다윗에게 사울이 죽었다는 소식이 들려왔을 때 다윗은 "드디어 사울이 갔구나, 죽을 줄 알았어. 그 썩을 놈!" 하지 않았어요. 그는 사울의 죽음을 깊이 애도하며 하나님의 사람이라고 했습니다. 여러분, 그리스도인은 누군가가 나를 해코지해도 그 또한 하나님의 사람이라고 인정할 수 있어야 합니다. 사도신경 줄줄 외우면 뭐합니까? 주기도문을 하루에 몇 번씩 외우면 뭐합니까? 진정한 삶의 고백, 용서의 고백이 없으면 의미가 없습니다. 우리가 함께 그리스도 안에서 발견되는 거예요. 세상에서 별 볼 일 없는 모습이어도 그리스도 안에서 우리가 하나님의 자녀 된 것보다 아름다운 것이 어디 있겠어요? 물론 공부 안 하는 자기 아이 지켜보는 게 힘들지요. 화가 나지만 믿음을 쥐어짜서라도, 다 짠 치약 또 짜듯이 우리가 고백하는 거예요. 지금 이 아이도 하나님의 자녀가 되어갈 것을 믿고 기다려주는 겁니다.

저희 부모님을 생각해 보니 그분들 믿음이 다른 데 있는 게 아니었어요. 제 성적표를 보고도 "이놈도 하나님이 쓰시겠지" 하며 참고 기대해 주신 게 믿음이었습니다. 요한계시록의 맨 뒷장에 기록될 만한 위대한 믿음이 아닌가 합니다. 여러분, 참 어려워요. 현실적으로 보면 못난 것투성이고 걱정투성이지만 그럼에도 하나님이 함께하신다는 믿음을 갖고 살아가는 것이 소중합니다. 그리스도 안에서 발견되는 우리의 상한 마음이 함께 위로받으며 내가 누구인지 알 수 있습니다.

제국의 광야에서 바라보는 공급의 하나님

오늘 본문에 중요한 특징이 있습니다. 저명한 구약성서 신학자인 월터 브루그만은 많은 책을 쓰셨습니다. 그분의 책 《하나님, 이웃, 제국》의 서문에 이런 글귀가 있어요. "구약 본문은 하나같이 부와 권력이 집중된 제국 한가운데서 등장한다." 이집트가 제국으로 지배할 때, 앗수르 제국이 북이스라엘 멸망시켰을 때, 바벨론 제국이 남유다를 지배할 때, 알렉산더 대왕의 그리스 제국, 그리고 로마 제국이 세상을 지배하던 그 한복판에서 성경의 본문은 시작한다는 것입니다.

제국의 특징이 있습니다. 첫 번째는 착취입니다. 뭐든지 빼앗아 가는 거죠. 두 번째는 오늘날과 같은 상황인데 상품화하는 것입니다. 노예제도 하에서 사람은 하나님의 형상이 아니라 돈벌이 수단입니다. 우리나라는 5,000년 동안 신분 사회로 살다가 신분제가 사라진 후 어느 날 갑자기 셀프로 나 얼마짜리요, 라고 주장하기 시작했습니다. 연봉으로 자신을 상품화하는 것이죠. 저 사람은 돈이 될지 안 될지, 가능성이 있는 상품인지 아닌지 등급을 나눕니다. 세 번째는 착취와 상품화를 통제할 힘을 끊임없이 구비하려는 게 제국의 특징입니다.

반면에 하나님은 첫 번째, 애굽에서 착취당하던 이스라엘 백성들을 해방시키신 분입니다. 두 번째는 어떻게 하셨을까요? 이스라엘 백성들을 노예에서 해방하신 후 광야에서 만나를 공급하셨습니다. 해방된 백성들이 먹고살아야 하니까요. 우리는 하나님이 은혜는 주시는데 입금은 잘 안 하시는 경향이 있다고 생각해요. 그러나 하나님은 공급의 하나님이십니다. 지나고 보면 참 신기한 게 있어요. 저 사람처럼 내가 살 수 있겠나 싶은데 살아져요.

제가 한번은 고신대학교 신학대학원의 원우회에서 모시고 싶은 강사 1위로 뽑혀서 설교하러 간 적이 있습니다. 몹시 영광스러운 일이었죠. 세상에서 설교하기 제일 힘든 데는 장로 모임도 아니고 목사 모임도 아닙니다. 그곳들도 힘들긴 한데, 더 힘든 데가 신학대학원 학생들 앞에서 설교하는 것입니다.

그들은 시선은 데카르트와 같아요. 존재하는 모든 것을 비평합니다. 그런데 더 걱정되는 게 있어요. 제 은사가 고신대 대학원장으로 계셨거든요. 고신대 신학대학원은, "말씀에 목숨 걸고 말씀을 묵상하며 연구하다가 죽어야 한다. 다른 데 쳐다보지 말고 오직 말씀, 늘 성경을 보고 원어를 분석해라. 끊임없이 헬라어를 쪼개어 연구해라. 원형이 무엇인지 끊임없이 찾아라" 하며 가르치는 곳입니다. 제가 이 교단을 떠난 지 오래됐고 게다가 청소년 사역에 집중해오다 보니까 고신대 대학원 설교를 앞두고 갑자기 마음에 주눅이 들었어요. 그래서 설교를 준비하며 학생 때의 배움의 자세로 돌아가 다시 원어를 팠습니다. 히브리어의 품사, 뜻을 찾아보고 머리 아파하며 설교를 준비하다 이런 생각이 들더군요.

'왜 그 대학원생들이 나를 불렀을까? 다음 세대에 대한 사역과 공감이 되는 설교이지 않을까? 어차피 욕을 듣는다면 화끈하게 듣자.'

실제로 설교하면서 제가 서론에 이런 얘기를 했습니다. "여러분, 광야라는 곳이 어떤 곳일까요? 우리는 끊임없이 구약을 만나면서 광야를 얘기하고 있지만, 실상은 우리가 사는 곳이 광야입니다. 한 달에 60만 원을 받으면서 십일조를 내고, 그러면서 한 손에 휴대폰을 붙들고 있고, 또 놀랍게도 노트북을 하나씩 끼고 있으며, 더 신기한 것은 그 형편에도 하나님의 능력이 아니면 굴러가지 않을 것 같은 차를 굴리고 있는 놀라운 백성이 있습니다. 21세기 광야 백성들입니다" 했더니 대학원생 중 한 명이 "아멘!" 합니다만, 점점 맨 앞자리 교수님들의 얼굴이 일그러지기 시작합니다. 한 분은 아예 얼굴을 성경책에 파묻고는, 본문 얘기 언제 하나 보자, 해석 틀리게만 해봐라, 하는 눈빛으로요. 설교를 마쳤는데, 제가 존경하는 박영돈 교수님이 다가오셔서서 90도로 숙여 인사하시는 겁니다. 너무나 황송하여 저도 90도로 인사를 드렸더니,

박 교수님이 제 손을 꼭 잡으시고는 "목사님, 은혜 받았습니다" 하시는 거예요. 제겐 그분의 위로로 충분했습니다. 다음 날 후배들에게 연락이 왔는데요. 수업 시간마다 교수님들이 제 설교를 안 좋은 사례로 거론하셨다고 합니다.

여러분, 제가 전하고 싶은 메시지는, 못 살 것 같은데 살게 해주시는 하나님입니다. 우리 후배들에게 그 말을 꼭 해주고 싶었어요. 내가 이 정도로 어떻게 살 수 있을까, 없던 공황장애도 생길 것 같습니다. 그러나 실제로 살아보면 짜릿짜릿한 거예요. 앞으로 어떻게 살까, 하는 걱정이 소용없습니다.

이스라엘 백성들도 똑같지 않았습니까? 홍해를 건너왔지만, 현실은 광야였습니다. 하나님의 은혜를 주시고, 붙잡아 주십니다. 오늘 여러분 각자에게 말씀의 은혜를 주셨어도, 일상으로 돌아가서는 광야라는 어렵고 힘든 순간을 마주해야 합니다. 그 척박한 상황 가운데 하나님의 공급하심이 있다는 것입니다.

고난을 재해석함으로 얻는 유익

세 번째 중요한 것은 하나님이 시내 산에서 언약을 세우셨습니다는 것입니다. 십계명을 만드셨죠. 무슨 의미일까요? 우리의 신분을 변화시키신 겁니다. 포로로 살아온 우리를 하나님의 자녀 되게 하시는 놀라운 은혜로 붙잡아 주셨습니다. 여러분, 교회는 하나님의 자녀 됨을 경험하며 살아가는 곳입니다. 그래서 저와 여러분에게 필수적으로 와 닿는 것이 고난입니다. 고난의 재해석이 중요합니다. 고난에 대한 율법적 해석이 무엇이라고 생각하십니까? "너 때문이야! 네가 죄지어서 그래" 이런 죄책감을 주면 약발이 잘 먹힙니다. 온

몸이 아프다고 하면, "죄 때문이야, 십일조를 안 해서 그래. 당신이 작정 기도를 안 했기 때문에 애가 좀 이상한 거야." 여러분, 점집에서도 이처럼 얘기합니다. 율법적으로 얘기하는 방식이죠. 병에 걸린 것이 모두 죄 때문이라면, 감기도 걸려선 안 됩니다. 그러면 위험해지는 거예요.

여러분, 율법에 가려진 은혜를 봐야 합니다. 이스라엘 백성들은 율법 안에 숨겨져 있는 놀라운 하나님의 은혜, 하나님의 사랑을 못 봤습니다. 아이가 "엄마, 도와줘"라고 할 때까지 기다리는 것이 제일 좋은 교육이라고 합니다. 그런데 엄마 중에 섣부른 이들이 있습니다. 아이가 뭔가 해보려고 하면, "하지 마! 엄마가 할게." 그러다가 아이에게 "이놈의 자식, 이런 것도 못하고! 아직도 못하면 어떡하라고!" 합니다. 해 볼 기회도 안 주고 말입니다. 아이가 할 수 있을 때까지 맡기고 기다리는 게 힘들지요. 그래도 아이는 한번 해보고, 다시 또 한번 해보면서 성장합니다.

어떤 분이 그러시더군요. 원로목사는 성도들의 피땀으로 만들어지는 거다. 이 말은 굉장히 깊이 있는 말입니다. 저도 수많은 성도가 제 설교를 들어주시고, 은혜 받았다고 얘기해 주시고, 헌신해 주신 덕분에 이 자리까지 왔습니다. 병아리 전도사 시절 제 설교가 좋으면 얼마나 좋았겠어요. 어설퍼도 해보게 해주고 부딪혀 보게 해주신 덕분입니다.

하나님은 우리에게 "한번 해봐"라고 말씀하십니다. 그리고 우리가 실수한다는 것을 그분은 아십니다. 우리가 무얼 깨닫게 하십니까? 내 힘으로 할 수 있는 것이 없다는 것을 느끼게 해주십니다. 그것이 율법의 역할입니다. 율법 안에는 엄청난 하나님의 사랑과 은혜가 숨겨져 있습니다. 그 숨겨진 은혜를 보면 어떻게 될까요? 고난에 대한 해석이 가능해집니다. 주님의 고난에 우리가 동참하는 거라고 말씀해 주십니다. 물론 우리가 오해하면 안 되는 것이 있습니다. 거짓말하고 살인하는 등 죄를 범하고 고난을 당하는 것은 고난이 아니라고 말씀합니다. 그러나 그리스도 안에서 우리가 당하는 애매한 고난들이 있습니다. 내가 잘못해서 당하는 고통은 어쩔 수 없는 것 아니겠습니까? 그런데 아이가 아프고, 아내가 힘들어해요. 가정적인 어려움이 옵니다. 어느 한순간 세상이 나를 좀 가만히 놔뒀으면 좋겠다는 생각이 듭니다. 안 그래도 지금 어느 방향으로 가야 하는지 분간이 안 되어 열 받아 죽을 판인데 갑자기 멀쩡하시던 부모님이 크게 편찮으시고, 아들에게 사고가 터졌는데 딸까지 문제 생기면 얼마나 고달프고 마음이 무너지겠어요? 쉽지 않은 일투성이의 무거운 문제 앞에서 고난이 내게 왜 왔는지 모르겠을 때 남 탓을 합니다. 내가 이 남자를 혹은 이 여자를 만나면 안 되는 거였어. 별의별 생각이 왜 안 들겠습니까? 심지어 이런 부모들이 계셔요. 이 아이만 없으면 내가 행복했을 텐데, 라고요. 그 아이가 있어서 다행인 줄 아셔야 합니다. 하나님의 은혜였다는 사실을 못 깨달으니, 후회하면서 더 답답해합니다. 오늘 우리에게 주어진 고난을 통해 그리스도 앞에 더 가까이 나아가는 것을 알아야 합니다.

고난의 해결, 공동체의 함께함

고난은 결코 개인적으로 해결되지 않습니다. 교회는 공동체적으로 함께하는 곳입니다. 여러분, 교회가 되십시오. 교회로 사는 법을 배워 가십시오. 들락날락하는 것으로 교회 다녔다고 생각하지 마시고 교회가 되십시오. 우리가 함께하는 고난이 아니라면 고난 자체로 위험해집니다. 너무 예의 바른 분들이 계셔요. "목사님, 제가 이 말을 하면 목사님이 너무 힘드실 것 같아요" 하십니다. 여러분, 그걸로 힘들 것 같으면 목회를 안 해야죠. 식당을 하는데 주문이 밀려든다면 힘들어도 손님 없는 것보다 낫지 않나요? 제가 아버님께 말씀드렸어요. "아버지, 사람들이 자꾸 몰려오니까 감사하기도 하면서 어떻게 될지 몰라 두렵기도 합니다" 그랬더니 아버님이 한마디로 정리하시더군요. "쓸데없는 소리 마라. 아무도 안 오는 것보다 천 번 만 번 낫다. 와서 힘든 게 낫지, 아무도 안 와서 부부가 서로 얼굴 쳐다보고 앉아 있는 게 낫냐?"

예전에 제가 어느 감리교회의 집회에 갔습니다. 감리교는 개척을 해야 목사 안수를 줍니다. 그런데 제가 간 교회는 성도가 없는 곳이었어요. 그 목사님은 참 대단한 분이었어요. 3년을 목회하셨는데 새벽기도를 한 번도 안 빠지셨다는 거예요. 더 놀라운 사실은 한 명도 안 왔다는 겁니다. 너무 힘들어서 집에 아이들이 가지고 노는 곰돌이, 악어 이런 인형들을 예배당에 가져다 놓고 설교하셨다고 해요. 그런데 새벽 기도처를 찾으시는 분이 가끔 있잖아요. 한 분이 교회에 기도하러 오셨다가 깜짝 놀랐어요. 의자가 동물의 왕국이 돼 있으니 놀라서 나가시려는 것을 붙잡고 걱정하지 말고 앉으시라고 했답니다. 그것보다 훨씬 낫다는 거예요. 여러분, 목회자는 어디서 목회자다워지는지 아세요. 성도들의 고난을 놓고 기도하면서 목회자다워지는 거예요. 성도는 아픔을 맞아들이면서 그로 인해 기도가 나올 때 성도다워지고 하나님 백성이 되는 겁니다.

교회 안에서 영적 고독사로 죽어 가면 그것보다 위험한 게 어디 있겠어요? 내 아픔 내 눈물이 이해되고 함께 공감되고 서로 안아 주는 게 교회입니다. 베드로가 말씀하는, 고난에 대처하는 그리스도인의 삶은 공동체적인 거예요. 우리가 여전히 나그네로 살아가지만 한번도 하나님의 잊으심이 없는 교회인 우리가 너희에게 편지하노라, 이 말을 한마디로 번역하면, "너의 눈물과 너의 아픔과 너의 고통이 우리와 상관없는 아픔이 아니고 상관없는 눈물이 아니다. 너의 눈물이 우리의 눈물이다. 한번도 만난 적이 없고 한 번도 마주친 적은 없지만, 우리는 함께 그 고난을 공유하고 있으며 함께 그 고난을 견뎌내고 있으며, 내가 너를 위해 기도하고 있음을 잊지 말아라." 이것이 베드로가 하고 싶은 궁극적인 메시지입니다.

여러분, 다시 말씀드립니다. 고난은 공동체적으로 경험하는 것입니다. 여러분의 마음을 여는 것만큼 교회에 큰 영광을 경험할 수 있습니다. 교회에 와서도 그냥 한 시간 앉아 있기를 바라는 마음이 있고, 하나님 앞에서 애타게 찾는 마음이 습니다. 내가 마음과 생각과 감정을 여는 것만큼 하나님이 들어오십니다. 하나님은 인격적이시거든요. "나와!" 하고 고함치시며 심령의 문을 찢고 터프하게 강제로 들어오시지 않습니다. 요한계시록에 나오잖아요. 주님은 똑똑 노크하시며 "볼지어다 내가 문 밖에 서서 두드리노니 누구든지 내 음성을 듣고 문을 열면 내가 그에게로 들어가 그와 더불어 먹고 그는 나와 더불어 먹으리라"(계 3:20). 인격적으로 초청하십니다.

우리는 고난에 대해 교회로 함께 인내하고 경험해 가야 합니다. 그것을 알아가는 것이 진짜 은혜지요. 여러분, 그럴 때 무엇을 선물로 주실까요? 감동을 주십니다. 이 감동은 역경과 고난과 고통의 이면에 새겨진 하나님의 은혜입니다. 그럴싸한 노트에 새기시는 게 아니라, 우리의 고난과 역경과 아픔을 받아내는 교회 된 우리에게 쓰시는 하나님의 위대한 글자가 감동이고 위로이며 회복입니다. 베드로는 바로 그것을 얘기하는 겁니다.

존경과 존중으로 만드는 공동체

베드로전서 5장을 보시면, 당시에도 세대 갈등이 있었다는 것을 엿볼 수 있습니다. 1절에서 "장로들에게 권하노니"라는 말이 나오죠. 여기서 장로는 페리코레시스(Perichoresis)인데, 유대교에 있던 전통입니다. 유대교에서 연세가 좀 많으면서 지혜가 있고 일상생활에 대한 재판이 가능한 분을 장로라고 불렀습니다. 그 제도를 초대교회가 그대로 이어받은 것이 장로 제도입니다. 지금 교회에서 투표로 얻은 장로 직함을 생각할 수 있지만, 당시의 장로는 연세 많은 분을 뜻합니다. 반대되는 개념이 뭐죠? 5절의 "젊은 자들"입니다.

요즘 젊은 사람들은 연세 드신 분들을 향해 꼰대라고 하고, 연세 드신 분들은 젊은 사람들을 향해 싸가지라고 합니다. 싹수가 없는 녀석이란 말이죠. 이런 세대 갈등 문제를 어떻게 해결해야 할까요? 어른들은 다음 세대를 존중하는 마음이 있어야 합니다. 그리고 젊은이들은 어른들을 향해 존경하는 마음이 있어야 합니다. 존중과 존경을 통해 공동체가 만들어져 가는 거예요.

연세가 들었다는 것만으로도 인생 선배라고 느껴지면 대단히 좋은 사회입니다. 남자들이 사회적으로 언제 철듭니까? 일단 군대를 가야 돼요. 아버지가 해병대를 나오셨는데, 그놈의 해병대, 너무 짜증 났어요. 마치 제가 해병대 갔다 온 것처럼 살았으니까요. 군대 점호하는 것처럼 아버지가 집에서 막 이상한 거 시키시고 하여 저는 절대 해병대는 안 가야지 했습니다. 그러다 논산훈련소에서 유격훈련 받으면서 갑자기 아버지가 하나님보다 조금 더 위대한 분으로 보이는 거예요. 저는 육군 28개월을 복무했는데 아버지는 해병대 36개월을 복무하셨어요. 여러분, 인생 선배들은 그냥 선배가 아니에요.

예전에 재미있는 일이 있었어요. 한 자매가 직장 생활한 지 6개월도 안 되어 너무 힘든 거예요. 또라이 대리가 자꾸 힘들게 한다면서 울었어요. 그런데 우리 김 집사님이 웃으시면서 "나는 올해 직장 생활 만 30년 됐어" 얘기했어요. 6개월 차에 미쳐버릴 것 같아서 직장을 그만두어야 할지 고민하는 그 자매는, 환한 미소로 맥심 커피를 들며 "내가 이번 주가 만 30년이야" 하는 김 집사님을 보며 눈동자가 커지면서 마치 하나님 보듯이 바라보더군요.

여러분, 우리는 앞서간 선배들을 존경해야 해요. 그분들이 살아간 삶의 발자취는 쉽지 않았어요. 또한 선배들은 후배들을 존중할 수 있어야 해요. 세대가 상호작용하는 교회가 될 때 아름다운 교회가 됩니다. 아이들 한마디에 어른들이 귀담아듣고 집중해 주는 곳, 어른들의 생각과 행동을 다음 세대가 존경하고 감동하는 곳 이런 공동체를 교회라고 부릅니다.

베드로가 살던 로마 시대에는 권력을 가진 사람이 전횡을 휘둘렀습니다. 제국의 힘이 지배할 때였죠. 그런데 교회는 달랐어요. 양을 돌볼 때 하나님 아버지의 마음으로 해야 한다, 사람을 돌볼 때 카리스마로 하는 게 아니라 한 사람 한 사람을 향한 존중과 존경을 잊지 말아야 한다고 베드로가 말합니다. 지금 우리가 볼 때는 지극히 당연하고 익숙한 말이지요. 그러나 2,000년 전에는 혁명적인 얘기였어요. 기독교 리더십은 서번트 리더십, 섬김의 리더십입니다. 당시의 사회 통념에 크게 이탈하는 얘기였어요.

여러분, 고난을 마주하게 되면 내 마음대로 하고 싶은 마음이 듭니다. 한 번씩 저는 우리 아이들을 통해 저를 발견해요. 집에 가면 저도 모르게 왕이 돼 있습니다. 왜 그럴까요? "이 소파 누가 산 거야! 내가 산 거야! 소유의 우선권은 아빠야" 하면 아들이 소파에서 비켜 줘야 합니다. "야, 인마. 나중에 장가 가면 네 돈으로 해!" 하면서 자연스레 왕으로 살고 싶은 거예요. 예전에 아이들과 장 보러 가서 생필품을 다 사고 나면 딸이 그래요. "아빠 사고 싶은 거다 샀으니까, 이제 내가 사고 싶은 거 살 거야." 아빠도 딸도 자기중심적인 왕으로 살고 싶어 합니다. 내 말 한마디에 착착 움직이는 거 안 좋아하는 사람이 누가 있겠습니까? 집에서 남편분들 어떠세요? "여보, 밥 좀 차려 줘" 하면 "네" 해주기를 원하죠. "아니, 이 삼복더위에 나보고 밥 차리라고?" 하는 아내를 좋아할 사람은 없습니다. 늘 우린 마음에 왕으로 대접받고 싶어 하죠. 그런 우리가 잊지 말아야 할 게 복음의 정신입니다. 그 사람을 사랑하기 때문에 그 사람을 이해하는 존경과 존중으로 대하며 살아야 합니다.

고난 앞에서 주님을 더욱 의지하는 자

여러분, 우리에게 찾아오는 수많은 어려움의 결론은 무엇입니까? 삶의 큰 어려움과 갈등이 생길 때 어떻게 해야 합니까? 사무엘상 30장에 놀라운 사건이 기록돼 있습니다. 전 문맥에서 다윗은 사울을 피해 블레셋으로 망명을 합니다. 골리앗의 고향인 블레셋에서 다윗은 인정받습니다. 그런 중에 블레셋이 이스라엘을 향해 전쟁을 일으켰어요. 다윗으로서는 자신의 칼을 조국 이스라엘을 위해 들어야 하는데 사면초가의 어려운 순간이죠. 그런데 블레셋 군대에서 문제가 생긴 거예요. 그들 중 몇 명의 안티 다윗이 있었어요. "우리가 다윗과 같이 출전하면 위험하다. 다윗이란 놈은 원래 이스라엘 놈 아니냐? 이스라엘에 유명한 국민가요가 있다. 사울이 죽인 자는 천천이요, 다윗이 죽인 자는 만만이라, 이 유명한 노래 모르냐? 그 다윗 아니냐! 같이 전쟁에 나가면 이놈이 공격하는 척하다가 우리를 칠지 모른다. 틀림없이 뒤통수

때릴 거다." 그래서 다윗은 조국과 싸울 뻔한 이 전쟁에서 "넌 집에 가" 소리 듣고 낙오된 거예요. 다윗의 마음이 얼마나 기뻤을까요? 머리가 터질 것 같은 심정으로 기도하고, 하나님, 지금 칼을 들어야 됩니까, 말아야 됩니까? 속이 타 죽겠는데 갑자기 안티가 도와줄지 어떻게 알았겠습니까. 감사한 심정으로 전쟁터에서 자기 집이 있는 시글락으로 3일 길을 돌아가요. 그런데 자기 성에 오자 분위기가 싸한 거예요. 여러분, 혹시 집에 도둑맞아 본 적 있어요? 저는 있어요. 노트북을 10개월 할부로 샀는데 산 지 2주 만에 도둑맞았어요. 열 달 동안 은행 계좌에서 출금될 때마다 얼마나 화가 나던지요. 그날이 기억나요. 집 문을 열고 들어가서 2층 계단을 올라가는데 온몸에 소름이 돋더라고요. 그 무서운 느낌 아시죠? 다윗이 시글락에 왔는데 아내가 뛰어나오고 아이들이 "아빠!" 하며 반갑게 달려들 줄 알았는데 집 분위기가 묘한 거예요. 마을이 불타고 있어요. 집을 비운 사이에 아말렉 군대가 쳐들어와 자신과 백성들의 아이들과 마누라를 다 포로로 잡아가 버린 겁니다. 그 광경에 갑자기 다윗을 따르던 백성들이 돌아버린 거죠. 너 따라가서 제대로 된 게 있냐? 하며 백성들이 분노해 다윗을 돌로 쳐 죽이려고 해요. 여러분 같으면 어떻게 하시겠습니까? 저는 주님께 따져 물었을 것 같아요. "하나님, 저한테 왜 이러십니까? 도대체 주님 성격은 왜 그 모양이세요? 하나님은 저 힘든 거 보기 좋으십니까? 개척시켜 놓고 코로나 보내고! 제가 안 한다고 했잖아요. 저는 분명히 후임 목회라고요. 목사니까 제네시스 창세기 타고 이게 딱 맞는데, 유튜브만 찍고 싶다고 했잖아요?" 제가 다윗이라면 그랬을 것 같아요. 그런데 사무엘상 30장 6절에 이런 말씀이 있어요. "다윗이 크게 다급하였으나 그의 하나님 여호와를 힘입고 용기를 얻었더라". 다윗은 하나님 부르심의 사인으로 고난을 받았던 거예요. 여러분은 고난에 어떤 사인을 받으세요? 가정의 고난에서 어떻게 반응하세요? 모든 것이 끝났다고 생각될 때, 주님은 끝이 아니에요. 하나님은 다윗의 마음을 보셨어요. 다윗은 죽음의 고난에서 하나님께 묻고 더욱 의지하여 600명을 데리고 추격해 가다가 브솔이라는 곳에서 200명이 떨어져 나가요. 그래서 400명의 군대로 그들의 가족들을 모두 되찾아옵니다. 중도에 나가떨어졌던 200명의 사람을 탓하지 않고 다 끌어안습니다. 이것이 하나님의 사람입니다.

교회 되게 하는 사람이 있고 정반대의 사람이 있다는 걸 기억하십시오. 오늘 이 고난의 어려움 속에서 주님을 더욱 의지하는 자가 되시기를 주님의 이름으로 축복합니다. 기도하겠습니다.

하나님 아버지, 감사합니다. 오늘 이 시간 우리의 모습을 말씀을 통해 발견하게 됩니다. 내 염려와 근심 때문에 하나님을 향한 분노와 상처로 얼룩질 때가 있습니다. 그럼에도 우리를 끝까지 안아 주신 하나님, 한 치 앞을 알 수 없는 이 현실에 우리가 늘 말씀을 기억하게 하여 주시옵소서. 우는 사자처럼 우리를 넘어뜨리려는 사탄 앞에서 깨어 근신하고 기도하게 하시고, 고난 중에 주님을 더욱 신뢰한 다윗처럼 주님 앞에 나아가는 우리가 되도록 인도해 주옵소서. 우리 개인의 골방에서 기도가 일어나게 도와주시고, 우리의 삶의 자리에서 말씀을 펴들고 말씀을 마음에 새기는 자가 되게 도와주시고, 하나님의 그 말씀 붙들고 씨름하며 주님과 동행하는 주의 백성 될 수 있도록 축복하여 주시옵소서. 아멘.

설교 유튜브로 보기

이사야 10:20~27

20 그 날에 이스라엘의 남은 자와 야곱 족속의 피난한 자들이 다시는 자기를 친 자를 의지하지 아니하고 이스라엘의 거룩하신 이 여호와를 진실하게 의지하리니

21 남은 자 곧 야곱의 남은 자가 능하신 하나님께로 돌아올 것이라

22 이스라엘이여 네 백성이 바다의 모래 같을지라도 남은 자만 돌아오리니 넘치는 공의로 파멸이 작정되었음이라

23 이미 작정된 파멸을 주 만군의 여호와께서 온 세계 중에 끝까지 행하시리라

24 그러므로 주 만군의 여호와께서 이르시되 시온에 거주하는 내 백성들아 앗수르가 애굽이 한 것처럼 막대기로 너를 때리며 몽둥이를 들어 너를 칠지라도 그를 두려워하지 말라

25 내가 오래지 아니하여 네게는 분을 그치고 그들은 내 진노로 멸하리라 하시도다

26 만군의 여호와께서 채찍을 들어 그를 치시되 오렙 바위에서 미디안을 쳐죽이신 것 같이 하실 것이며 막대기를 드시되 바다를 향하여 애굽에서 하신 것 같이 하실 것이라

27 그 날에 그의 무거운 짐이 네 어깨에서 떠나고 그의 멍에가 네 목에서 벗어지되 기름진 까닭에 멍에가 부러지리라

남은 자의 삶

이사야 10:20~27

이사야서의 구조

이사야서 설교를 시작하면서 피드백을 들었습니다. 많은 분이 제게 직접 얘기를 안 하시고 아내에게 말씀하신 내용을 전해 들었어요. "여보, 이사야서 너무 어려워서 힘들어하시는 분들이 많은 것 같아요." 그래서 제가 작정하고, 요즘 표현인 "가수가 무대를 찢었다"처럼 성경을 찢으려고 해요. 성경을 찢는다, 불경건한 표현으로 들리기도 합니다만, 이사야서의 난관을 찢듯이 우리 함께 돌파해 볼까 합니다.

이사야서의 지정학적인 의미와 우리에게 주시는 메시지가 무엇인지 살펴보고자 합니다. 우선 구조적으로 이사야서는 3등분으로 나눌 수 있습니다. 여러분, 학교 다닐 때 국어 시간에 문단 나누기를 했잖아요? 문단 나누기가 왜 중요할까요? 본문이 어떤 개념이고 어떤 흐름인지 이해하기 위함입니다. 이사야서는 66장으로 이루어져 있습니다. 1장부터 39장까지 이사야가 살았던 8세기를 배경으로 하고 있고요. 40장부터 55장까지는 포로로 끌려가서 산 포로기의 역사를 기록하고 있습니다. 이어서 56장부터 66장까지는 포로에서 돌아오고 난 이후의 역사를 기록하고 있습니다. 이사야서는 이러한 3등분의 거의 백 년의 역사가 담겨 있어요.

독일 신학자 베른하르트 둠(Bernhard Lauardus Duhm)이라는 분은 처음으로 이사야서가 세 권이라고 주장했습니다. 이분의 연구대로 1 이사야, 2 이사야, 3 이사야로 나누면 문제가 생깁니다. 저처럼 보수적인 신학을 가진 곳에서는 투철하게 믿거든요. 창세기, 출애굽기, 레위기, 민수기, 신명기의 모세오경을 철석같이 모세가 썼다고 배우고 믿어왔습니다. 그런데 조금 애매한 부분이 있거든요. 모세가 죽어요. 그런데 그의 죽음 이후도 그가 썼다고 하면 꺼림칙하죠. 그런데 우리 보수주의 신학자들은 뭐라고 설명하냐면, "다 알고 썼다, 사람은 다 죽는다, 하나님이 모세에게 감동을 주셔서, 죽는 것마저도 기록하게 하셨다"라고 합니다. 모세오경을 모세가 다 써야만 영감이 있는 게 아닙니다. 후대에 의해 정리된 성경이라 할지라도 하나님의 감동으로 기록된 영감의 문제는 없습니다. 이사야서는 100년이라는 기간에 많은 학자가 1장부터 39장은 이사야가 기록했고, 그 이후의 부분은 이사야 학파나 그의 후손들에 의해 정리가 됐을 거라고 합니다. 이렇게 말한다고 해서 성경의 영감에 문제 될 것은 전혀 없습니다. 우리는 하나님의 말씀으로 받는 것이죠. 이사야서를 3등분으로 나누어 당시 어떤 상황이었는지 이해할 필요가 있습니다.

이사야서의 지정학적 시대 상황

8세기 말엽인 BC 740년경 앗수르 왕은 디글랏 빌레셀 3세였습니다. 앗수르를 강력한 제국으로 만든 인물입니다. 이름을 기억하실 필요는 없고, 악명이 높은 왕입니다. 쉽게 연상하자면 말을 지독하게 안 듣는 남편을 생각하시면 딱 와 닿습니다. 매우 포악한, 악질 중의 악질입니다. 이 왕은 지배욕과 정복력이 엄청났습니다. 그래서 북이스라엘을 비롯해 주변 모든 나라에 가혹한 상납을 요구해 강탈해 갔습니다. 앗수르로 인해 북이스라엘의 고통은 이만저만이 아니었죠. 성경에 보면 아람이라는 나라가 있습니다. 아람은 지금의 시리아입니다. 이스라엘 바로 옆에 있는 나라로 이슬람근본주의 테러범죄 단체인 IS가 거점으로 활동하는 지역입니다. 지금도 장기 내전이 진행 중이고 난민도 많이 발생하고 있죠. 당시 북이스라엘을 다스리는 왕은 베가였습니다. 이 베가 왕이 앗수르에 대항하기 위해 아람과 동맹을 맺습니다. 강대국인 앗수르로부터 심한 괴롭힘을 당하니까 아람과 힘을 합쳐 저항해 보고자 한 것입니다. 그런데 북이스라엘과 아람이 아무리 힘을 합쳐도 앗수르를 상대로 이길 수가 없을 것 같습니다. 구원군이 필요했죠. 강대강으로 싸우기 위해 영원한 보루, 애굽에 도움을 구하려고 했습니다. 그러면 북이스라엘이 애굽으로 가는 방법이 무엇일까요? 남유다를 통해서 가야 한단 말이에요. 그래서 남유다에 동맹을 요청했습니다. 당시 남유다의 왕 아하스는 가만히 보니 앗수르가 너무 센 거예요. 거기다 북이스라엘을 너무나 싫어했습니다. 지금 대한민국 정치와 유사합니다. 진보와 보수가 서로 듣지를 않고 상대를 향한 적대감으로 감정싸움에만 몰두합니다. 들어야 할 얘기는 들어야 하는데 서로 죽일 놈이라고 하며 이성을 사용하지 않아요. 감정이 상해 버리면 이성이 마비돼 논리적인 생각을 하지 못합니다. 그래서 남유다는 치명적인 오류를 범합니다. "너, 반앗수르야? 우린 친앗수르야" 하며 북이스라엘과의 동맹을 거절하고 친앗수르 정책을 펼칩니다. 북이스라엘과 아람의 동맹군은 남유다를 지나야 애굽에 갈 수 있는데 길목이 막히니까 얼마나 열 받았겠어요. 앗수르와 싸우기 전에 먼저 남유다를 침공했습니다.

지금 이사야가 말씀을 전하는 상황에서 적들이 쳐들어오는 모습이 보이는 거예요. 상상해 보세요. 성벽의 병사들이 "전하, 적들이 엄청나게 쳐들어옵니다" 하니 아하스 왕의 발이 벌벌 떨리는 상황입니다. 이해하기 쉽게 현대식으로 표현하자면, 갚아야 할 빚이 너무 많은데 감당이 안 돼요. 이자는 넘쳐나고 있는데 갑자기 남편이 직장에서 무급휴직을 당했어요. 피가 마르는 현실인데 아무 생각 없는 아들이, "엄마, 피자 사줘"라고 하면 어떤 마음이 들까요? 피가 마르는 기분이죠. 머리가 아프고 속상하고 힘든 상황의 그 어려움을 성경이 기록하고 있습니다. 유다 왕 아하스가 친앗수르 정책을 펼칠 때 이사야는 왕궁에 있는 선지자였습니다. 왕국 선지자로서 그는 아하스 왕에게 지금 친앗수르 정책을 펼치는 것은 맞지 않다고 진언합니다. 그 한마디 때문에 이사야는 낙인이 찍힙니다. 그러면 너는 북이스라엘, 아람 놈들과 같은 놈이지? 한 거예요.

이 당시에 이사야가 친앗수르를 반대한 이유가 있습니다. 우리가 무엇을 의지하느냐가 중요하기 때문입니다. 반앗수르를 외친 북이스라엘 군대는 누구를 의지한 것일까요? 이집트를 의지한 겁니다. 하나님은 절대 안 속으십니다. 우리의 마음 중심이 어디를 향하고 있는지 정확하게 보십니다. 기술이 발달한 현대 사회에서는 신앙생활을 오래 할수록 믿음 좋은 척하는 사람이 늘어

납니다. 습관적으로 "주여, 하나님" 하지만, 믿음이 아닙니다. 하나님은 무엇을 기뻐하실까요? 내 밑장을 모두 드러내 놓고 의지하는 모습을 기뻐하십니다. "하나님, 제가 지금 도무지 해결할 수 없는 문제에 휩싸여 있습니다" 전폭적으로 고개 숙이고 간절히 매달릴 때 하나님은 긍휼의 손길로 만지십니다. 우리의 연약함을 받아 주시는 거예요.

주님이 웃으시는 삶, 주님을 바라보는 삶

제가 이번 주에 책을 읽다가 감명받은 부분이 있습니다. 헨리 나우웬의 책에서 본 대목인데 그분은 결론을 서두에 얘기합니다. "예수님이 하신 말씀 중에서 가장 중요한 말씀이 있다면 '나를 따르라'라고 하신 말이다." 여러분, 우리는 어디로 갈지 모르는 인생을 살아갑니다. 포스트 코로나 시대에 어떻게 될지 아무도 모르는데 서로 이렇다, 저렇다 주장합니다. 앞으로는 이전과 전혀 다른 뉴노멀의 시대를 살아갈 것이라고 의견을 내놓지만 아무도 뉴노멀의 시대를 살아본 적이 없습니다. 서로 아는 척하는 소리를 하고 있단 말이에요. 마치 자기가 먹어본 적이 없으면서 그 맛을 설명하는 것과 다르지 않아요. 음식은 먹어본 사람이 설명할 수 있듯이, 살아본 적이 없는 사람이 얕은 지식으로 미래의 삶을 예측한다는 것은 말이 안 됩니다. 제가 뉴스 보면서 제일 우습게 보는 코너가 아침 6시 모닝와이드의 미국 증시 소식입니다. 애널리스트라면 앞으로 증시가 어떻게 될 것이니 어떤 주식을 사라고 얘길 해야 하잖아요? 그런데 순서가 거꾸로 나와요. "뉴욕 증시를 알려드리겠습니다. 나스닥이 얼마로 떨어졌습니다. 사람들의 불안 심리로 투자가 위축되었기 때문입니다." 그건 저도 하겠습니다. 하나 마나 한 소리를 분석이라고 내놓는 겁니다. 야구경기 끝나고 패배 원인을 바보 같은 투수 때문에 졌다고 하는 건 누구나 하는 분석입니다. 왜 우리는 한 치 앞을 예상하지 못할까요? 인간이 가진 지식이 제한적이기 때문입니다. 그러니 자신의 단편적인 생각이 길이라고 단정해 말하는 거예요.

어렸을 때는 명문 대학에 들어가면 인생이 행복할 거라고 해서 공부했습니다. 그런데 행복하던가요? 부모님이 얘기했습니다. "이런 남자 만나야 돼. 그래야 행복할 거야" 그대로 따랐다가 살아보니 원수가 따로 없잖아요. 쉽지 않습니다. 이게 맞다, 이 길이 가야 할 길이라는데, 한 번도 살아본 적 없는 그 길이 맞다는 근거는 무엇일까요? 한마디로 웃기는 소리로 들립니다. 우리가 정확하게 예측할 수 있을까요?

여러분, 기독교에 실크로드가 있어요. 목사가 되더라도 그냥 되면 안됩니다. 일단 무조건 공부를 잘해야 해요. 한국 사람들은 스펙을 너무나 중요시합니다. 일단은 관악산 밑에 있는 학교에서 학부를 하는 게 좋아요. 그 목사님 설교가 어렵다면, 목사님은 왜 설교를 그렇게밖에 못 하실까, 라고 안 하고 그분은 깊이가 있어서 그렇다고 이해합니다. 설교하는 사람도 듣는 사람도 이해 못 하는 내용이어도 관악산은 깊이가 있다는 거예요. 이런 식으로 따지면 예수님도 할 말이 없으십니다. 학력이 없으시죠. 스펙 자체가 없는 분입니다. 누가 "어느 학교 나왔니?" 물으면 "나사렛에서 놀았습니다"라고 답해야 해요. 그리고 좋은 목사는 신학교 4학년 1학기쯤 회심합니다. "새롭게 하소서"에 나올 만큼 드라마틱한 회심을 해서 감동을 주는 콘텐츠가 있어요. 그전에는 많이 놀아야 하는 거죠. 1~2학년 때는 강남이나 홍대 클럽에서 부비부비하고 방탕하게 살다가 3학년 2학기 때 수련회에서 은혜를 받고, 4학년 1학기 때 성령 충만한 회심 사건을 겪어요. "죄인이 주님 앞에 나아가겠습니다"라면서 이전과 다르게 살다가 갑자기 신대원에 들어가는 수순이죠. 신대원도 메이저급이어야 해요. 서로 장자라고 싸우는 장로 교단으로 광나루 쪽 아니면 사당 쪽에 들어가요. 어느 학교라고 말하지 않았어요. 신대원도 그냥 가는 게 아니라 목회학 석사(M. div.)에 1등으로 입학해요. 왜냐하면 한국 사람은 수석을 좋아하거든요. 한번 1등은 주님 오실 때까지 삶아 먹을 수 있어요. "우리 목사님은 관악산 밑에 있는 학교를 나오시고 신대원 1등이었어요"라는 명예는 평생 가요. 그러면 교수님들은 어떤 학생을 좋아할까요? 잘생기고 예쁜 사람 좋아하잖아요. 명문대 학부 마치고 들어와 공부 잘하고 외모도 근사하면 사랑을 듬뿍 받다가, 아메리카로 유학을 가요. 인터내셔널한 미국 신학을 공부해서 박사학위를 받고 귀국한 뒤에 아무 교회나 다니면 안 돼요. 제가 한 목사님 밑에서 16년을 있었습니다. 잘못 갔어요. 브랜드 있는 데를 갔어야 됐는데…. 16년 동안 설명해도 못 알아듣는 사람이 많은 교회에 있어서 명품 브랜드를 얻지 못했어요. 여러분, 풍자를 잘 이해하셔야 해요. 이게 세상의 길이에요. 유명한 입소문이 나는 발자취와 소속감이 나를 보장해 줄 거라고 믿는 것이 세상의 가치관이고 그것이 교회에도 유입돼 있죠. 저는 시편 말씀이 떠올랐어요.

"하늘에 계신 이가 웃으심이여 주께서 그들을 비웃으시리로다"(시 2:4).

마치 주님이 "잘들 한다. 지랄을 떠는구나!" 하며 비웃으신다는 겁니다. 여러분, 일주일 열심히 사셨습니다. 하늘에 계신 이가 비웃으시는 삶을 살았는지 아니면 "진짜 잘한다. 네가 내 자녀 맞구나" 하시며 미소 짓게 하신 삶을 살았는지, 어느 쪽입니까? 전자는 세상에서 힘이 나고 승자가 된 듯한 느낌을 줍니다. 그런데 후자는 어떤가요? 믿음으로 사는데도 눈물이 많고, 이해 안 되는 일이 겹쳐서 찾아오는 암담한 삶입니다. 어려움과 연약함 속에서 신음하며 어디로 가야 할지 길이 보이지 않습니다. 누군가는 자신의 길에 확신을 가지고 척척 잘도 걸어가는 듯한데 나는 앞이 보이지 않습니다. 여러분, 앗수르를 택하든지 이집트를 택하든지 세상의 논리는 하나님을 바라보지 못하게 합니다. 명예를 찾든지 돈 귀신이 되든지 하는 세상의 한복판에서 우리가 하나님을 바라본다는 것은 허무맹랑하고 답답한 선택 같습니다. 믿음으로 산다는 것은 눈에 보이는 확실한 답이 아닙니다. 믿음으로 살 수 있도록 알아서 입금을 해주시든지 아니면 알아서 나쁜 놈들 다 죽이고 역사해 주신다면 명확할 것입니다.

그런데 내 주변에는 날 괴롭히는 사람이 왜 그렇게 많을까요? 내 몸도 아파 죽겠는데 힘들게 하는 사람이 너무 많은 거예요. 쉽지가 않습니다. 우리 교회 자매 중에 한 분은 자신은 너무 아프고 속이 상해 있는데, 주변 사람이 웃고 있는 게 너무 화가 나더라는 겁니다. 아침에 남편이 기분 좋게 흥얼거리면서 출근했다는 거예요. 그 모습이 너무 속상하더라는 자매에게 제가 그랬어요. 남편이 애통해하며, "아이고, 우리 아내 곧 가겠네. 아이고" 이러고 출근하면 좋겠냐고요. 남편이 흥이 많아서 열심히 파이팅하고 출근하는 건 이해가 돼요. 그런데 힘든 아내 곁에서 매일 남편이 가만히 누워 야구 중계만 보고 있다면 짜증 나고 힘들죠. 믿음으로 열심히 인내하며 살면서 한 걸음도 겨우 옮기는데 다른 사람이 스무 걸음을 가버리는 걸 보면 왜 좌절이 없겠습니까? 말은 하지 않지만, 마음은 힘들 수밖에 없죠. 믿음으로 살았는데 자랑할 만한 게 아무것도 없는 거예요. 내 삶이 이러했노라, 라고 얘기할 만한 무언가가 좀 있으면 좋겠는데 실상은 그렇지 못해 부끄럽고 실패한 것 같습니다. 여러분, 이게 그리스도인의 삶일 수 있습니다. 오늘도 주님을 바라볼 수밖에 없는 연약함을 안고 살아가는 것이 예수 믿는 우리들의 삶입니다.

우리의 믿음을 도우시는 하나님

그런 가운데 믿음으로 하나님을 붙들라고 한 이사야의 말에 이상한 일들이 일어나는 걸 볼 수 있습니다. 7장에서 아람과 이스라엘 동맹군이 무력으로 유다를 침공합니다. 7장 2절 말씀입니다. "어떤 사람이 다윗의 집에 알려 이르되 아람이 에브라임과 동맹하였다 하였으므로 왕의 마음과 그의 백성의 마음이 숲이 바람에 흔들림 같이 흔들렸더라".

남유다 아하스 왕과 그의 백성은 사시나무 떨듯 떨었습니다. 아하스 왕은 요즘 말로 하면 쫄보예요. 조그마한 일에도 벌벌 떠는 왕입니다. 하나님은 이사야를 통해서 아하스 왕을 위로하시는 내용이 7장 4절부터 7절까지 나옵니다. "그에게 이르기를 너는 삼가며 조용하라 르신과 아람과 르말리야의 아들이 심히 노할지라도 이들은 연기 나는 두 부지깽이 그루터기에 불과하니 두려워하지 말며 낙심하지 말라 아람과 에브라임과 르말리야의 아들이 악한 꾀로 너를 대적하여 이르기를 우리가 올라가 유다를 쳐서 그것을 쓰러뜨리고 우리를 위하여 그것을 무너뜨리고 다브엘의 아들을 그 중에 세워 왕으로 삼자 하였으나 주 여호와의 말씀이 그 일은 서지 못하며 이루어지지 못하리라".

번역하자면 "걱정하지 말고 입 다물어"라고 하신 겁니다. 결국 그들은 남유다를 침공했지만 무너뜨리지 못합니다. 하나님이 우리에게 이렇게 말씀하시면 "아멘" 해야죠. 두려움이 들더라도 일단은 "주님만 믿습니다" 해야 하는데 이사야가 전한 하나님의 위로에 아하스 왕이 너무 떠니까 11절에 "너는 네 하나님 여호와께 한 징조를 구하되 깊은 데에서든지 높은 데에서든지 구하라". 즉, 아하스야, 그렇게 무섭니? 그럼 나한테 증거를 구해 봐, 라고 말씀하십니다.

여기서 기드온의 모습이 떠오르죠? 기드온 또한 굉장한 쫄보에다가 집안도 시원찮았는데, 하나님이 그를 통해 미디안의 압제를 받던 이스라엘을 구원하시겠다고 했습니다. 사사기 6장에 등장한 기드온은 참 소심한 사람이었어요. 하나님의 말씀보다 미디안이 더 무서웠던 기드온은 하나님을 양털로 시험합니다. 하나님이 자신을 통해서 일하신다는 게 믿어지지 않았어요. 왜 그랬을까요? 세상의 가치관이 너무 깊이 들어와 있는 거예요. 하나님은 어떤 사람을 쓰실까요? 명문 대학 나온 똑똑한 사람을 쓰실 것 같고, 돈 좀 있고 언변도 탁월하고, 누가 봐도 인정할 만한 사람을 쓰실 것 같은데, 기드온은 자신도 그 누가 봐도 찐따 같은 인생이니까 하나님이 번지수 잘못 찾아오셨다는 의심이 듭니다. 자신보다 옆집의 엄친아가 더 나은 것 같습니다. 그는 새벽이슬이 내릴 때 온 지면은 이슬이 내려도 자신의 양털에만 이슬이 내리지 않게 해달라고 합니다. 제가 하나님이면 "그냥 양털 들고 꺼져" 할 것 같은데 우리 주님은 까다로운 그의 요구를 들어주십니다. 다음 날 온 땅이 다 젖어 있는데 기드온의 양털은 손을 대니 정전기가 날 만큼 뽀송뽀송합니다. 이 정도면 "아멘" 하고 출전해야 하는데 기드온은 한 번 더 증거를 구합니다. "이번에는 반대로 해보시죠, 주님." 하나님은 믿음 없고 의심 많은 이 기드온에게 다시 한

번 능력을 보여 주십니다.

여러분, 하나님이 우리에게 증거를 구하라고 하실 때가 있습니다. 무슨 뜻일까요? 우리의 연약한 믿음을 보신다는 뜻입니다. 우리가 증거를 구한다고 탓하시지 않습니다. "야! 너, 그렇게 나를 못 믿어? 못 믿냐고!" 이렇게 말씀하지 않고 우리 믿음을 도우며 확신을 주십니다.

그런데 아하스는 12절에서 "나는 구하지 아니하겠나이다 나는 여호와를 시험하지 아니하겠나이다 한지라"라고 합니다. 굉장히 믿음이 좋은 것 같죠? 아닙니다. 그는 하나님께 구할 믿음조차 없던 거예요. 주님께 기대하는 그 어떤 신뢰도 없는 사람이었습니다. 그러니까 이사야가 속이 상해서 나섭니다. 7장 13절입니다. "다윗의 집이여 원하건대 들을지어다 너희가 사람을 괴롭히고서 그것을 작은 일로 여겨 또 나의 하나님을 괴롭히려 하느냐". 즉, 너 하나 때문에 온 백성이 벌벌 떨고 힘들어 죽겠는데 이젠 하나님을 괴롭힐 작정이냐? 라는 것입니다. 하나님이 그만큼 하셨으면 왕이 좀 눈치가 있어야지, 제발 좀 알아들으라는 말이죠. 믿음이 없는 왕 때문에 주변 사람이 모두 근심에 싸여 있는데도 이제 하나님까지 열 받게 한다고 이사야가 혼을 냅니다.

메시아에 대한 예언

그러면서 이사야는 엄청난 예언을 하는데 바로 이런 배경으로 나온 예언입니다.

"그러므로 주께서 친히 징조를 너희에게 주실 것이라 보라 처녀가 잉태하여 아들을 낳을 것이요 그의 이름을 임마누엘이라 하리라 그가 악을 버리며 선을 택할 줄 알 때가 되면 엉긴 젖과 꿀을 먹을 것이라 대저 이 아이가 악을 버리며 선을 택할 줄 알기 전에 네가 미워하는 두 왕의 땅이 황폐하게 되리라"(사 7:14~16).

우리가 성탄절에 제일 많이 인용하는 본문입니다. 그런데 우리가 생각해온 것과 문맥이 다르지요? 예수님 탄생의 이야기가 어떤 상황에서 나왔습니까? 흔들거리는 왕, 정신 못 차리고 있는 왕, 왕답지 않은 왕, 그로 인한 고난과 역경 가운데 있는 불안한 남유다의 현실에서 나온 예언입니다. 오실 메시아에 대한 예언을 이런 시국에서 주셨단 말이에요. 이는 중요한 의미가 있습니다. 바로 세상의 그 어떤 것도 우리가 신뢰하고 의지할 만한 것이 못 된다는 뜻입니다. 어떤 권력이든지 힘이 쌓이면 오만해집니다. 세월이 지나면 사람을 우습게 압니다. 여당이든 야당이든 좌파든 우파든 우리가 기억해야 하는 것은 권력이 통제 범위 이상의 힘을 갖고 사용하면 반드시 문제가 생긴다는 것입니다. 권력에는 누구도 자신할 수 없습니다. 그래서 우리가 사람을 보면서 겪는 마지막 감정은 뭘까요? 절망과 낙심입니다. 아무리 권력의 속성을 벗어나려고 발버둥 치고, 의식적으로 공부하고 연구해 자기 마음을 단속한다 해도 인간은 절대로 자기중심성의 한계를 벗어날 수가 없습니다.

나는 그렇지 않으리라, 생각하시는 분이 있죠? 저는 딸만 셋인 집의 셋째와 연애했습니다. 데이트 초창기에 아내의 언니들은 좋은 말을 안 해 주셨어요. 어떤 놈이 막냇동생이 좋다고 하니 언니들이 "야! 남자한테 속지 마. 언니 봐" 하며 만류했습니다. 아내와 처형들의 특징이 있어요. 모두 남편과 일곱 살 차이가 나요. 딸 세 명이 일곱 살 차이 나는 남편과 사니, 처가의 사위는 쓰리

세븐입니다. 첫째 딸은 스물두 살에 결혼했고, 제 아내는 스물네 살에 결혼했어요. 22살보다 24살이 안정감이 있지 않나요? 거기다 제가 온 마음을 다해 아내와 연애했단 말이에요. 누가 그러더군요. "은도를 보면 구원은 하나님 은혜로 받고, 사랑은 인간의 행위로 받을 수도 있겠다." 그만큼 온 마음을 쏟았어요. 그때 힘을 너무 쏟았던 거죠. 다 쏟았어요. 그 힘이 이제 없어요. 점차 처형들이 "이 남자는 안 변할 것 같다"며 인정해 주셨어요. 저는 그렇게 결혼을 했어요. 결혼하고 변했어요. 아내가 우리 아버지께 "아버님, 오빠가 연애할 때처럼 저를 안 좋아해요"라고 말씀드리니까, 경상도 남자에 해병대 출신인 아버님이 당황하셨어요. 막내로 사랑받으며 자란 며느리가 남편이 자신을 사랑하지 않는다고 하니, 아버지가 쩔쩔매며 동공이 흔들리더군요. 저 보고 "잘 좀 해라. 잘 좀 해" 하셨습니다. 여러분, 사람은 다 변해요. 이 사람은 내가 믿고 존경할 만하다고 생각하면 절망이 곧 덮쳐와요. 여자분들 남편은 어떤가요? 우리의 일상이 김희애가 나온 "부부의 세계"에요. 우리의 현실이 특집 대하드라마죠. 자녀 키우면서 아이한테 배신감 들던 적 없던가요? 갑자기 사랑하는 사람 생겼다고 엄마한테는 아무것도 안 하면서 애인에게는 요리도 하고 선물도 챙겨요. 속상하죠. 사람은 의지할 대상이 아니에요. 그런데 우리는 누군가를 극히 존경하며 믿으려 해요. 제가 듣기 힘든 말 중에 하나가 "목사님은 안 변할 것 같아요"입니다. 절대 그렇지 않아요. 인간에게는 오만함이 있어요. 역설적으로, 인간에 대한 절망 때문에 우리에겐 소망이 있어요. 하나님을 바라보도록 합니다. 주님을 의뢰할 때 소망이 있어요. 우리는 이 사람만 좀 잘하면, 이 아이만 좀 똑바로 살면 행복할 거라고 하지만, 그 전에 주님이 오십니다.

하나님의 도구인 앗수르

이사야가 말하는 핵심은 무엇일까요? 10장 15절에 재미있는 표현이 나옵니다. 유진 피터슨 목사님은 이렇게 번역했습니다. "도끼가 도끼질을 하는 자를 대신할 수 있느냐? 톱이 톱질하는 자를 대신 주인공으로 나설 수 있느냐? 마치 삽이 스스로 인부를 부려서 도랑을 팠다는 식이구나! 마치 망치가 스스로 목수를 부려서 못을 박았다는 식이구나!"

당신이 의지하는 그 앗수르가 영원할 것 같냐? 영원하지 않다는 거예요. 하나님이 "앗수르가 너희 때릴 거야. 그런데 아니? 그 앗수르가 몽둥이인데 몽둥이를 잡고 있는 게 나야"라고 말씀하십니다. 왜 하나님은 먼저 자기 백성을 혼내실까요? 그분은 공의의 하나님이기 때문입니다. 공의의 하나님이 편파적이면 좋겠어요? 선생님이 혼내려 하면 똑같은 잘못에 똑같이 혼내야 합니다. 어떤 애는 엄청 혼내고 어떤 애는 그래 그럴 수 있지, 하는 불공정한 선생님을 보면 화가 나잖아요. 공의의 하나님은 일단 당신의 백성들에게 손을 대십니다. 그런데 공의인데 살짝 힘 조절해서 죽일 만큼은 안 때리십니다. 할리우드 액션인데 맞는 놈은 눈치가 없어서, 하나님은 저놈은 안 때리고 나만 때린다고 생각해요. 그러니까 하나님이 말씀하십니다. "잠시만 있어 봐. 지금 몸 푸는 중이야. 다음은 저놈이야."

앗수르가 오만해져 있지만, 하나님께는 삽인 것입니다. 삽이 스스로 "내가 제일 잘 나가. 내 삽질이 최고야. 이번에 사람 하나를 들었어. 삽질을 좀 하더만" 하면 미친 삽이죠. 망치가 "나 요즘 잘 나가잖아. 사람 하나 부려서 못을 제대로 박았잖아." 이 말을 하는 것과 같습니다. 여러분, 이게 인생사입니다. 망치인데 자기가 못 박은 줄 알고, 삽인데 삽질하는 소리 하고 있습니다. 하나님이 붙잡고 있다는 걸 잊어 버리니까 큰 착각을 하는 거예요. 하나님이 "삽질하는 소리 그만해라. 다음은 너다" 하신 것입니다.

하나님을 향한 신뢰를 가진, 남은 자

이사야서에는 세 가지 중요한 메시지가 있습니다.

첫 번째는 하나님은 정의롭다는 것입니다. 아모스서와 호세아서에도 동일한 주제가 쓰여 있습니다만 톤이 좀 다릅니다. 아모스는 농부 출신입니다. 그는 불의한 세상을 보면서 심장이 뒤집혀 하나님 나라 좌파 격의 역할을 합니다. 한국 교회가 설교를 꺼리는 본문이 아모스서입니다. 목사가 찔려서 설교를 못 해요. 본문을 연구하다 보면 부끄러움이 몰려옵니다. 그리고 여러분이 잘 아시는 것처럼 호세아는 바람 난 아내를 둔 사람이잖아요. 그 상처 받은 마음으로 질투하시는 하나님을 설명하는 거예요. 바람난 그 아내를 통해 이스라엘 백성을 향해 상한 마음의 하나님을 설명합니다. 한편 이사야는 왕궁에서 일하는 선지자로서 하나님의 법과 공의에 대해 이야기합니다.

두 번째로 이사야서에는 정의의 하나님에 대해 하나님의 백성이 살아야 하는 삶을 신뢰와 믿음이라고 말씀합니다. 하나님의 심판을 들으면서도 불안한 이유가 뭘까요? 하나님이 안 계신 것 같은 거예요. 내가 어떻게든 마무리를 지어야 될 것 같고, 스스로 결정해야 할 것 같습니다. 속이 타고 답답합니다. 여러분, 우리가 살아가면서 삶을 툭 내려놓을 수 있는 이유가 뭘까요? 역사를 주관하시는 분이 하나님이라는 믿음이 있기 때문입니다. 내가 동의할 수 없는 현실까지도 하나님이 역사하신다는 것을 깨달아야 합니다.

　우리의 지난 역사를 돌아보십시오. 저는 충격적인 현대사 중에 군부 독재가 떠오릅니다. 군대를 앞세워 정권을 잡은 독재정권이 얼마나 무시무시했습니까? 이어서 어떤 군인 출신의 사람은 자신을 보통 사람이라면서 정권을 잡았단 말이에요. 삼청교육대를 만들어 상당수의 멀쩡한 사람도 잡아놓고 바보로 만들고 정신병자를 만들어 놓았어요. 문민정부의 김영삼 대통령이 잘한 게 두 가지가 있다고 생각해요. 쓰레기 종량제를 실시해 환경을 보호한 것과 죄를 지은 전직 대통령 둘을 감옥에 집어넣은 거예요. 보통 사람이지 않은 사람과 자칭 보통 사람이라는 둘이 손잡고 판결받는 것을 보면서 군부 독재 시절에 부른 노래가 생각났습니다. 당시 하나님이 살아계신다면 정의가 어디 있냐? 어떻게 이럴 수가 있냐며 수많은 대학생이 가슴 아파했어요. 1980년대에는 대학생 선교단체는 몹시 혼란스러웠어요. 학교 교정에서 갑자기 끌려가는 학우들, 그중에 아무도 모르게 죽어가는 사람이 부지기수였어요. 남영동에서 고문을 받다가 군대 끌려가 죽은 학생이 수천 명이었어요. 어느 날 갑자기 교정에 그 학생들의 영정이 있는 거예요. 캠퍼스 선교를 위해 헌신한 선교단체 간사님들의 마음이 어떨까요? 피가 맺히는 거죠. 교회에서 얘기하면 목사님들이 시끄럽다, 하늘이 주신 권력이다, 입 다물어라, 순종해야 한다고 합니다. 그때 김홍겸이라는 전도사님이 만든 노래의 가사에 '귀먹은 하나님, 얼굴을 돌리신 하나님'이 나와요. 하나님은 우리에게서 얼굴을 돌리셨다, 하나님이 어디 계시냐? 정의의 하나님이 어디 계시냐? 가슴을 찢는 심정의 노래였어요. 여러분, 그러나 역사의 수레바퀴를 돌리시는 하나님이 우리에게 보여주신 사건을 오해하지 마십시오. 하나님은 정의를 반드시 드러내십니다. 지금 여러분의 삶에 불의가 깔려 있다고 생각하십니까? 하나님의 정의를 드러내실 날이 올 것입니다. 오늘 우리의 현실을 보면서 속이 타고 답답하지만, 믿음으로 살아야 할 하나님 백성에 대해 이사야는 전합니다. 하나님의 정의에 대한, 하나님이 실현하실 것에 대한 신뢰와 믿음을 강조합니다.

세 번째 중요한 게 있습니다. 이 믿음을 가진 사람들을 이사야는 '남은 자'라고 합니다. 굉장히 멋져 보이지요? 경상도 사투리로 말씀드리면 '찌끄레기'라는 뜻입니다. 사이드에 있는 것, 별 볼 일 없는 사람들, 시편에서 버려진 돌, 깨진 돌이라고 하는 것입니다. 여러분, 우리 인생이 그러합니다. 북이스라엘이 멸망했을 때도 남은 자가 있었습니다. 모든 것이 무너지고 그 상처와 상실감 가운데 하나님을 향한 신뢰를 가진 '남은 자'가 있습니다.

교회는 어떤 곳일까요? 세상의 승리를 노래하는 공동체가 아니라 남은 자들의 공동체입니다. 좌절과 상실감이라고 하는 떼려야 뗄 수 없는 삶의 모습을 부둥켜안고 주님의 정의와 하나님의 역사를 바라보고 살아가는 사람들, 바로 남은 자들의 공간입니다. 진실로 하나님을 신뢰하는 사람들을 이렇게 말하고 있습니다.

"그 날에 이스라엘의 남은 자와 야곱 족속의 피난한 자들이 다시는 자기를 친 자를 의지하지 아니하고 이스라엘의 거룩하신 이 여호와를 진실하게 의지하리니" (사 10:20).

여러분, 살면서 한 번씩 뒤통수 맞을 수밖에 없습니다. 그래야 하나님 더욱 의지합니다. 제가 운동을 열심히 해요. 요즘 식이요법만 제대로 하면 바디 프로필 사진을 찍을 판이에요. 왜 이렇게 열심히 운동하냐고 묻더군요. 제가 고혈압에 디스크 환자였기 때문입니다. 크게 한 번 당했기에 열심히 운동하면서 매일 3리터의 물을 꼭 섭취하며, 고혈압 약을 끊은 지 6년이 됐습니다. 쉽지 않았습니다. 여러분, 오히려 그 상처 때문에 자기 관리를 합니다. 자기 건강에 자만하는 사람들이 어느 날 갑자기 한 방에 혹 갑니다. 긴 병에 약봉지 들고 주님 오실 때까지 사는 것보다, 자신의 건강을 과신하지 말고 조심하고 절제하는 게 지혜입니다.

여러분, 세상에 많이 당하셨습니까? 그래서 남은 자가 되고 그래서 예배의 자리에 오셨다면 축복의 사람입니다. 그 아픔이 늘 흔적으로 남아 있다면 하나님의 사람입니다. 그 흔적을 안고 끝까지 주님을 신뢰하는 저와 여러분 되기를 주님의 이름으로 축원합니다. 기도하겠습니다.

하나님 아버지, 감사합니다. 오늘 이 자리까지 함께하신 주님을 찬양합니다. 오랜 상실감과 아픔의 흔적을 끌어안고 살지만, 끝까지 하나님을 바라보는 믿음으로 간구합니다. 지금 여기에 우리가 앉아 있는 것만 보시지 않고, 예배의 자리에 오기까지의 그 마음을 살피시는 하나님, 소망의 닻을 세상에 두지 않고 주님께 올려드립니다. 수많은 상실감과 좌절을 견디며 내 영혼의 기초를 주님께 둡니다. 아버지 하나님, 그 남은 자로 살아가게 하여 주옵소서. 넘어질 때마다 견딜 수 있는 은혜를 허락해 주시고, 좌절할 때마다 다시 주님을 바라볼 수 있는 소망을 주시옵소서. 말씀으로 극복할 수 있게 도와주시고, 깊은 상처와 아픔에도 주님 앞에 나아가는 거룩한, 남은 자의 삶 되게 하여 주시옵소서. 아멘.

설교 유튜브로 보기

이사야 12:1~6

¹ 그 날에 네가 말하기를 여호와여 주께서 전에는 내게 노하셨사오나 이제는 주의 진노가 돌아섰고 또 주께서 나를 안위하시오니 내가 주께 감사하겠나이다 할 것이니라

² 보라 하나님은 나의 구원이시라 내가 신뢰하고 두려움이 없으리니 주 여호와는 나의 힘이시며 나의 노래시며 나의 구원이심이라

³ 그러므로 너희가 기쁨으로 구원의 우물들에서 물을 길으리로다

⁴ 그 날에 너희가 또 말하기를 여호와께 감사하라 그의 이름을 부르며 그의 행하심을 만국 중에 선포하며 그의 이름이 높다 하라

⁵ 여호와를 찬송할 것은 극히 아름다운 일을 하셨음이니 이를 온 땅에 알게 할지어다

⁶ 시온의 주민아 소리 높여 부르라 이스라엘의 거룩하신 이가 너희 중에서 크심이니라 할 것이니라

이사야의 노래

이사야 12:1~6

책망하시는 하나님의 마음

지난주에 함께 나눈 것처럼 이사야서는 1 이사야, 2 이사야, 3 이사야로 나뉩니다. 1장부터 39장의 내용 중 첫 단락이 11장까지입니다. 이 첫 단락에는 북이스라엘과 남유다에 대한 하나님의 심판이 언급돼 있습니다. 별로 좋은 얘기 아니죠. 심판을 좋아할 사람은 없을 것입니다. 엄마, 아빠한테 야단맞고 회초리 맞는 거 좋아할 사람은 아무도 없지요. 그런데 신학적으로 하나님의 심판에는 중요한 의미가 있습니다. 하나님은 심판을 통해서 무엇을 하실까요? 우리를 정화시킵니다. 우리의 완악함과 잘못된 부분을 교정하여 고치십니다. 결코 완전히 멸망시키지 않으십니다.

제가 아빠가 되고 나서 깨달은 게 있습니다. 저는 어릴 때 아버지에 대한 두려움이 있었거든요. 제가 초등학교 1학년 때 어머니가 몸이 많이 아프셔서 늘 누워 계셨습니다. 병원에서 6개월 이상 못 사신다는 얘기에 제 인생에서 처음으로 큰 충격을 받았습니다. 안심하십시오. 어머니는 지금 잘 지내십니다.

초등학생이던 제가 누워 계신 어머니 옆에서 매일 팔다리를 두세 시간씩 주물러 드렸습니다. 그래서 어머니는 제가 효자인 줄 아시는데 사실 저는 아버지와 둘이 살 자신이 없어서 어머니가 자리에서 일어나시기를 바랄 뿐이었습니다. 아버지가 너무 무서웠거든요. 아버지의 고등학생 사진을 봤는데, 인상파도 그런 인상파가 없습니다. 그나마 지금은 성령님이 많이 임하신 얼굴입니다. 우리 집 식구들은 하나 같이 눈썹이 진한 일자입니다. 어머니와 여동생도 눈썹 문신이 전혀 필요 없을 만큼 진한 눈썹을 지니고 있습니다. 특히 강렬한 인상파인 아버님이 몽둥이를 드시거나 야단을 치실 때는 나를 죽이실 수도 있겠다는 살벌한 느낌이 들 만큼 무시무시했습니다. 그런데 제가 아빠가 되어 깨달은 것은 아이를 훈육할 때 죽도록 패는 모습은 상상도 할 수 없다는 겁니다. 야단칠 때 힘 조절을 하고 생각을 하면서 경책합니다. 정상적인 부모라면 반드시 힘 조절을 하죠. 부모가 아이들을 야단칠 때 어떤 마음일까요? 자식을 내버리려고 하는 게 아닙니다. 제발 바른길을 가기를 원하는 간곡한 마음으로 야단을 치는 것이죠.

하나님이 북이스라엘과 남유다를 야단치신 대목에서 우리는 하나님의 마음을 읽을 수 있어야 합니다. 이사야는 북이스라엘을 징벌하시고 남유다를 책망하신 하나님의 마음을 읽었던 것입니다. 오늘 우리의 삶에 어려움과 환란이 찾아올 때 먼저 기억해야 할 것이 있습니다. 내 감정보다 하나님의 마음을 읽어내는 것이 무엇보다도 중요합니다.

과거로 돌아갈 수 없는 세상

하나님은 위기를 통해 새로운 세상으로 인도하십니다. 제가 최근에 《김미경의 리부트》라는 책을 유익하게 읽었습니다. 페이지가 술술 넘어가는 책이었습니다. 코로나 위기 시대를 어떻게 살 것인지를 연구한 내용인데 그 안에서 성경이 보이더라고요. 하나님의 장면 전환이 떠오르면서 지금 교회가 고민하는 문제들이 여실히 보였습니다. 대부분의 교회가 언제쯤이면 코로나 이전으로 돌아갈 수 있을지 간절히 소망하며 얘기합니다. 여러분, 코로나 이전의 세상은 돌아오지 않습니다. 우리가 원하지 않아도 이미 새로운 세상 안으로 들어와 버렸습니다. 이전으로 돌아갈 수 없어요.

남유다 사람들이 바라보는 게 무엇일까요? 이전의 다윗과 솔로몬 시대로의 회귀입니다. 그때의 영광으로 돌아가기를 원하는 그들에게 이사야는 어떤 얘기를 합니까? "이제 그 과거로 돌아가지 않는다. 새로운 세상의 문이 열렸다. 지금까지의 고정관념은 다 무너질 거다"라고 합니다.

제가 지난 한 주 내내 고민했습니다. 앞으로 한국 교회에 일어날 변화에 우리는 어떤 방식으로 살아갈 것인가? 아무도 짐작할 수 없는 코앞의 미래입니다. 최근 몇 주 사이에 유튜브로 우리 교회의 설교를 보시는 분들이 크게 급증했습니다. 갑자기 구독자 수가 만천 명이 넘었고, 한 주 지나니 2만 명의 사람들이 설교를 시청해 주고 계십니다. 이렇게 영상 설교를 보는 시대가 되면서 제 마음은 지금 시대는 우리에게 어떤 메시지를 주고 있고, 어떤 상징을 알아내야 하는지에 집중하게 됐습니다. 세상이 바뀌고 있습니다. 재편되고 있고, 돌아갈 수 없다는 것이지요.

그러면 우리가 이런 세상에서 중요한 것, 꼭 붙잡아야 할 것이 무엇일까요? 앞으로 어떻게 살아야 하는지 예측이 안 되다 보니 많은 사람이 우울감을 느끼고 있습니다. 심지어 코로나블루라는 신종어가 생겼습니다. 코로나로 인해 많은 사람이 우울증에 빠지고, 확실한 것이 보이지 않기 때문에 두려움을 느끼고 있습니다. 이에 대해 김미경 씨가 쓴 책에서 가슴에 와 닿은 내용이 있습니다. 시작은 점으로부터 출발해, 그 작은 점이 선이 되고, 선이 우리의 방향이 된다는 것입니다. 저는 오늘 우리가 붙들어야 할 그 점 하나가 무엇인지를 상고하고자 합니다.

우리가 붙들어야 할 작은 점, 주의 말씀

결론부터 말씀드리면 하나님의 말씀입니다. 그 점 하나가 오늘 우리의 삶을 움직이게 하는 선을 만들고 우리의 방향을 제시해 줍니다. 이사야서 1장부터 11장에서 북이스라엘에 대한 하나님의 진노와 남유다의 멸망을 보면, 앗수르라는 나라를 통해 엄청난 재편의 역사가 일어나는 것을 알 수 있습니다. 당시 사람들의 반응은 어땠을까요? 친앗수르, 앗수르와 화친할 것인가? 아니면 반앗수르, 앗수르에 대항할 것인가? 이 정치적 놀음으로 살아가던 이스라엘 백성을 향해 이사야는 12장을 기록했습니다. 친앗수르도 반앗수르도 아니며, 우리가 붙잡아야 할 진정한 소망이 무엇인지에 대해, 놀랍게도 연설문 형식이 아니라 노래 형식으로 썼습니다.

신학대학원에 들어가기 위해 입학시험을 칩니다. 제가 입학할 때 영어, 성경, 철학 시험을 쳤습니다. 좀 이해가 안 되는 게 한국 사람들은 쓸 일도 많지 않은 영어시험을 어디서나 치릅니다. 현대자동차에서 일하는 근로자들은 1년에 한 번씩 치르는 영어시험으로 곤혹스러워합니다. 미국인과 소통할 일 없고, 볼트, 너트, 스패너 정도 알아도 문제없는 근로자들이 영어 때문에 고생한다는 거죠. 신대원도 마찬가지입니다. 영어시험 점수가 높아야 해요. 성경과 철학시험도 치는데, 당락이 어디서 결정될 것 같습니까? 놀랍게도 성경이 아니라 영어입니다. 성경시험은 자부심이 걸린 과목이라 신대원 준비생들은 열심히 공부해요. 어떤 문제가 나오느냐? 쉽게 맞출 수 있는 문제는 안 나오고 헷갈리는 문제가 나옵니다. 예를 들면 이런 거예요. "다음 보기들 중에 시편이 아닌 본문은?" 그때 나오는 단골손님이 바로 이사야서 12장입니다. 딱 보면 시편 같습니다.

"보라 하나님은 나의 구원이시라 내가 신뢰하고 두려움이 없으리니 주 여호와는 나의 힘이시며 나의 노래시며 나의 구원이심이라"(사 12:2).

시편처럼 보이는 이사야서 12장을 헷갈리기 쉬운 함정으로 만들어 놓습니다. 여러분, 이사야는 왜 중요한 메시지를 연설문이 아닌 노래로 기록했을까요? 가장 오래 기억에 남는 것이 노래이기 때문입니다. 설교보다 찬양이 훨씬 기억에 오래 남습니다. 중고등학교 때 담임선생님 이름은 기억 못 해도, 그때 흥얼거린 유행가는 지금도 기억나지 않습니까? 리듬과 함께한 기억은 오래가기 때문입니다.

그래서 이사야서 12장을 감사 찬송이라고 합니다. 12장 1절을 보면 "그 날에 네가 말하기를"이라고 시작합니다. 번역된 성경을 보면 의역이 나을 때가 있고 직역이 나을 때가 있는데, 이 본문은 직역이 훨씬 멋있습니다. 히브리어 원어를 직역하면 이렇게 됩니다. "그리고 그날에 너는 말하리라" 즉, 미래형으로 얘기하고 있습니다. 지금 이 환란과 어려움 속에서 할 수 없는 그것을 하나님이 만드신 그날에 너는 반드시 말하게 될 것이다. 무엇을 말한다고요? 하나님의 심판은 이스라엘의 더러움, 타락, 부정을 씻기고 정결하게 하는 과정이라는 것입니다. 신학적으로 말하면 구원 역사의 출발점입니다.

고난은 하나님이 주신 터닝포인트

지금 고난을 겪고 계십니까? 큰 어려움에 봉착한 분들이 계십니까? 말 못할 답답함을 안고 사는 분이 계십니까? 성경은 고난의 이유를 반드시 죄를 지었기 때문이라고 하지 않습니다. 우리가 죄를 지었기 때문에 고난과 역경을 당해야 하는 것은 맞습니다. 그런데 죄짓고 산 것으로 따지면 오늘 저는 여기서 설교할 수 있는 권한이나 자격이 전혀 없습니다. 늘 마음에 연약함을 안고 살아가는 부족한 자입니다.

여름이 되면 저는 습도 때문에 힘들어합니다. 더위에 대처하는 저는 야비하고 이기적이에요. 저 혼자 방에서 에어컨을 켭니다. 애들이 "아빠 방이랑 우리 방이랑 온도 차가 너무 많이 나요" 하면, 저는 속으로 '네가 아빠 되면 틀어라. 네가 전기세 내면서 틀어라'라고 합니다. 제가 이번에 쿨매트를 12개월 할

부로 샀습니다. 대자리 매트는 누울 때는 시원한데 제가 몸에 열이 많다 보니 금세 데워져 별로 쓸모가 없더군요. 그래서 냉장고처럼 냉매를 집어넣은 매트가 나오면 좋겠다 싶었는데 딱 제가 원한 쿨매트가 나왔어요. 사서 깔고 온도를 20도에 맞췄습니다. 에어컨은 어떻게 했을까요? 그래도 아내가 추울까 하는 생각에 제습으로 설정해 놓고, 선풍기를 3단에 켜놓고 잤습니다. 아내가 옆에서 오돌오돌 떨면서 자더군요. 보통 남자라면 "여보, 춥지?" 하고 꺼야 하는데, 이런 남편 만난 당신 팔자라고 여기라는 듯이 아주 낯짝 좋게 누워 잤습니다. 이런 제 모습을 보면서 아내가 복된 고백을 하더군요. "아이, 추워라!" 여러분, 삼복더위에 춥다는 건 은혜에 대한 고백입니다. 참 이기적이죠? 아들이 "아빠, 제 방에도 에어컨을 좀 틀어 주세요" 요청하더군요. 자비가 풍성한 이 아빠는 한 시간이라는 복된 시간을 허락해 시간제한으로 에어컨을 틀어 주고는 리모컨을 감춰 놓았습니다. 참 이기적이에요. 저의 이 밴댕이 소갈머리를 처음 들은 분들은 유튜브 댓글 창에 "강은도 목사는 나쁜 사람이다"는 글을 마구마구 올릴 것입니다. 유튜브 설교 한 편 조회 수가 3만 명이 넘으니까요. 잘 알고 있습니다. 댓글 창은 닫혀 있습니다. 설교만 들으면 마음이 넓은 사람 같아 보여도 그게 제 모습입니다. 성도님들, 걱정하지 마십시오. 제가 집에서만 그렇지, 밖에만 나오면 마음이 태평양처럼 넓어집니다. 저를 강태평양 목사라고 부르셔도 될 만큼, 집 밖에 나오면 에브리띵 오케입니다. 성도님들이 불러만 주시면 어디든 달려갑니다. 여러분의 아픔이 있는 곳에 제가 있을 겁니다. 그런데 집에만 들어오면 0.5평의 밴댕이 소갈머리가 됩니다. 하나님이 저의 밴댕이 소갈머리를 보시고 고난을 주신다면 저는 어떻게 될까요?

여러분, 우리는 고난이 오면 원인을 알고 싶어 합니다. 내가 왜 이럴까? 잘못된 신학은, 자신의 모든 삶의 원인을 행위에 결부시킵니다. 완전히 틀렸다고 할 수는 없지만, 그게 다 옳다고 말하면 위험해집니다. 만약 우리의 행위대로 하나님이 우리의 삶을 이끄신다면 우리 중에 이 한 주간 안전하게 살아남을 사람이 누가 있겠습니까? 하나님이 거룩한 힘 조절로 회초리를 치셨지만, 그것은 우리의 다리를 부러트리려 하신 게 아니라, 우리의 삶을 새롭게 하시고, 정화시키시고, 다시 한번 주님의 손에 붙드시려는, 하나님의 거룩한 구원 역사의 출발점이라는 걸 기억해야 합니다. 오늘 내가 만난 어려움, 내 눈물, 내 한숨은 하나님의 터닝포인트를 통한 구원 역사의 출발점입니다. 이를 깨닫기 위해서는 하나님이 어떤 분이신지를 알아야 합니다. 12장 1절에 이렇게 얘기하죠.

> "그날에 네가 말하기를 여호와여 주께서 전에는 내게 노하셨사오나 이제는 주의 진노가 돌아섰고 또 주께서 나를 안위하시오니 내가 주께 감사하겠나이다 할 것이니라"(사 12:1).

하나님의 분노 안으로 들어가 보니 분노가 아니었다는 것이죠. 하나님의 맹렬한 노가 성냄이 아니라 엄청난 사랑이었다는 것을 마주하게 된다는 것입니다. 여러분, 부모가 화났을 때의 반응으로 제일 멍청한 짓이 무엇일까요? 도망가는 겁니다. 잠시 야단맞고 엄마 품에 안기는 게 최고입니다. 잘못했습니다, 하며 안겨서 "엄마!" 그래야죠. 엄마에게서 일용할 양식도 나오고, 용돈도 나옵니다. 맨날 도망 다니면 무슨 소망이 있겠습니까?

이사야가 이 말을 하는 거예요. "하나님의 분노, 그 안 깊숙이 들어가 봐라. 하나님의 징벌 안에 들어가면 하나님의 구원 역사가 있고, 하나님의 위로가 있고, 하나님의 격려가 있다.”

하나님은 구원이시라

2절은 이렇게 시작하죠. “보라 하나님은 구원이시라”. 이 “보라”는 헬라어로 ‘오라오’인데 창조적 명령으로 “빛이 있으라 하시니”와 같은 의미입니다. 삶의 칠흑 같은 어둠, 깊은 공허감, 한 치 앞을 모르는 염려와 근심의 일상에서 우리에게 새로운 출발점이 있다는 것을 소개하려고 합니다. 우리의 티핑포인트가 될 놀라운 것, “보라! 하나님이 우리의 구원이 될 것이다”라고 노래하고 있습니다.

티핑포인트라는 사회 용어가 있습니다. 말콤 글래드웰이라는 미국의 저널리스트가 쓴 책 제목이기도 한데 “엄청난 변화가 작은 일들에서 시작될 수 있고 대단히 급속하게 발생할 수 있다”는 의미입니다. 이 말은 특정한 현상이 작은 유행처럼 시작되다가 갑자기 모든 사람이 쓰기 시작하며 퍼지는 것을 말합니다. 지금 팬데믹 상황에서의 작은 변화가 처음에는 설마설마했는데 우리에게 급속도로 퍼져나가 새로운 시작이 되는 지점을 티핑포인트라고 할 수 있습니다. 코로나 시대에 티핑포인트는 이미 지나갔고 새로운 삶의 문이 열렸습니다.

이 변화에 대한 두려움과 염려로 한 치 앞을 모르는 세상에서 우리는 무엇을 해야 할까요? 첫 번째는, 익숙한 지난날의 내 삶을 빨리 포맷해야 합니다. 여전히 옛날의 방식을 붙잡고 교회가 지금 빨리 옛날로 돌아갈 수 있기를 바라는데, 그런 시간은 안 옵니다.

성경을 볼까요? 이스라엘 백성들이 포로로 잡혀갑니다. 가장 큰 멘붕이 무엇이었을까요? 이들의 삶의 중심은 보이는 시각적인 성전이었습니다. 그런데 바벨론 중심에 끌려간 후로 삶의 중심인 성전이 없는 현실에 봉착합니다. 그런 그들에게 하나님이 내가 너의 하나님이라고 말씀하십니다. 구약 백성들의 가장 중요한 고정관념은 성전에 임하신 하나님이었습니다. 성전에서 제사장을 만났고, 거기서 울려 퍼지는 찬양을 듣고, 거기서 행해지는 제사 의식을 보며 예배라고 인식해 왔습니다. 그런데 어느 날 눈을 떠보니 바벨론 한복판에 끌려왔고, 하나님의 형상이라고는 도무지 찾을 수 없는 일상에서, 내가 너의 하나님이 되고, 내가 너의 구원이 되겠다는 하나님 말씀에 어쩔 줄 몰라 합니다. 우리는 지금 남유다 백성의 포로 된 이 모습을 마주하고 있습니다. 여러분, 우리가 따라야 할 좋은 모델이 한 분 계십니다. 에스겔입니다. 에스겔은 레위 지파로 성전에서 성장한, 성전 중심의 삶을 살아온 선지자입니다. 그가 성전이 없는 현실에서 성전으로 살아가는 엄청난 변화의 역사, 그 놀라운 현실의 문을 열면서 하나님이 여기 계시다고 선포했습니다.

이사야는 이미 무너질 성전의 모습을 예견하면서 우리가 바라봐야 하며 우리가 지켜야 할 성전의 외형적 모습이 아니라, 하나님이 구원이시며 우리의 성소가 되시고, 우리의 예배가 되시고, 우리의 전부가 되신다는 것을 선포하고 있습니다. 우리는 앞으로 예전처럼 자유롭게 모여서 함께 예배하는 것이 쉽지 않을 것입니다. 백신이 나오면 모든 게 정상으로 돌아갈 것 같지만, 또 다른 팬데믹이 끊임없이 찾아올 것입니다. 여러분, 백신 주사 개발해 내면 그다음은 어떻게 될까요? 새로운 변이 바이러스가 나옵니다. 하나님이 우리의 오만함을 깨뜨리고 계십니다. 지난주 뉴스에서 각국의 팬데믹 상황을 볼 수 있었습니다. 북유럽에서는 집단 면역을 만들기 위해 바이러스가 퍼져나가는 것을 방치하는 전략을 취했습니다. 사회적 거리 두기를 하지 않았고. 마스크도 안 썼습니다. 결론은 실패였습니다. 제일 의아스러운 점이 있어요. 전 세계에서 위생에 대해 제일 예민한 나라가 일본입니다. 일본은 코로나 이전에도 손을 자주 씻었고 찬 바람이 조금 불거나 감기 바이러스가 돈다 싶으면 마스크를 생활화했습니다. 그런데 일본의 코로나 상황은 심각합니다. 이른바 선진국이라는 곳에서 위생 관념을 가지고 손 씻기를 생활화하고 있었지만, 팬데믹에서 벗어나지 못하고 있습니다. 그런데 WHO에서 놀라운 발표를 합니다. 집단 면역이 형성된 공동체가 생겼다고 합니다. 어딘지 아십니까? 방글라데시 난민촌입니다. 이상하죠? 그곳 사람들은 손을 열심히 씻은 것도 아니에요. 그런데 60% 이상이 코로나 항체를 가졌다는 뉴스를 보면서 저는 하나님이 떠올랐습니다. 가장 가난하고 힘든 사람들에게 하나님의 구원이 임하는구나!

다국적 회사들이 앞다투어 백신을 만들고 있습니다. 왜 만들까요? 거대한 수익이 창출되기 때문입니다. 사실 그 회사들은 원룟값만 받고 백신을 공급해도 됩니다. 주식이 어마어마하게 올랐거든요. 이미 회사 주가로 엄청난 돈을 벌었어요. 백신 제조 회사들은 원가에 안 팔고 비싸게 팔 거라고 했고, 지금 선진국들은 앞다투어 선구매합니다. 미국은 이미 9조 원 상당의 백신을 확보했다고 합니다. 자국민에게 필요한 백신은 충분히 확보했다는 뜻이죠. 그리고 돈을 벌겠다는 것입니다. 코로나로 세계 경제가 어려워졌는데 이 위기를 기회 삼아 돈벌이를 생각하는 그들을 보면 어떤 말씀이 기억나십니까?

"하늘에 계신 이가 웃으심이여 주께서 그들을 비웃으시리로다"(시 2:4).

사람의 오만함이 거기에 있습니다. 위기 상황에서 우리는 하나님이 주시는 메시지를 직면하지 못합니다. 천박한 자본주의 습성에 물들어 돈이면 다 될 것 같은 욕망에 사로잡혀 있습니다. 돈의 회복이 권력을 붙잡아 줄 수 있고 돈의 회복이 재산을 가능하게 한다는 생각으로 살아갑니다. 이런 오만한 생각을 하나님이 가만두실 것 같습니까?

여러분, 하나님의 긍휼을 구하는 방법은 딱 하나입니다. 오늘 우리의 현실을 알고 하나님 앞에서 철저하게 무릎 꿇고, 우리 연약함을 하나님 앞에 고백하는 겁니다. "하나님, 제 알량한 지식으로만 살려고 했습니다. 제가 살아온 경험에만 비추어 살려고 했습니다." 저는 오늘의 이런 현상이 하나님의 판 바꾸기라는 생각이 듭니다. 세상이 한번씩 뒤집히는 때가 있습니다. 언제입니까? 엉망진창일 때입니다. 부정과 부패가 생기고 오만함이 판을 칠 때 하나님은 어떻게 하실까요? 세상의 판을 바꾸십니다. 종교 권력에 판을 바꾸시고, 지배 권력의 판을 바꾸십니다. 그래서 무엇을 드러내실까요? 하나님이 구원이라는 사실을 명확하게 드러내시는 겁니다. 바로 그 의미가 2절 "보라 하나님은 나의 구원이시라"이며, 정권의 중심에 있는 사람들이 폐부를 찌르는 말씀입니다. "너희들, 하나님 믿는다고 얘기하지만, 앗수르 밑에서 빌붙을 생각을 하지 않느냐? 너희들, 이집트 앞에서 빌붙을 생각을 하지 않느냐? 하나님이라고 말하지만, 그 속내는 돈이고, 권력이고, 이웃은 돌보지 않는 자기 가정이고, 자기 안위만을 보장받으려는 그 모든 오만함이 들어 있지 않느냐? 아니다. 보라! 여호와가 우리의 구원이시다."

저는 이 노래를 만든다면 락과 힙합으로 만들 것 같습니다. 우리 인권이 형님이 샤우팅하고, 지코가 나와서 킬링파트로 "보라! 보라! 보라!" 하면서 웅장하고 헤비한 노래로 각인시켜야 해요. 제가 재미있으라고 한 얘기지만, 오늘 이 말씀이 여러분의 마음에 천둥 같기를 바라고 지진같이 일어나기를 바랍니다. 앞으로 우리는 두 번 다시 지금까지 살아온 삶으로 돌아갈 수 없는 지경에 왔습니다. 그러나 기억하십시오. 여호와가 우리의 구원이십니다. 이것이 성경이 말하는 중요한 진리입니다.

선한 영향력을 위한 의식의 전환

이제 우리는 무엇을 준비해야 할까요? 의식의 전환입니다. 생각의 전환입니다. 제가 새벽 4시 반까지 잠을 못 잤습니다. 설교에 대한 부담, 맞습니다. 그것도 있지만, 하나님이 오늘 이 시대에 우리에게 원하시는 게 무엇일까? 하나님이 우리 교회를 통해 주시는 메시지는 무엇일까? 고민이 깊었습니다. 왜 많은 사람이 설교 영상을 보실까? 더푸른교회가 지정학적으로 끝내 주는 위치에 있지도 않고, 대형 교회도 아닌데 왜 많은 사람이 관심을 가지실까? 제가 마음에 떠오른 게 있습니다. 다음 세대에 대한 부담입니다. 그러면서 앞으로 우리가 전격적인 전환의 메시지를 가져야겠다, 주일날 한 번 만나는 모임이 아니라 콘텐츠를 개발하고 매일 끊임없이 만날 수 있는 터를 마련해야겠다는 생각이 들었습니다.

이제 거의 모든 교육과 미팅이 온라인을 통해 비대면으로 이뤄질 것입니다. 일주일에 한 번 겨우 끌려 나오듯이 예배하는 게 아니라 일상생활에서 접하는 예배 콘텐츠를 만들라는 하나님의 시그널을 감지할 수 있습니다. 어떻게 하면 될까요? 수많은 사람을 끌어들이는 게 아니라 제가 그동안 만난 수많은 다음 세대 사역자와 더 깊이 동역해야겠다, 그래서 주일학교 아이들이 아침마다 10분씩 큐티를 하고, 청소년들이 그 콘텐츠를 통해 신앙의 유산을 배우고, 딱딱한 성경공부가 아니라 제가 잘할 수 있는 이야기식 성경공부를 통해서 사람들이 성경을 이해하고 읽고 싶게 하는 콘텐츠를 제작해야겠다는 생각을 해보았습니다. 새로운 시대의 의식 전환이 필요합니다. 지금까지 살아온 모습이 아니라, 더 가까이 더 깊숙이 들어가는 방법을 만들어내야 합니다. 휴대폰을 들고 있다면 그 안에서 하나님의 임재를 경험하고, 그 안에서 하나님의 말씀을 경험하고, 하나님의 은혜를 받는 방법을 고안하고 나아가 보자. 우리 교회는 여기 있지만, 땅끝을 품는 교회를 지향하면서, 우리가 직접 그 땅까지 가기는 쉽지 않으나, 방송을 통해 온 땅에 하나님 백성이 백성다워지는 놀라운 영광을 함께 꿈꾸고, 한마음으로 움직이는 놀라운 의식의 전환이 우리에게 있어야겠다는 생각을 하기 시작했습니다.

우리는 깨어나야 합니다. 세상은 엄청난 속도로 변화하고 있습니다. 이제 더는 스펙이 중요하지 않습니다. 이제 기업이 기다려주지 않아요. 신입사원 뽑아서 하나부터 열까지 가르치며 1~2년씩 투자하는 넉넉한 기업이 없습니다. 이제 자기 스스로가 콘텐츠를 만들고 무엇을 해야 할지를 꿈꾸며 준비한 인재를 원합니다. 그래서 자녀를 학원에 보내는 것보다 의식의 전환이 일어날 수 있는 무언가를 시작하게 돕는 교육이 필요합니다. 내가 살아갈 비전과 꿈은 대학 졸업 이후가 아닙니다. 시간이 갑자기 너무나 가까이 당겨졌습니다. 한 기업에서는 중학교 2학년 학생을 스카우트하려고 합니다. 드론경연대회에서 1등을 한 학생입니다. 그것도 서울 소재 학교 학생이 아니라 전라남도의 전교생 13명인 작은 학교의 학생입니다. 유튜브를 통해 드론을 배우고, 컴

퓨터 프로그램을 연구해서 중학교 1학년 때 자율주행 기술이 적용된 드론을 만들었다고 합니다. 드론 회사의 컴퓨터공학 석박사 출신보다 중학교 2학년 학생이 뛰어난 결과를 도출한 겁니다. 회사는 이 학생에게 제품 개발 시 자문 역할을 부탁했다고 합니다. 상황이 바뀌고 있고 인식의 전환이 일어나는 시대에 살고 있습니다.

여러분, 그리스도인으로서 우리에게 중요한 게 있어요. 하나님을 신뢰할 때, 이제 끝났구나, 나는 다 됐네, 라는 생각이 아니라, 새로운 도전을 향해 경주해야 합니다. 요즘 제게 방송 출연 요청이 많아졌어요. 그래서 제가 살을 더 빼야겠다는 결심을 했습니다. 일단 카메라에서 볼 만 해야 되거든요. 농담처럼 얘기하는 것 같지만, 할 수만 있다면 온라인으로 선한 영향력 싸움을 해야겠다는 생각을 하고 있습니다. 유튜브를 살펴보면서 기독교 콘텐츠에 얼마나 많은 한계가 있는지 알게 됐습니다. 전형적이고 엄숙한 생각에 익숙한 우리는 이제 새로운 시도로 도전하는 것이 필요하지 않나 생각합니다. 진짜 중요한 것을 친숙하게 담을 수 있는 언어와 방법을 연구해야 합니다. 세상을 보는 눈을 달라고 기도해야 합니다.

믿음은 과거로의 회귀가 아닌 내일로의 전진

여러분, 참 놀랍게도, 하나님의 사람은 항상 앞서갔습니다. 이스라엘이 멸망한 게 아닙니다. 지금 이사야는 멸망한 다음의 역사를 미리 선포하고 있습니다. 에스겔을 볼까요? 포로에서 고향으로 돌아간 게 아닙니다. 포로로 잡혀 온 지 얼마 안 된 사람입니다. 그때 에스겔은 무엇을 선포합니까? 우리가 다시 그 땅에 돌아갔을 때 어떻게 살아가야 할지를 선포합니다. 한마디로 그리스도인의 삶 자체가 선지자적이고, 그리스도인의 삶 자체가 예언적 성향을 띠고 있습니다. 우리가 어떻게 살아가야 할 것인가? 하나님의 역사는 오늘을 기반으로 내일을 향하도록 역사하십니다. 그런데 사람들은 어떻게 할까요? 오늘을 사는데 계속 과거로 돌아가고 싶어 합니다. 믿음은 과거로의 회귀가 아니라 내일로의 전진입니다. 힘들고 어렵고 두렵지만, 하나님의 영광을 위해서 함께 나아가는 역사를 꿈꾸고 비전을 가져야 합니다. 말씀을 통해서 돌아가려고 하지 마라, 옛날을 생각하지 마라, 두렵고 힘들지만 정면 돌파해라, 한 번도 경험하지 못한 세상으로 전진하라, 주님을 의지할 때 주시는 그 놀라운 용기와 힘을 가지고 도전하고 나아가라고 하십니다.

오늘 이 자리에 우리 청소년들도 많은데요. 이 생각을 꼭 해야 합니다. 멍 때리고 학교 다니다가는, 멍 때리는 사람들만 만나고, 멍 때리다 인생 끝날 수 있습니다. 지금 중요한 게 있어요. 내가 누구이고, 무엇을 할 것인가를 생각해 봐야 해요. 지금 나에게 도전을 주는 게 어떤 것인지를 함께 보고 비전을 갖는 것이 필요합니다.

길을 내시는 하나님

3절을 보겠습니다. "그러므로 너희가 기쁨으로 구원의 우물들에서 물을 길으리로다".

여기서 물은 이중적 이미지가 있습니다. 동양에서 물은 무엇을 상징할까요? 국어 시간에 배운 고대가요 "공무도하가"를 기억하십니까? "임아, 물을 건너지 마오" 서한샘 선생님이라면 밑줄 쫙, 동그라미 3개 치라고 얘기할 공무도하가의 한 구절에서 물은 죽음을 상징합니다. 이스라엘 백성들은 홍해를 보자마자 뭐라고 얘기했습니까? "와! 바다다. 함께 떠나요." 이렇게 신나서 노래 부르지 않았습니다.

> "그들이 또 모세에게 이르되 애굽에 매장지가 없어서 당신이 우리를 이끌어 내어 이 광야에서 죽게 하느냐 어찌하여 당신이 우리를 애굽에서 이끌어 내어 우리에게 이같이 하느냐 우리가 애굽에서 당신에게 이른 말이 이것이 아니냐 이르기를 우리를 내버려 두라 우리가 애굽 사람을 섬길 것이라 하지 아니하더냐 애굽 사람을 섬기는 것이 광야에서 죽는 것보다 낫겠노라"(출 14:11~12).

이스라엘 백성들은 홍해 해변에서 애굽의 마병과 병거와 군대를 보고 모세에게 우리를 죽이려고 데려왔느냐, 우리가 묻힐 데가 없어서 여기로 데려왔느냐며 심히 원망했습니다. 애굽에서 450년간 가혹한 노예 생활을 하다가 모세의 인도하에 지금 티핑포인트를 지나 홍해 앞에서 접한 것이 위협과 혼란, 두려움과 공포였습니다. 세계 전쟁사에서 가장 공포스러운 군대가 징기스칸의 기마병과 이집트의 기마병입니다. 그들이 지나가면 살아있는 모든 것이 소멸될 만큼 잔인한 군대였습니다. 철저하게 공포정치를 한 이집트에 길들여진 이스라엘 백성들은 홍해에 가로막혀서 우리가 죽을 때가 없어서 여기로 데려왔냐며, 차라리 노예 생활하다가 죽는 게 낫다고 두려움에 울부짖습니다.

여러분, 우리 모습과 너무나 비슷하지 않습니까? "도대체 세상은 나한테 왜 이러는 거야! 아니, 하나님이 왜 코로나바이러스를 허락하셔서 이렇게 힘들게 하시는 거야!" 어떤 분이 제게 그러시더군요. "목사님, 코로나만 없었으면 더푸른교회가 더 부흥됐을 텐데…" 저는 그렇게 생각하지 않습니다. 하나님의 타이밍이 있어요. 하나님 중심의 사고로 생각의 전환, 의식의 전환을 해야 합니다.

> "너희는 두려워하지 말고 가만히 서서 여호와께서 오늘 너희를 위하여 행하시는 구원을 보라"(출 14:13).

보라! 모세도 똑같은 선포를 합니다. 여호와가 너희의 구원이시다. 여러분, 내가 무엇을 붙잡고 있느냐에 따라 내 감정의 결과가 나타납니다. 이스라엘 백성들은 하나님을 붙잡는 것이 아니라 이집트 기마병을 보며 현실의 두려움에 붙잡혔습니다. 그들에게 모세가 선포합니다. "보라, 너희가 붙잡아야 될 것이 있다. 여호와가 구원이 될 것이다. 너희는 가만히 있어 하나님이 너희를 어떻게 인도하시는지 보라!"

여러분, 권사님들 대표기도에 나오는 단골손님인, 하나님이 낮에는 구름기둥, 밤에는 불기둥으로 역사하신 것이 언제부터입니까? 홍해를 지나고 광야에서 시작된 게 아닙니다. 이미 홍해 앞에 있을 때 하나님이 인도하시는 표징으로 보여 주신 것이 낮에는 구름기둥, 밤에는 불기둥이었습니다. 그런데 그것이 안 보이고 뭐가 더 크게 보였다고요? 이집트의 기마병들이었습니다. 오늘 내게 현실의 어려움이 오고, 좌절이 찾아올 때 얼마나 심히 두려워합니까? 그런데 여러분, 죽음으로 봤던 홍해를 하나님이 지나게 하심으로 구원을 보여 주셨습니다. 고난의 때에 우리가 기도해야 할 이유가 있습니다. 우리의 힘, 우리의 능력, 우리의 작은 지식으로는 절대로 죽음의 위기를 건너갈 수 없습니다. 죽을 것 같은 두려움을 정면 돌파할 수 있는 유일한 방법은 주님이 길을 내시는 겁니다.

남미에서 시작해 유행하는 찬양이 있습니다. 웨이 메이커(Way Maker, 길을 만드시는 주)라는 찬양입니다. 이런 찬양이 몇 종류 있거든요. 제가 참 좋아하는 예배 인도자 돈 모앤(Don Moen)이란 분이 계신데, 그분의 조카가 갑자기 교통사고로 죽고 나서 만든 찬양이 있습니다. "God will make a way. Where there seems to be no way." 홍해에 길을 내신 하나님을 가사에 담고 있습니다. 그런데 제 후배가 이 노래 가사를 멋지게 번역했습니다. 영어 찬양을 한국말로 번역하면 좀 맛이 살지 않는데, 그 후배는 경상도 사투리로 번역했습니다.

God will make a way. 길 만드셨네.

Where there seems to be no way. 택도 없는 곳에서.

저는 이 번역보다 위대한 번역을 본 적이 없어요. 여러분, 지금 택도 없는 우리의 인생에 주님이 길을 여신단 말이에요. 주님이 웨이 메이커라는 것입니다. 주님이 사방이 막혀 있는 우리 인생을 주관하십니다. 지금까지 살아온 내 인생길이 아니라, 한번도 살아본 적 없는 길에 길을 여시는 하나님. "보라! 여호와가 너의 구원이 될 것이다." 우리에게 주는 이 말씀은 너무나 강렬하고 뜨거운 메시지입니다. 하나님이 주신 시련과 고난과 혼란을 통해 우리의 연약한 믿음에 끼어 있는 불순물을 제거하시고, 우리의 믿음을 견고하고 순전하게 하시고, 다시 세워 가실 겁니다. "내가 열심히 믿어야지!" 안 됩니다. 하나님이 환경의 어려움을 통해서 다시 우리 마음에 기도가 일어나고 다시 예배에 대한 사모함이 일어나고 순결하여지고 엎드리게 되는 놀라운 일들을 주님이 이끌어 가시기 때문입니다.

나의 가는 길 아시는 주님

욥기 23장 10절 말씀을 보십시오. 욥을 보면서 느낀 게 있죠? 판단하는 친구는 전혀 도움이 안 됩니다. 힘든 친구 옆에 와서 더 힘들게 하는 친구가 있어요. 특히 22장을 보면 엘리바스라는 친구가 욥을 막 흔듭니다. 엘리바스처럼 똑똑한데 재수 없는 애들 있잖아요. 아픈 친구 곁에서 같이 공감해 주고 "힘들지?" 손잡아 주면 될 텐데, "너, 죄지은 것 같다. 야! 너, 하나님께 회개해라. 하나님이 그럴 리 없으시잖니? 회개하면 용서하실 거다." 엘리바스 같은 목사는 좀 없기를 바라요. 그냥 어쭙잖게 위로하는 사람이 아니라, 같이 울어 주는 사람, 같이 아파하는 사람이 아픈 사람의 진정한 친구입니다.

저도 신령한 은사가 있어서 아픈 성도에게 "나사렛 예수의 이름으로 나아라" 하고 싶어요. 그런데 저는 그쪽 장르가 아닙니다. 20대 때 그런 능력에 재미 들려서 귀신 쫓아내고 하는 데 흥미를 가진 적이 있습니다. 영빨 생기고, 일주일씩 금식하고, 음성 들리면 하나님 나라 고스트버스터입니다. 신비의 세계, 놀라운 그 세계가 재밌을까요? 제가 느낀 게 있어요. 그쪽으로 계속 가면 맛이 갑니다. 목소리 걸걸한 교주가 됩니다. "오늘 이 시간, 주의 종 앞에 물을 갖다 놓지 않고…" 이런 소리 한단 말이에요. 제가 깨달은 것은 하나님이 원하시는 마음으로 같이 웃고 같이 울고 공감하며 격려하는 것이 치유의 마중물이라는 점입니다. 치유는 뜨겁게 기도하는 사람이 아니라, 하나님이 하시는 거예요. 우리의 눈물과 기도를 통해서 하나님이 하실 것을 함께 바라보는 공동체, 하나님의 강렬한 역사를 바라보는 공동체로 나아가야 합니다.

욥은 엘리바스의 말 앞에서 "앞으로 하나님이 날 괜찮게 하실 거야"라고 합니다. 지금 온몸이 만신창이가 되어 기왓장으로 박박 긁고 있으면서 또 죽은 자식 생각하면 멘탈이 왔다 갔다 할 거 아닙니까? 게다가 도망간 아내에 대한 그 마음의 분노와 상실감까지 누가 다 감당할 수 있을까요? 그런데 미래형으로 고백하는 욥기 23장의 고백을 주목해 보십시오. 오늘 내 현실이 너무 비참하고 고통스럽고 아프지만, 내가 왜 이런 고통을 당해야 되는지, 내가 왜 이토록 아파야 되는지 모르겠으나, 그러나 내가 가는 길을 그가 아시나니 그가 나를 단련하신 후에는 내가 순금같이 되어 나오리라. 나의 달려갈 길을 나는 모르겠으나 오직 그가 아시나니 주님이 주시는 이 고난은 나를 단련하시는 것이고 내 안에 끼어 있는 부정함을 정결하게 하시는 것이고 나를 하나님의 자녀답게 만드시는 것이므로 나는 나를 만드신 하나님을 찬양하겠나이다. 이것이 욥의 고백이고 이사야의 고백입니다.

그리스도인의 삶은 성취를 위해 나아가는 삶이 아닙니다. 그리스도인의 삶은 주님이 연약한 나와 함께하신다는 만족과 감사가 있는 삶입니다. 저는 여러분에게 이런 은혜가 있으면 좋겠어요. 만족과 기쁨과 감사! 여러분, 남편 보면서 만족이 잘 안 되는 분들 있으시죠? 만족하십시오. 좀 마음을 내려놓으세요. TV 드라마의 괜찮은 배우들 그만 보시고 서로의 얼굴을 보세요. 작은 거 하나에도 감동과 만족이 있어야 합니다. 이번 주에 아내가 공부한다고 하여, 서큘레이터를 방에 갖다 주었어요. 아내가 크게 감동하더라고요. 갑자기 "어머! 여보, 어떻게 이럴 수가 있어요?" 하더라고요. 아내에게 주의 역사가 시작됐구나, 작은 기쁨이어도 크게 감동할 줄 아는구나, 그게 만족이에요. 작은 것 하나에도 감탄하고 감동하는 마음에서 행복이 시작되는 거예요..오늘 우리가 여기 모였다는 만족, 오늘 우리에게 주신 것에 감사, 작은 거 하나에 감사. 그리스도인의 기쁨은 엄청난 성취가 아니에요. 우리에게 주어진 작은 것들에 대한 기쁨과 감사로 주님께 영광 돌리는 것입니다.

우리의 시작점, 다시 말씀으로

코로나19로 출발한 새로운 세상에서 우리는 과연 무엇을 시작점으로 삼아야 할까요? 저는 결론으로 다시 성경을 읽으시라고 말씀드립니다. 다시 묵상하십시오. 지금까지 교회 시스템에 의존한 신앙에서 나오십시오. 목회자에게 길들여진 신앙에서 돌아서십시오. 새로운 전환을 시작하십시오. 주님께서 내가 말씀을 펼치고 내가 무릎 꿇는 그곳이 바로 성전임을 허락하실 것입니다. 건물이 아닙니다. 조직이 아닙니다. 이제 이사야가 경험하고 에스겔이 경험하고 다니엘이 경험한 전환적 하나님의 역사가 저와 여러분에게 시작되기를 간절히 축복합니다. 두려워 마십시오. 보라! 하나님이 우리의 구원이 되셔서 주의 능하신 일을 이루실 겁니다. 5절과 6절을 유진 피터슨의 메시지 바이블 번역으로 읽어드리고 말씀을 마치겠습니다.

"하나님께 찬양을 드려라. 그분이 이 모든 일을 이루셨다! 온 땅에 그분이 하신 일을 알려라! 오 시온아, 지붕이 떠나갈 듯 외쳐라! 심장이 터지도록 크게 불러라! 한없이 위대하신 이가 너희 가운데 계시니, 그분은 이스라엘의 거룩하신 분이시다."

하나님 아버지, 감사합니다. 한 치 앞을 알 수 없는 오늘의 삶 가운데 우리 영혼의 구원이 되시고 길이 되시고 진리가 되신 주님을 붙듭니다. 모든 사람이 어디서부터 시작해야 할지 모르고 두려워하는 이때 우리의 시작점이 되시는 하나님의 말씀을 다시 펼치겠습니다. 다시 말씀을 묵상하겠습니다. 다시 심령의 말씀을 새기듯 말씀을 써 내려가겠습니다. 지금까지 살아온 시스템 중심의 신앙이 아니라, 오늘 우리의 삶에 시작된 주의 역사 가운데 우리가 동참하기로 결정합니다. 아버지, 역사하여 주시옵소서. 함께 말씀을 읽고 다시 말씀을 붙들고 다시 엎드리면서 성전의 영광이 무엇인지를 경험하게 하여 주시옵소서. 오늘 수많은 어려움과 혼란 가운데 있는 성도들, 고통 가운데 있는 성도들, 이 고통이 하나님의 징벌이 아니라 하나님의 회복임을 알게 도우시고, 하나님 구원 역사의 시작임을 우리가 깨달을 수 있도록, 주의 마음을 알아가는 복을 우리에게 허락하여 주시옵소서. 아멘.

설교 유튜브로 보기

복음, 언박싱

이사야 21:1~10

¹ 해변 광야에 관한 경고라

적병이 광야에서, 두려운 땅에서 네겝 회오리바람 같이 몰려왔도다

² 혹독한 묵시가 내게 보였도다 속이는 자는 속이고 약탈하는 자는 약탈하도다 엘람이여 올라가고 메대여 에워싸라 그의 모든 탄식을 내가 그치게 하였노라 하시도다

³ 이러므로 나의 요통이 심하여 해산이 임박한 여인의 고통 같은 고통이 나를 엄습하였으므로 내가 괴로워서 듣지 못하며 놀라서 보지 못하도다

⁴ 내 마음이 어지럽고 두려움이 나를 놀라게 하며 희망의 서광이 변하여 내게 떨림이 되도다

⁵ 그들이 식탁을 베풀고 파수꾼을 세우고 먹고 마시도다 너희 고관들아 일어나 방패에 기름을 바를지어다

⁶ 주께서 내게 이르시되 가서 파수꾼을 세우고 그가 보는 것을 보고하게 하되

⁷ 마병대가 쌍쌍이 오는 것과 나귀 떼와 낙타 떼를 보거든 귀 기울여 자세히 들으라 하셨더니

⁸ 파수꾼이 사자 같이 부르짖기를 주여 내가 낮에 늘 망대에 서 있었고 밤이 새도록 파수하는 곳에 있었더니

⁹ 보소서 마병대가 쌍쌍이 오나이다 하니 그가 대답하여 이르시되 함락되었도다 함락되었도다 바벨론이여 그들이 조각한 신상들이 다 부서져 땅에 떨어졌도다 하시도다

¹⁰ 내가 짓밟은 너여, 내가 타작한 너여, 내가 이스라엘의 하나님 만군의 여호와께 들은 대로 너희에게 전하였노라

이사야의 고통

이사야 21:1~10

어디에 인생을 맡겨야 할 것인가

이사야서를 통독하자고 했는데, 많이 어려우실 텐데도 성경 읽기에 열정이 생기셔서 누가복음을 지나 요한복음까지 읽은 분이 계시더군요. 열심히 성경 필사를 하는 분도 계십니다. 우리가 성경의 뜻을 다는 모른다 할지라도, 하나님의 말씀을 한 절 한 절 찾아 읽을 때 놀라운 은혜가 있을 줄 믿습니다.

하나님은 세상의 판을 바꾸시는 분이십니다. 누군가 왕이 되어 모든 것을 가지고 있는 것 같은데, 절대 그렇지 않은 것을 종종 보게 됩니다. 예를 들면 스포츠 세계에서 절대 강자가 없고 인기는 영원하지 않다는 것을 발견하게 됩니다. 권투가 인기가 많던 시절이 있었습니다. 한국에 대단한 선수도 많았죠. 장정구, 유명우 등의 선수가 세계타이틀을 오래 보유하면서 전설적인 선수로 이름을 남겼습니다. 요즘 이슈에 오른 인물이 마이크 타이슨입니다. 은퇴한 그는 한국 나이로 55세인데 링에 복귀하겠다고 합니다. 그의 핵주먹을 보고 싶어 하는 팬들로 파이트머니는 천정부지로 솟아 여전히 뜨거운 인기를 실감하게 됩니다. 그런데 최근 그의 훈련 모습이 동영상에 떴는데 55세라고는 믿기지 않을 만큼 탄탄한 근육에 파괴력이 대단해 보였습니다. 한 프로모터는 지금 전성기의 헤비급 챔피언들도 마이클 타이슨과 경기하면 그의 주먹을 이겨 낼 사람이 없다고 발언했습니다. 그렇다 치더라도 언젠가는 그도 나이 들면 힘을 못 쓸 때가 오고, 지금의 힘이 다 사라질 때가 올 것입니다. 여러분, 축구도 마찬가지입니다. 한때는 스페인 축구가 전 세계를 호령했었고, 독일 축구가 엄청난 인기를 끌 때가 있었으며, 이탈리아의 빗장수비가 자랑하는 원킬 원샷 축구가 히트를 칠 때가 있었습니다. 영원한 왕국은 없습니다.

우리가 어릴 때 받은 교육의 영향인지 몰라도 미국이 환상적인 나라라고 생각했습니다. 미국에 가면 엄청난 일들을 경험할 거라고 기대했죠. 제가 1997년에 미국 유학을 하면서 깨달은 건, 내가 기대한 좋은 것들이 있는 천조국이 아니라는 것입니다. 아무리 살펴봐도 한국이 나은 것 같습니다. 18년 전에 부산에서 산본에 올라와 살았는데요. 그 동네에 백화점이 없다는 사실에 놀랐습니다. 당시 안양에 L백화점이 하나 있었는데 규모가 작아서 편의점인 줄 알았습니다. 제 고향 부산을 좀 우습게 아시는 분들이 계신데, 부산 사람들은 마음이 굉장히 넓습니다. 지난주에 제가 강태평양 목사라고 불러 달라고 했더니 편지가 많이 왔습니다. 태평양으로 불러주시는 분이 많이 계셨습니다. 심지어 제 아내도 초롱초롱한 눈빛으로 태평양이라고 불러 주시더군요. 부산에서 저는 태평양을 보고 자랐는데 사실 부산 사람들은 큰 걸 되게 좋아합니다. 가장 큰 백화점은 서울에 있는 게 아니라 부산에 있잖아요. 사람들은 늘 자기중심적으로 생각하는 거예요. 내 삶이 세상의 중심이라고 생각하며 살아가고, 자신을 벗어나 생각하지 못하는 사람이 많습니다.

여러분, 그런 사람들은 어떤 인생을 추구할까요? 어디에 내 인생을 맡겨야 성공할 것인가? 내가 어떻게 해야 남들보다 성공한 인생을 살 것인가에 온통 집중합니다. 수도권에 사는 사람들은 어디에 집을 사야 재테크로 큰돈을 만질 수 있을까에 촉각을 곤두세웁니다. 집은 거주 목적이 아니라 장기적인 투자 대상으로 노후 대책이 되었습니다. 어른들은 자녀들을 가만히 묵상하면서 '저게 날 먹여 살리겠나?' 비관적으로 생각합니다. 저도 빨리 내 품을 떠났으면 좋겠다는 생각이 많이 듭니다. 저랑 비슷하게 생각하는 분들은 나중에 따로 모여서 우리끼리 깊은 위로와 사랑을 나누었으면 좋겠습니다. 아무리 봐도 소망이 없어요. 그러니까 집 한 채에 마음을 걸고, 어떻게 해서라도 미래를 보장받고 싶은 마음이 있는 것 같습니다.

우리 인생이 그러합니다. 내가 아무것도 가지지 못했다면, 내가 다니는 학교에 마음의 안정감을 두고, 내가 다니는 직장에 마음의 안정감을 두기도 합니다. 그래야 잠시라도 버틸 수 있고 훨씬 낫지 않을까, 생각합니다.

무엇을 의지하고 기다리며 사는가

오늘 본문을 살펴보겠습니다. 남유다는 누구를 의지했습니까? 앗수르를 의지했습니다. 친앗수르 정책으로 앗수르가 구원해 줄 것으로 믿었습니다. 그러나 역사적으로 앗수르는 바벨론에 의해 처참하게 무너지고 맙니다. 그런데 이 바벨론도 영원할 것 같은데 그다지 길지 않은 제국의 역사로 무너져 갔습니다.

본문의 이사야는 환상 가운데 하나님이 일으키시는 심판의 역사를 목도하면서 얼마나 두렵고 떨렸는지, 요통이 심하게 일어났고 마치 해산하는 여인의 극심한 고통이 엄습해 너무나도 괴로워서 듣지 못하고 놀라서 보지 못할 정도라고 합니다. 이 내용을 먼저 좀 살펴볼 필요가 있는데요. 결론적으로 말하면 내가 의지하고 기대하고 붙잡은 대상이 헛된 것이면 안 된다는 뜻입니다.

1절에서 '해변 광야'라는 말이 있는데요. 이 해변 광야가 무엇일까요? 바벨론은 다른 나라를 도울 능력이 있는 제국으로, 지금 미국과 같은 역할을 하면서 모든 생명체를 품은 바다와 같은 나라라는 표현이 기록물에 남겨져 있습니다. 그들의 기록을 보면 바벨론은 바다라는 표현이 굉장히 많습니다. 그런데 해변이라는 단어를 쓰면서 광야라고 했습니다. 그 풍성한 먹거리가 쌓여 있는 바다 같은 바벨론이지만, 실상은 단 하루도 살기 힘든 광야 같은 곳임을 이사야가 해변 광야라고 표현한 것입니다. 우리에게 많은 것을 시사해 주고 있습니다.

우리가 살아가는 곳은 한 치 앞을 알 수 없습니다. 여러분, 이번 여름은 폭우 때문에 무섭지 않습니까? 사실 오늘 찬송하다가 "내게 약속한 큰 비 내려 주시려" 가사를 빼야 하나 고민이 됐습니다. 이번 주 주간 일기예보 보셨습니까? 줄곧 비 소식입니다. 도대체 며칠까지 계속 비가 내릴 것인지, 교인 중에 산 부근에 사시는 분들의 집이 떠내려가지는 않을지 걱정입니다. 불안하고 염려가 많이 되는 하루하루를 살고 있습니다.

그런데 우리가 가진 돈 몇 푼으로, 우리가 아는 알량한 지식 몇 가지로, 우리가 알고 있는 인맥으로 세상을 이겨 낼 수 있다고 생각하는 것이 바로 바벨론의 헛된 생각과 같은 겁니다. 사람들 대부분은 해변 광야와 같은 인생을 살아갑니다. 여러분, 꿈을 이루었다고 하는 이들을 만나 보셨습니까? 그들의 일상을 면면이 보면 마음이 기쁘고 평안하고 행복이 넘쳐나지 않습니다. 잠깐 있다가 사라지는 것이 행복입니다. 영원한 행복일 줄 알지만, 실상은 오래 가지 않습니다.

인생을 살면서 저도 몇 번 뜨거운 기다림을 가진 적이 있는데요. 특히 남자분들은 동의하실 겁니다. 군대를 전역하는 날을 가장 손꼽아 기다렸습니다. 저는 말년이 되면 마음이 편안해질 줄 알았어요. 말년 병장이 됐는데도, 군대는 그 안에 있는 것 자체로 아주 힘들더라고요. 그래서 선배들이 시키는 대로 최대한 말년 휴가를 미루고 또 미루었습니다. 제가 얼마나 머리를 잘 썼냐면, 내일 제대하는 날인데, 말년 휴가 복귀를 오늘 밤에 했습니다. 그러면 마음에 부담이 없잖아요. 부대 복귀해서 밤새도록 전역 복을 다리고 제대하면 되겠지, 하면서요. 이등병 때와 농도의 차이는 있지만, 전역을 앞둔 날인데도 부대에 들어가고 싶지 않았습니다. 이제 제발 날만 밝아라, 생각하면서 잠이 왔겠습니까? 군복에 풀 먹여 칼날 같은 주름을 잡아 제대한 그날이 9월 1일이었어요. 그때 제가 바보 같은 짓을 했어요. 빨리 졸업하려고 바로 2학기에 복학한 것입니다. 아침에 전역하고 군복 입은 채로 바로 등교했죠. 선배들이 절대 그러지 말라고 했거든요. 왜냐면 군대 있으면 머리가 썩기 때문입니다. 갑자기 헬라어 수업에 들어가서 '여긴 어디? 난 누구?' 이러고 있는 거죠. 저는 밤새 멋있으라고 다린 군복을 입은 자랑스러운 예비역 첫날인데, 교수님은 수업하시고, 아무 소망이 없다는 것을 그때 바로 깨달았어요. 세상이 나를 위해 팡파르를 울려 줄 줄 알았지만, 교수님이 한마디 물으시는 거로 끝나더라고요. "제대했니?"

전역일 이상으로 간절히 기다린 날은 결혼식 날이었습니다. 저와 아내는 일곱 살 차이가 납니다. 제가 얼마나 감언이설과 사탕발림으로 아내의 마음을 얻어 결혼했겠습니까? 제 전법 중 하나는 자매가 정신을 못 차리게 하는 것이었죠. 결혼식 날짜를 제가 잡았습니다. 9월 7일에 잡은 이유가 있습니다. 여름에는 집회가 많아 날짜를 잡기 어려웠고, 9월 7일은 살짝 비수기더군요. 그런데 이날 결혼식 날을 정한 결정적인 이유가 있습니다. 날짜마다 웨딩드레스 대여료가 다르더라고요. 똑같은 옷인데 어떤 날은 길한 날이어서 비싸고, 어떤 날은 재수가 없는 날이어서 싸다는 거예요. 그래서 제가 예식 복을 빌려주는 곳에 어느 날이 제일 싸냐고 물었더니 9월 7일은 절대 결혼하면 안 된다고 하더군요. 그날은 25년 주기로 오는 흉한 날이라는 거예요. 그래서 제가 혹시 그날 결혼하면 드레스값이 어떤지 물으니, 정상가의 3분의 1만 받겠다는 거예요. 그래서 제가 한마디 했어요. 굉장히 복된 날이라고요. 9월 7일은 재수 없는 날로 알려져 신혼여행도 한산했어요. 이날 부산에서 결혼한 커플이 딱 둘인데, 호산나교회 담임목사님 아들과 저만 결혼했습니다. 하나님 나라의 거룩한 싼마이(싸구려)에 결혼한 거죠. 굉장히 기다렸습니다. 지금도 똑같은 마음입니다만, 저분만 곁에 있으면 영원히 행복할 줄 알았습니다. 여기까지 하겠습니다.

세 번째로 간절히 기다린 날은 목사 안수식이었습니다. 여러분, 목사가 되기란 참 어렵습니다. 기본적으로 4년제 대학을 나와야 합니다. 고신대에서 4년 동안 신학을 공부했는데 당시 교수님들이 의기투합해 학생들을 학자로 만들겠다는 의지가 강하셨습니다. 주님도 원하시지 않을 것 같은 그 의지로 140학점 이수 학점을 168점으로 늘려 놓으셨어요. 그래서 4학년에 1학기 20학점, 2학기 19학점이나 들어야 했습니다. 60명 중의 28명이 재시험에 걸릴 정도로 죽어라 공부해서 졸업했습니다. 중간에 군대도 다녀와야 하지요. 지금은 대략 18개월이지만, 저 때는 28개월입니다. 학부 생활을 7년간 해야 하죠. 한 번 휴학하면 8년입니다. 거기에다 신학대학원 시험을 쳐야 하는데 저는 총신대 신대원에 진학했는데요. 하나님의 은혜로 입학하면 3년을 치열하게 공부해야 합니다. 그러면 계산이 되죠? 스트레이트로 해도 11년입니다. 11년 공부하고 난 다음에 강도사고시를 칩니다. 강도는 물건을 훔치는 강도가 아니라 설교할 수 있는 권한이 있다는 라이센스를 받는다는 뜻입니다. 강도사가되려면 옛날 전화부 책 두께의 3권을 달달 외워야 합니다. 제가 살면서 머리에 김 나도록 공부한 것이 그때였습니다. 하루 18시간을 화장실만 가고 논스톱으로 공부했습니다. 만화에서처럼 머리에 김이 나더라고요. 죽어라 공부하는데 내용이 복잡하기 이를 데 없습니다. 2000년 교회사에는 초대교회사도 있고, 중세교회사도 있고요. 복잡한 유럽 역사 또한 꿰뚫어야 합니다. 어디서 문제가 나올지 모릅니다. 교황도 한 백 년씩 오래 하시면 좋겠다는 심정이 들 정도로 짧게 즉위한 교황이 많습니다. 어떤 경우는 둘이 싸워서 교황이 두 명인 적도 있습니다. 그런데 시험 출제 교수님들은 듣도 보도 못한 교황의 업적을 기록하라는 문제를 내는 거예요. 여러분, 그때 필요한 게 뭘까요? 인문학적 상상력입니다. 그럴듯한 소설을 쓸 수밖에 없어요. 왠지 이분이 그랬을 것 같은 느낌으로 열심히 시험지에 쓰고 나옵니다. 그러면 강도사에 몇 명이 합격하느냐? 53퍼센트입니다. 1년 지나고 난 다음에 드디어 목사고시를 칩니다. 목사고시를 치고 난 뒤 인터뷰를 거쳐서 목사 안수를 받습니다. 안 쉬고 열심히 달리면 목사 안수까지 13년에서 15년이 걸립니다. 의사고시보다 목사고시가 더 오래 걸려요. 그 수많은 난관을 뚫고 15년 만에 목사 안수를 받으니 얼마나 기다렸겠습니까? 설교 끝낼 때 주기도문을 하면 왠지 좀 어색할 것 같고, 어릴 때부터 손드는 건 제가 얼마나 열심히 했는지, 사실 좀 불법이긴 하지만 세 살 때부터 축도를 따라 했습니다. 목사님이 축도하시면 저 뒤에서 저도 손들고 쌍방향으로 축도를 했습니다. 드디어 공식적으로 축도할 수 있는 목사가 되는 날이니 손꼽아 기다렸습니다. 목사가 되면 진짜 인생이 달라질 줄 알았는데, 목사 안수받은 지 이제 만 18년이 지났습니다. 여전히 똑같은 제 모습, 연약한 제 모습에 힘들어합니다. 설교 준비하면서 단 한 번도 "나는 준비를 완벽하게 했다"고 생각해 본 적이 없습니다. 설교문을 쓸 때마다 기도가 나오고 급 겸손해집니다. "하나님 저를 위해서가 아니고요. 우리 성도들이 무슨 죄가 있습니까? 사는 것도 힘들어 죽겠고, 몸도 아픈 분들 많은데 저를 조금만 도와주시면 안 되겠습니까?" 간절해집니다. 단 한 번이라도 당당하게 기도했으면 좋겠는데, 죽을 때까지 하나님 앞에서 변화되기는 어려울 것 같습니다. 내가 간절히 소망해 온 것이 여지없이 무너지는 순간이 옵니다. 수많은 주석 책을 비롯해 많은 책을 읽지만, 현장에서는 진짜 붙들어야 할 것이 무엇인지 새롭고 낯설게 직면합니다.

세상 영광은 해변 광야임을 보라

때로는 탁월한 주해보다 멋진 촌철살인이 이사야서 21장 1절의 '해변 광야'입니다. 그 의미는, 내가 기대하고 소망하는 것의 끝에 진짜 기쁨이 있더냐, 잠시 있다가 사라지는 찰나의 기쁨을 영원한 기쁨으로 잘못 알고 소망하며 살고 있지 않냐는 것입니다.

우리는 앗수르와 바벨론을 의지한 것처럼 강하고 강렬한 무언가를 의지하고 살아가고 싶어 합니다. 그것이 얼마나 헛된 것인지 깨닫지 못합니다. 내가 지금 무얼 붙잡고 의지하며 살아가는지 질문해야 합니다. 인생의 쓰디쓴 물을 마시면서 나 이외의 모든 사람이 멀쩡하게 잘 지내는 것만 같습니다. 여러분, 속지 마십시오. 그거 다 쇼입니다. 사실 만나 보면 집마다 문제없는 사람이 없습니다.

제가 청소년 사역을 오랫동안 해왔는데요. 대한민국의 청소년들 사랑합니다. 얼마든지 품어줄 수 있습니다. 단, 두 명만 빼고 말입니다. 저는 하나님 나라의 간디와 같습니다. "그렇게 생각하니? 너의 꿈을 펼쳐라. 네가 지금은 미약해도 얼마든지 할 수 있을 거야." 저는 지금까지 아이들을 멋지게 격려했습니다. 심지어 제가 말하는 것에 "목사님을 보니 하나님을 본 것 같다"는 얘기도 들었습니다. 두 명만 빼고 말입니다. 집안의 문제는 참 답답하고 힘듭니다. 가만히 내 자식을 보고 있으면 하나님이 잘 안 보입니다. 어느 가정이나 문제가 있습니다.

결국 바벨론도 멸망하게 됩니다. 2절에 엘람이라는 나라가 기록되어 있습니다. 엘람은 지금 이라크의 남쪽에 있는 나라입니다. 그 엘람이란 나라는 나중에 페르시아가 됩니다. 우리나라 삼국유사에도 나오는 '바사국'의 바사가 엘람입니다. 성경에도 바사라고 나오는 곳이 있는데, 이 바사가 바로 페르시아의 조상 격인 엘람입니다. 2절에 나오는 또 다른 나라인 메대는 현재 이란의 북쪽에 있는 나라입니다. 이 두 나라가 힘을 합쳐서 완고하고 엄청난 바벨론 제국을 무너뜨립니다. 그런데 이 역사가 기록된 곳이 다니엘서 5장입니다. 바벨론 제국의 마지막 왕이 벨사살 왕입니다. 그의 아버지가 바벨론의 전성기를 이끈 느부갓네살 왕이죠. 우리나라로 따지자면 광개토대왕 플러스 세종대왕 같은 왕이 느부갓네살입니다. 벨사살은 쉽게 말해 막 나가는 재벌 3세의 원조 격입니다. 아버지가 너무나 완벽한 성을 건축했어요. 바벨론성은 사방 어디에서도 침공할 수 없도록 건축됐습니다. 성 밖을 둘러 파서 못으로 만든 곳을 '해자'라고 하는데 바벨론성은 적의 침입을 막기 위한 해자가 완벽하게 설치돼 있습니다. 거기다가 성안에서는 자급자족할 수 있도록 농지가 마련돼 있어, 적군이 성을 포위해서 굶어 죽게 하는 전략이 통하지 않는 곳입니다. 식수와 생활 시설까지 완벽하게 구비돼 있습니다. 벨사살은 이 모든 것을 물려받아서 즐기기만 하면 되는 왕이었습니다. 그러니 마음이 점점 오만해지기 시작한 거예요.

사람이 언제 열심히 살게 될까요? 갚을 수 있는 적당한 빚이 있을 때 열심히 삽니다. 배고픈 결핍이 있을 때 열심히 사는 것이죠. 예전에 무릎팍도사라는 방송에 출연한 배우 윤여정 씨가 이런 얘기를 했습니다. "강호동 씨, 연기가 언제 제일 잘 되는지 알아?" 강호동이 "우째 알겠습니까?" 하니, "갚을 빚이 많으면 연기가 잘 돼"라고 했습니다. 윤여정 씨는 이혼 후 미국에서 아들

두 명을 키웠습니다. 원래 연기력이 탁월했고, 보통의 한국 배우와 다른 개성 있는 마스크에 독특한 패션 감각까지 있는 분으로 주연을 꿰찼는데, 생활고를 극복하려고 단역도 불사하며 출연했다고 해요. 애들을 먹여 살려야 하는 절박함이 겸손한 마음으로 연기에 몰입하게 한 것이죠.

반면에 사람은 돈이 쌓이면 오만해지고 만족이 없어집니다. 가난한 시절에는 컵라면에 공깃밥 한 그릇에도 기쁘고 즐거울 수 있습니다. 제가 결혼하기 전에 축가를 많이 불렀습니다. 여기저기 친구들 결혼식에 축가를 맡으면서 재미있는 일도 많았는데요. 한 친구의 결혼식에 축가를 불러주었는데 그 친구가 결혼한 나이가 25살이었어요. 친구 중에 제일 먼저 했죠. 지금 벌써 아이가 대학교를 졸업하고 취업을 했다고 하더군요. 그런데 결혼 축가를 하면 보통은 돈을 주든지 선물을 주는데, 가난한 전도사 결혼식 축가 불러 주고 제가 받은 게 학생식당에서 파는 라면과 공깃밥이었어요. 자기가 사줄 수 있는 게 그것밖에 없다고 하며 미안해했지만, 저는 그때 정말 맛있게 먹었거든요. 다른 어떤 융숭한 음식 대접 못지않았어요. 만약 제가 그 당시로 돌아가서 교내 식당에서 파는 퍼진 라면에 공깃밥 먹으면 그때만큼의 맛을 느낄까요? 못 느낄 겁니다. 사람은 무언가 채워지면 만족이 사라집니다. 예전에는 딱딱한 바닥에서도 잘 잤는데, 이제 편안한 매트리스가 없으면 잠이 안 옵니다. 에어컨 없이도 삼복더위를 잘 살았지 않습니까? 이제 에어컨 없이 여름을 나는 건 상상할 수 없습니다. 점점 만족이 사라져 버립니다.

벨사살이 그랬습니다. 다니엘서 5장을 보면 그는 1,000명의 귀빈을 초대해 함께 술을 마셨는데, 아버지 느부갓네살이 예루살렘 성전에서 가져온 금은 그릇들을 가져오라고 명령하여 그것에 술을 부어 귀빈들과 그의 아내와 첩들과 함께 마셨습니다. 오만함의 끝이 없는 왕이죠. 그런데 그 당시 다니엘은 궁 안의 지위와 권력을 잃어버리고 내쳐진 상황이었습니다. 그때 어떤 일이 벌어집니까? 벨사살이 술을 마시고 우상 신들을 찬양하고 있는데 갑자기 어떤 손이 나타나서 벽에 글자를 쫙 새겼어요. 여러분, 생각해 보세요. 술을 마시다가 마술도 아니고 실제로 어떤 손이 나타나 벽에 글을 쓰기 시작하는 것을 보면 갑자기 머리끝부터 발끝까지 소름이 끼칠 것입니다. 당시는 과학적으로 생각하는 시대가 아니어서 신화적으로 해석하려 들었습니다. 너무 무서워서 얼굴이 창백해지며 다리가 후들후들 떨린 벨사살은 왕궁 안에 있는 점쟁이, 마법사, 점성가들을 모두 불렀습니다. "이게 뭐냐? 빨리 해석해라" 명령하며 글자를 읽고 그 뜻을 말하는 자에게는 자색 옷을 입히고 금목걸이를 걸어 주며 나라의 3인자가 되게 할 것이라고 상을 내겁니다. 그러나 그들 모두 "전하, 모르겠는데요" 하며 그 글자를 읽거나 해석하는 자가 한 명도 없었습니다. 그 자리에 있던 모든 사람이 당황했죠. 그때 왕의 어머니가 연회장에 들어와 벨사살에게 말합니다. "왕의 아버지 때에 영리하고 총명한 신하가 한 명 있었습니다. 유다에서 잡혀 온 다니엘이라고 합니다. 특별한 지혜와 총명이 있는 자이니, 그를 부르면 글자의 뜻을 말해 줄 겁니다." 다니엘을 바로 불러 왔지요. 벨사살이 다니엘에게 "네가 이 글을 읽고 뜻을 말해 보아라" 하면서 마치 가을동화의 원빈처럼 "니가 원하는 게 뭐야? 얼마면 되겠니?" 하는 분위기입니다. 다니엘서 5장 13절을 읽어 볼게요. "이에 다니엘이 부름을 받아 왕의 앞에 나오매 왕이 다니엘에게 말하되 네가 나의 부왕이 유다에서 사로잡아 온 유다 자손 중의 그 다니엘이냐" 다니엘을 "네가 그때 잡혀 온 그놈이지?"라고 묘사하면서 말하기 시작한 거죠. 다음 절들을 보겠습니다.

"내가 네게 대하여 들은즉 네 안에는 신들의 영이 있으므로 네가 명철과 총명과 비상한 지혜가 있다 하도다 지금 여러 지혜자와 술객을 내 앞에 불러다가 그들에게 이 글을 읽고 그 해석을 내게 알게 하라 하였으나 그들이 다 그 해석을 내게 보이지 못하였느니라 내가 네게 대하여 들은즉 너는 해석을 잘하고 의문을 푼다 하도다 그런즉 이제 네가 이 글을 읽고 그 해석을 내게 알려 주면 네게 자주색 옷을 입히고 금 사슬을 네 목에 걸어 주어 너를 나라의 셋째 통치자로 삼으리라 하니" (단 5:14~16).

다니엘은 "전하, 성은이 망극하나이다" 해야 하잖아요. 우리 다니엘 형님의 다음 대사가 끝내 줍니다. "다니엘이 왕에게 대답하여 이르되 왕의 예물은 왕이 친히 가지시며 왕의 상급은 다른 사람에게 주옵소서 그럴지라도 내가 왕을 위하여 이 글을 읽으며 그 해석을 아뢰리이다" 다니엘은 제국의 왕에게 "똑바로 들으시옵소서! Listen carefully!"라고 한 것입니다. 그리고 해석에 들어갑니다. "왕이시여, 가장 높으신 하나님이 왕의 부친 느부갓네살을 위대한 왕이 되게 하셔서 권세와 위엄과 영광을 다 주셨습니다. 그리고 그는 소처럼 풀을 뜯어 먹으며 들짐승처럼 살다가 죽었습니다. 이 바벨론이라는 나라를 만든 위대한 왕 느부갓네살도 하나님이 어떤 분이신지 알았는데 당신은 지금 이렇게 오만하게 구십니까? 여기에 쓴 글은 메네 메네 데겔 우바르신입니다. 왕이 하나님의 저울에 달린 결과 한참 모자라서 왕의 시대가 끝났다는 뜻입니다." 벨사살은 다니엘의 말을 듣자 벌벌 떨면서 "저자에게 자색 옷을 입히고 금목걸이를 달아 주고 나라의 제 3인자로 삼아라"라고 합니다. 이후에 30절과 31절을 보면 "그 날 밤에 갈대아 왕 벨사살이 죽임을 당하였고 메대 사람 다리오가 나라를 얻었는데 그 때에 다리오는 육십이 세였더라"라고 짧게 기록돼 있습니다.

이사야 21장에서 말씀드린 것처럼 엘람과 메대 두 나라가 동시에 바벨론을 공격했습니다. 요세푸스의 기록을 보면 이 바벨론의 성은 난공불락의 요새로 묘사돼 있습니다. 해자를 건널 수가 없고 공격이 쉽지 않은 성이었죠. 왜 엘람과 메대가 바벨론을 공격했냐면, 벨사살이 세금을 너무나 많이 거둬들이며 극성맞게 갑질을 했기 때문입니다. 제국의 횡포를 견디다 못한 두 나라가 들고 일어난 것이죠. 아이러니하게도 바벨론이 앗수르를 무너뜨릴 때 도와준 나라가 엘람과 메대였습니다. 바벨론과 화친해서 잘 살 줄 알았던 거죠. 2절에 "속이는 자는 속이고 약탈하는 자는 약탈하도다"는 말은 자기 편이라고 생각한 엘람과 메대에 의해 멸망하는 바벨론을 시적으로 표현한 것입니다. 요세푸스의 기록에 의하면, 바벨론성을 포기하려던 시점에 바벨론 사람을 잡게 되는데, 그에게서 수로의 문을 여는 방법을 알게 되면서 난공불락이던 바벨론성을 쉽게 함락할 수 있었다고 합니다. 왜 전쟁이 이렇게 쉽게 끝났을까요? 바벨론 사람들도 벨사살 왕이 치가 떨리게 싫었던 겁니다. 역사 기록을 보면 성문이 열리자마자 밀려오는 제압 군대 앞에서 만세를 불렀다고 합니다. 영원할 것 같은 벨사살의 권력은 다니엘이 말하자마자 그날 밤에 모든 것이 사라지고 마는 영광이었습니다.

소망의 닻을 어디에 두고 사는가

만약에 그렇게 사라질 영광인 줄 알았다면 어떻게 살았겠습니까? 우리는 나에게 주어진 영광의 유통기한을 모릅니다. 영원할 줄로 알고, 내가 가진 것만 보는 거예요. 여러분, 돈을 잡았다가 쉽게 잃어버린 적 없습니까? 무엇을 깨닫게 하시는 걸까요? "억울하게 내 돈 잃어버렸소"라고 아까운 심정을 토로하는 것이 아니라, 그 돈의 주인이 하나님이라는 사실을 우리가 발견해야합니다. 건강이 내 것인 것 같습니까? 하나님이 우리에게 잠시 젊음을 주셨을 뿐입니다. 금세 지나갑니다. 하나님이 우리에게 맡기셨을 때 가장 가치 있고 의미 있게 사용하는 것이 믿음의 삶입니다. 우리에게 주어진 것들 가운데 우연은 없습니다. 때때로 실패하고 잘못된 선택을 할 때 안심하십시오. 여호와가 목자가 되셔서 그런 우리를 위로하고 격려하시어 결국 하나님이 원하시는 길로 인도해 가십니다. 우리는 실패와 좌절 앞에서 늘 내 선택이 잘못됐다고 생각합니다. 그럴지라도 하나님은 끝까지 나를 찾고 도우십니다. 시편에 이런 표현이 있습니다.

"내가 새벽 날개를 치며 바다 끝에 가서 거주할지라도 거기서도 주의 손이 나를 인도하시며 주의 오른손이 나를 붙드시리이다 내가 혹시 말하기를 흑암이 반드시 나를 덮고 나를 두른 빛은 밤이 되리라 할지라도 주에게서는 흑암이 숨기지 못하며 밤이 낮과 같이 비추이나니 주에게는 흑암과 빛이 같음이니이다"(시 139:9~12).

우리 하나님이 그런 분입니다. 이사야가 말하는 핵심이 무엇일까요? "세상은 다 멸망할 것이다." 자기도 놀랐습니다. 그 대단한 나라 앗수르가 멸망하고 그 엄청난 나라 바벨론이 멸망하는 거 보니까 내 몸이 떨리고 너무 놀라서 요통이 생기고, 해산하는 여인이 고통하는 것처럼 괴로움이 엄습했습니다. 하나님의 역사가 그렇게 대단한 것임을 몸으로 경험하고 있습니다. 그러면서 남유다 백성들에게 말합니다. 영원히 변하지 말고 하나님을 신뢰하며 살라는 거예요. 그 하나님을 신뢰할 때 주시는 평안이 있고 놀라운 능력이 있다는 거예요. 물론 우리가 직장에서 최선을 다하고 살아가지만, 소망의 근거는 세상에 있지 않고 하나님께 있음을 기억하고 살아가는 삶이 믿음이라는 것입니다.

여러분, 살아가면서 소망의 닻을 어디에 두고 있습니까? 세월이 흐르면 그런 마음이 들지 않습니까? "저 대단한 사람이 저럴 줄은 몰랐네. 저렇게 한방에 무너지는구나. 인생 참 허무하다."

제가 한 목사님이 소천하신 이야기를 들었습니다. 그분의 죽으심이 한 성도에게 하나님의 영광을 남겼습니다. 너무나 사랑했던 목사님이 돌아가시니까 슬펐는데, 그 슬픔 중에 하늘의 소망이 무엇인지를 보게 되더라는 거예요. 관에 들려 가 한 줌의 재로 남는 인생에 우리가 추구해야 할 것이 무엇인지 생각하게 됩니다. 하나님이 기억하시고 하나님이 원하시는 삶을 우리는 살아내고 있는가? 허물을 남기는 인생이 아니라 하나님의 영광을 남기는 인생, 삶의 덧없음을 남긴 인생이 아니라 하나님의 임재를 드러내는 삶이 된다면 이것보다 영광스러운 게 어디 있겠습니까?

그리스도인의 영광은 죽음에 있습니다. 그의 죽음이 죽음으로 끝난다면 그야말로 허무한 것이지요. 그러나 우리는 죽음을 통해서 하나님의 놀라운 역사, 부활의 영광을 바라보게 할 뿐만 아니라, 우리 삶의 기준이 이 땅에 있지 않고 하나님 나라라고 하는 영광에 있다는 것을 바라보게 합니다.

사랑하는 여러분, 오늘 우리의 삶이 그렇게 주님 앞에 드려지는 일상이 되기를 바랍니다. 힘들고 어렵지만 내가 하나님의 자녀라는 사실, 주님이 우리를 붙잡고 있다는 사실, 우리와 늘 함께하신다는 그 사실, 하나님이 오늘 내 삶에 주신 의미를 발견하게 도와주시도록 간구합시다. 하나님, 저의 작은 일을 통해서 주의 영광이 드러나기를 소망합니다. 그 어떤 일상이라 할지라도!

말씀을 마치겠습니다. 요즘 제가 방송 잘한다는 얘기를 종종 듣습니다. 지난주에 기독교 방송국 요청으로 제가 아이디어를 낸 게 있습니다. 평소 기독교 방송 프로그램을 보면 똑같은 패턴의 교계 어르신 목사님 설교가 재방송되고, 찬양도 좀 올드해서 새로운 기획이 필요하겠다는 생각에 의견을 제시해 보았습니다. 첫 번째 제시한 것은 기독교 예능을 좀 하자. 라디오스타처럼 중간에 삐 소리가 나더라도 솔직하고 실제적인 프로그램을 만들어 보자. 두 번째는 기독교는 왜 그리 똑똑하고 잘나고 성공한 사람 간증만 나오냐. 재래시장에서 장사하면서 꿈과 비전과 소망을 안고 있는 성도들을 찾아가 하나님 나라 생활의 달인을 찍자. 작디작은 가게를 하더라도 하나님 나라의 영광을 품고 있는 그런 사람들을 만나자. 한국 기독교가 방향을 잘못 잡은 거 아니냐? 날마다 아니라고 말하면서 성공 욕망에 씌어 늘 번영하고 성공하기를 바라고 결국 많은 사람이 그 성공의 자리를 얻지 못하는 상대적 박탈감을 너무 심하게 안기고 있지 않으냐? 복음이 어떤 것이냐? 그 어디에서든 하늘의 기쁨을 느끼는 게 복음 아니냐? 손바닥만 한 땅덩어리에 씨앗을 심어도 하늘의 기쁨을 경험하고 하나님 나라의 호연지기를 갖는 게 복음의 영광 아니냐? 내가 지금 별 볼 일 없는 인생이지만 하나님 나라를 소망하고 꿈꿀 수 있는 것이 하나님 나라 영광이 아니냐?

여러분, 우리의 삶이 비록 작다 할지라도 하나님의 시선은 작은 나의 삶에 있습니다. 하나님의 마음이 머물러 있는 곳이 하나님 나라입니다. 여러분이 살아가는 그 작은 일상에 하나님의 관심이 있다는 것을 기억하십시오. 자녀들을 양육하십니까? 이 믿음을 가지십시오. 우리 눈에는 아무것도 아닌 것 같고 도무지 가치가 안 보이지만, 하나님이 자녀들 안에 말씀의 씨앗을 심으셔서 하나님의 때에 싹이 나게 하시고, 꽃이 피게 하시고, 열매 맺게 하실 것입니다. 하나님의 거룩한 자녀 되게 인내하고 기다려 주십시오. 단순히 내 아들 내 딸의 문제가 아니라, 이 아이를 통해 드러나게 하실 하나님의 영광을 꿈꾸는 하나님의 꿈지기들, 하나님의 비전지기들, 하나님의 소망을 안고 있는 성도로 자라도록 기도하십시오. "열방 가운데 두려워하지 마라, 모든 대단한 것이 무너지고 세상 소망 다 무너진다 해도, 하나님의 뜻은 영원한 것이다." 그 삶의 고백이 저와 여러분의 고백이 되기를 주님의 이름으로 축원합니다. 기도하겠습니다.

하나님 아버지, 감사합니다. 우리는 늘 이 세상을 부러워하고 동경하며 살아 갑니다. 조금만 더 가졌다면, 내가 저 사람처럼 조금만 더 배웠더라면, 후회하 고 아쉬워합니다. 하지만 이사야는 그렇게 붙잡고 싶은 앗수르도 그렇게 동 경한 바벨론도 다 무너질 것이라고 전합니다. 하나님, 우리가 무너질 것을 붙 잡고 살아가는 자들이 되지 않게 도와주시고, 영원한 구원과 소망을 붙잡고 사는 주의 백성이 되게 하여 주시옵소서. 비록 우리의 삶이 쪼들리고 힘들고 어렵다 할지라도 하나님의 시선이 여기에 머물러 있으며 주님의 마음이 여기 에 있음을 잊지 않게 해주옵소서. 하나님, 우리의 삶에 가치를 부여해 주시는 그 놀라운 능력이 우리가 하나님 앞에 엎드리고 주의 말씀을 가까이할 때마 다 더욱 분명하게 드러나고 선명해지도록 축복해 주시옵소서. 주님, 몸이 심 히 아프고 삶의 길이 막혀서 간절히 기도하는 이들에게 은혜를 베풀어 주소 서. 주님께서 홍해의 길을 여신 것처럼 이 어렵고 힘든 현실에 길을 열어 주시 고 역사하여 주시옵소서. 그리고 우리의 삶이 하나님의 계획 안에 있음을 알 고, 하나님의 영광을 온전히 드러내는 데 쓰임 받도록 인도해 주옵소서. 아멘.

설교 유튜브로 보기

이사야 26:1~11

1 그 날에 유다 땅에서 이 노래를 부르리라 우리에게 견고한 성읍이 있음이여 여호와께서 구원을 성벽과 외벽으로 삼으시리로다

2 너희는 문들을 열고 신의를 지키는 의로운 나라가 들어오게 할지어다

3 주께서 심지가 견고한 자를 평강하고 평강하도록 지키시리니 이는 그가 주를 신뢰함이니이다

4 너희는 여호와를 영원히 신뢰하라 주 여호와는 영원한 반석이심이로다

5 높은 데에 거주하는 자를 낮추시며 솟은 성을 헐어 땅에 엎으시되 진토에 미치게 하셨도다

6 발이 그것을 밟으리니 곧 빈궁한 자의 발과 곤핍한 자의 걸음이리로다

7 의인의 길은 정직함이여 정직하신 주께서 의인의 첩경을 평탄하게 하시도다

8 여호와여 주께서 심판하시는 길에서 우리가 주를 기다렸사오며 주의 이름을 위하여 또 주를 기억하려고 우리 영혼이 사모하나이다

9 밤에 내 영혼이 주를 사모하였사온즉 내 중심이 주를 간절히 구하오리니 이는 주께서 땅에서 심판하시는 때에 세계의 거민이 의를 배움이니이다

10 악인은 은총을 입을지라도 의를 배우지 아니하며 정직한 자의 땅에서 불의를 행하고 여호와의 위엄을 돌아보지 아니하는도다

11 여호와여 주의 손이 높이 들릴지라도 그들이 보지 아니하오나 백성을 위하시는 주의 열성을 보면 부끄러워할 것이라 불이 주의 대적들을 사르리이다

주의 평강

이사야 26:1~11

한 치 앞을 알 수 없는 인생

아내가 드라마 애호가는 아닌데, 가끔 열심히 보는 드라마가 있습니다. 요즘 우리 딸도 드라마 보는 재미에 푹 빠져 있습니다. 마음에 꽂힌 드라마를 정해 놓고 본방사수를 하더군요. 하루는 제가 야구를 시청하려고 티브이를 켰는데, 갑자기 두 여인이 소리를 지르면서 "지금 드라마 봐야 하는데 뭐 하는 짓이냐?"며 리모컨을 빼앗더군요. 남편분들 아시죠? 제 마음이 좀 힘들더라고요. 휴대폰으로 야구를 보려니 화면이 작아 잘 보이지도 않고, 저 티브이는 내가 산 건데, 하는 생각이 들며 섭섭했습니다. 그래서 제가 물어봤죠 "아니, 그거 나중에 재방송하지 않냐?" 그랬더니 마지막 회라서 꼭 봐야 한다는 거예요. 그래서 제가 모르는 드라마지만 얘기해 주었어요. "잘 될 거야. 원래 드라마 마지막은 다 잘 돼. 나쁜 놈은 나쁘게 되고, 좋은 놈은 좋게 끝나" 했더니, 그런 하나 마나 한 소리 그만하라면서 열심히 보더군요.

우리의 신앙생활은 앞으로 어떻게 될지 모르는 결말을 향해 생생한 드라마처럼 살아가는 모습입니다. 드라마는 각본이 정해져 있고, 현실이 아니니 마음을 놓을 수 있지만, 우리 인생은 불안한 게 한둘이 아니지 않습니까? 아이들을 키우다 보면 현재의 모습 때문에 미래가 불안하기만 합니다. 애들 학원을 보내는 것보다 노후 준비를 하는 게 낫지 않을까, 별별 생각이 다 듭니다.

이사야서는 설교하기가 힘든 본문입니다. 한국 교회 목사들이 설교를 잘 안 하는 본문이 있습니다. 소선지서입니다. 왜냐하면 소선지서는 내용이 너무 찔려서 설교하기가 참 어렵거든요. 두 번째 피하는 본문이 이사야서입니다. 다 멸망하고 결딴내고 또 혼내시고 하는 내용이 39장까지 이어집니다. 설교하기 어렵습니다. 그리고 개인적으로 힘든 성경은 욥기입니다. 욥기를 강해하다 보면 온몸에 아토피가 생길 것 같습니다. 내용은 뻔히 아는데 진도가 안 나갑니다. 생각보다 욥기는 긴 본문입니다.

이사야서 1장부터 11장까지를 보면, 북이스라엘과 남유다의 멸망에 관한 하나님의 계엄령 선포와 고난을 겪을 거라는 예언과 피비린내 나는 전쟁 이야기가 펼쳐집니다. 12장에 찬양이 나오고, 13장부터는 이스라엘이 두려워 떠는 앗수르, 바벨론, 이집트, 페르시아 이 모든 나라가 멸망할 것에 관한 말씀이 선포됩니다. 이사야와 동시대를 살던 사람들, 한 치 앞을 모르는 불안과 염려를 끌어안고 사는 그 사람들에게 이사야가 자주 쓰는 단어가 있습니다. 바로 1절에 있는 "그날에"라는 단어입니다. 이미 주님이 오신 날부터 주님이 다시 오실 그날 사이를 믿음으로 살아가는 것이 우리의 일상입니다. 한 치 앞을 알지 못하는 매 순간을 믿음으로 살아야 합니다.

　우리 교회는 좀 특별한 모습이 있는 교회입니다. 다른 교회는 예배를 1부, 2부로 나누려고 하면 당회를 열고, 제직회, 공동의회를 진행해야 하는데, 우리는 밴드에서 온라인 회의로 모든 게 간단히 끝났어요. 코로나 시대에는 신속 정확해야 하거든요. 개척한 지 1년도 안 됐는데 백 명이 넘었습니다. 이 코로나 난국에 기적 같은 일입니다. 어떤 분이 "목사님, 연말까지 500명이 될 줄 믿습니다" 하시더군요. 저보다 믿음 좋은 분이 많으십니다. 그러다 보니 성도들의 건강과 안전을 더 세심하게 고려하지 않을 수 없어요. 우리는 1부 예배하고 나면 다시 방역을 완전히 새로 합니다. 일일이 다 닦아서 소독하고, 답답해도 마스크 꼭 쓰면서 방역 수칙을 지키고 있습니다. 최선을 다해야 해요. 그런데 저도 백 명 넘는 것을 보고 나니까 크기 본능에 사로잡히지 말아야 하는데, 똑같은 마음이 들더라고요. 이번 주에도 백 명을 살살 넘는 건가? 그러면서 갑자기 부동산의 영이 임하더라고요. 땅과 건물을 알아봐야 하나? 어디 좋은 매물이 나와 있진 않을까? 별별 생각을 다 했어요. 지난 수요일에 집사님들과 "우리 언젠가는 1부, 2부로 나눠야 하지 않을까요?" 했더니 한 집사님이 "목사님, 천천히 하시죠. 추석 지나고 찬 바람 불면 그때 2부로 나누는 걸 생각해 보시죠" 했는데, 주말에 기습적으로 1부와 2부 예배로 나누어 드리기로 결정했습니다. 감사하게도 1부에 많이 오셨어요. 한 치 앞을 모릅니다. 어떻게 될 것인지 아무도 예상할 수 없는 채로 살아가는 것이 우리의 일상이지 않습니까?

내면의 상처를 돌보며 겸비하게 하시는 하나님

앞으로 어떻게 될 것인가? 이사야가 살던 시대의 사람들도 마찬가지입니다. 그런데 이사야는 지속적으로 "그날"을 반복하면서 앞으로 나아가는 신앙을 말씀합니다. 신앙은 오늘 현실에서 주님이 말씀하신 그날로 전진하는 것입니다. 소망을 안고 역경을 안고 앞으로 나아가는 것입니다. 마치 드라마에서 주인공이 수많은 난관과 고통을 뚫고 마지막 해피엔딩으로 향해가는 것처럼, 그리스도인은 예수님이 이미 오신 디데이부터 예수님이 다시 오셔서 하나님의 완전한 승리 그날인 브이데이까지 나아가는 것입니다.

절망하지 마십시오. 우리의 스토리는 해피엔딩입니다. 엔딩이 어떠한지 알고 있는 영화처럼 우리의 일상은 주님이 선포하신 말씀대로 이뤄집니다. 주님은 내가 이겼도다, 라고 선포하셨습니다. 어려움과 굴곡 속에서 우리가 가져야 할 태도는 고난의 미학을 기대하는 것입니다. 고난은 재앙이 아닙니다. 우리의 잘잘못 때문에 주어진 사건일 수 있으나, 오히려 그 사건을 통해 우리를 연단하시고 우리를 정화하시고 하나님 백성답게 빚어 가실 것입니다. 여러분, 우리가 그 믿음을 가져야 합니다. 어려움을 통해서 우리의 신앙을 순전하게 만들어 주시는 하나님을 바라보는 것이지요.

"그 날에 유다 땅에서 이 노래를 부르리라 우리에게 견고한 성읍이 있음이여 여호와께서 구원을 성벽과 외벽으로 삼으시리로다"(사 26:1).

당시 고대 서아시아 지역의 성은 성벽과 외벽으로 구성돼 있었습니다. 실제로 가 보면 성벽이 엄청나다고 느껴지지는 않습니다. 우리나라도 남아 있는 성벽을 보면 적들이 쉽게 침입할 수 있겠다는 생각이 들 정도로 허술해 보입니다. 그 이유는 성벽은 구역 분할이라는 개념을 가지고 있기 때문입니다. 우리가 상상하는 제대로 된 성벽은 오늘 본문에 있는 '외벽'이라고 부릅니다. 특별히 군사적인 의미가 있습니다.

전통적인 설교는 어떻게 적용합니까? 하나님이 우리의 외벽이 되시고 우리의 성벽이 되셔서 우리를 지켜 주실 거다, 이것이 고전적인 해석입니다. 저는 우리의 내면에 대한 재해석이 중요하다고 생각합니다. 우리의 인생을 보면, 모든 사람이 상처와 상실감을 안고 살아감을 볼 수 있습니다. 저에게도 상처로 인한 집착이 있습니다. 소유물에 대한 집착이 있어서 누가 제 것에 손대는 것을 싫어합니다. 그러나 오해하지 마십시오. 집 밖에 나오면 마음이 태평양이에요. 그런데 우리 집에서는 아들이 제 신발을 신거나 제 것을 쓰면 짜증이 납니다. 호시탐탐 제 것을 노리는 아들에게 언제든 사용하라고 내어 주지 못하는 것은 제 상처 때문이라는 생각이 듭니다. 사람마다 내면에 상처가 있어요. 특별히 아버지한테 받은 상처가 많아요. 아버지가 이 설교를 들으시면 "넌 왜 그리 자꾸 내 욕을 하냐" 하시겠지만, 사실이니까요. 아버지가 늘 제게 하시는 말씀이 있습니다. 네 할아버지는 엄청났다는 거예요. 아버지는 할아버지께 엄청난 상처를 받았다는 것입니다. 저희 아버지는 옷에 대한 집착이 많습니다. 새 옷을 한 번도 입어 보지 못하셨기 때문에요. 반면에 저는 우리 아이들한테 저와 같은 결핍이 없도록 잘해 줬거든요. 그런데 우리 아들딸도 세월이 지나면, 엄마 아빠한테 상처받았다는 얘기를 할 거란 말이에요. 그럼 제가 화가 나겠죠. "이 녀석아, 네 할아버지는 아빠와 놀아 주신 적이 없다. 늘 먼지 나도록 패고 성질내시고 '성경 읽었냐' 물으며 그딴 식으로 하면 집어치워라, 혼내시기만 했지 놀아 주신 적이 없어. 너 몇 번이나 맞아 봤냐? 아빠는 너희들 업고 에버랜드를 300번 넘게 갔는데…" 사실 아이를 딱 한 번 때린 적이 있습니다. 긍휼과 사랑으로 힘 조절을 하며 딱 한 번이었는데, 제가 아버지에게 맞고 자란 것에 비할 바가 못 되죠. 그리고 아버지도 딱 한 번 저와 놀아 주신 적이 있습니다. 제가 딱지치기를 정말 잘 했거든요. 동네 챔피언이었습니다. 동네 아이들 딱지를 모두 따서 오면, 아버지가 늘 야단치시며 딱지를 다 버리셨어요. 여러분, 저는 크게 될 놈이었어요. 그때부터 동네 임시 창고의 라면박스에 딱지를 보관했어요. 어느 날 옆 동네 짱이 와서 딱지치기를 도전했어요. 저는 한 장씩 안 해요. 세 박스를 쌓아놓고 쳤어요. 엄청나게 잘 치는 전포동 꽃제비로 불리며 딱지치기 명성이 높았죠. 아버지에게는 늘 숨기고 쳤어요. 그런데 어린이날에 어머니가 아버지에게 "좀 애랑 놀아 주세요"라고 하셨나 봐요. 저는 너무 놀랐습니다. 아버지가 비장하게 딱지를 접으시더라고요. "아빠랑 한판 뜨자" 하시고 저와의 딱지치기가 시작됐는데 그날 제 유전자는 아버지한테 왔다는 걸 깨달았어요. 얼마나 딱지를 잘 치시는지, 그날 다섯 박스를 잃고 두 손 두 발 다 든 것까지 좋았는데 아버지의 다음 모습이 충격적이었어요. 저에게 딴 딱지를 모두 불태워 버리신 거예요. 그 어린이날은 제 소중한 딱지가 모두 불타 사라진 날이 돼버렸어요. 마음에 상처로 남지 않을 수가 없었죠.

제가 드리고자 하는 메시지는 모든 사람이 상처가 있다는 겁니다. 아내와 얘기해 봐도, 저는 기억도 안 나는데, "여보, 신혼여행 때 기억나?" 하면 긴장이 됩니다. 남자분들 무슨 말인지 아시죠? 그냥 미안하다고 하는 게 가장 무난합니다. 그런데 "미안하다고 하면 다야?" 하면 이제 뭐라고 해야 합니까? 죄송하다고 해도 수습이 어려워요. 내 상처와 다른 사람의 상처는 씨줄과 날줄로 엇갈리면서 상처가 상처로 끝나지 않습니다. 상처에 돈이 들어가고 권력이 들어가면 괴물이 하나씩 나오거든요. 성도착증이나 폭력으로 드러나기도 합니다.

　제가 티브이에서 미국의 무서운 연쇄 살인마 이야기를 보았습니다. 범인은 사람을 죽이고 난 뒤 경찰이 보도록 자신이 죽였다는 편지를 남겼습니다. 내가 죽였고, 이렇게 죽였다는 편지에 경찰이 얼마나 화가 났겠어요. 그런데도 못 잡는 거예요. 1년에 몇 번씩 계속 그 연쇄 살인마의 살인이 일어나니 경찰도 화가 끓어오를 데로 올랐죠. 경찰서장이 나서서 범인 색출을 촉구해도 쉽게 잡지 못했어요. 미제 사건으로 장장 30년을 갔다고 해요. 결국 30년 만에 범인을 잡았는데 충격적이게도 루터파 교회의 목사였어요. 얼마나 많은 사람이 놀랐겠어요. 미국은 주마다 사형제도가 다릅니다. 범인은 1급 살인죄로 175년형을 선고받았어요. 사형제도가 없는 주에서 재판받은 거죠. 175년형은 죄인이 죽어 화장해도 뼛가루를 다시 감옥에 집어넣는 형벌입니다. 그 무시무시한 범죄자의 직업이 너무 안 어울리니 충격적이지 않습니까! 평소에 주변 사람들이 그를 어떻게 평했는지 방송에 나왔는데 너무나 괜찮은 목사였다는 거예요. 이 충격적인 사건에 사회심리학자들이 동원돼 조사했습니다. 문제 원인은 간단했습니다. 내면에 상처가 생기면서 그 상처가 제대로 치유되지 않아 마음에 악마가 자랐다는 것입니다.

　우리 마음에는 하나님이 주신 회복된 자아와 옛 자아가 동거하고 있습니다. 한국 교회에서는 드라마틱하게 예수 믿은 사람들의 간증이 인기를 끌었습니다. 조폭 생활을 하다가 갑자기 예수를 믿은 사례가 여럿 있습니다. 일본도 야쿠자 선교회가 있습니다. 그 선교회에 계신 분들은 문신이 다 보이는 옷을 입고 찬양합니다. 온몸에 용이 날아다니고 체격도 큰 사람들이 예수 사마

믿으라며 노래하는 모습을 미디어에서 본 적 있습니다. 한국에서도 전국을 떠들썩하게 한 악랄한 조폭 두목이 갑자기 예수를 믿고 목사가 됐다는 간증이 돌아다닌 적이 있습니다. 주먹 세계와 무관하게 살아온 분들이 듣기에는 신기하고 드라마틱한 이야기입니다. 사람 패고 어찌하다가 절망 중에 교회 가게 됐는데 성령이 임해서 변화됐어요, 이러면 앞줄에 계신 장로님, 권사님들이 할렐루야 아멘, 하면서 감동했습니다. 세월이 지나서 제가 깨달은 게 있습니다. 적어도 폭력배 출신은 목사가 되면 안 됩니다. 옛 자아가 그대로 남아 있어요. 하나님의 은혜로 잠시 눌려져 있는 그 폭력성이 틈만 나면 쉽게 튀어나올 수 있어요. 교회에서 이견과 다툼이 일어나면 그런 분들은 자신이 한 가락한 옛 기질로 엉망진창을 만들어 버립니다.

우리는 교회 오면 의식적으로 자신의 옛 자아를 누릅니다. 여기만 오면 일단 착한 사람이 돼요. 특히 목사 신분이 밝혀진 상태에서는 의식적으로 더욱 옛 자아를 누릅니다. 그런데 어느 순간 돈이 생기고 권력이 생기면 내면에 눌러놓은 옛 자아가 벌떡 일어나 욕망의 괴물이 왕 노릇을 하기 시작합니다.

저는 이사야서 12장 1절 말씀, "그 날에 유다 땅에서 이 노래를 부르리라 우리에게 견고한 성읍이 있음이여 여호와께서 구원을 성벽과 외벽으로 삼으시리로다"는 단순히 하나님의 보호라는 외적인 측면뿐만 아니라 내적인 측면도 포함하고 있다는 말씀을 드리고자 합니다. 우리의 내면 또한 하나님의 보호가 필요한 거예요. 옛 자아를 주님이 붙잡아 주시고 녹여 주셔야, 우리는 하나님의 사람처럼 살아갈 수 있습니다. 여러분, 성령 충만한 사람이 얼마나 많습니까? 그런데 잘 보셔야 해요. 은사가 충만해도 성질이 충만하면 재앙입니다. 하나님의 사람은 하나님의 성품으로 충만해서 자기 부정, 자기 비움이라는 절대 겸손이 마음에 자리 잡고 있어야 합니다. 그래서 우리를 겸손하게 하는 고난을 경험하는 것은 축복입니다. 그 고난과 어려움을 통해 늘 마음에 겸비함이 있습니다. 늘 두렵고 떠는 마음으로 하나님을 바라보게 되거든요.

하나님의 거룩과 의를 가진 사람

제가 지난주에 화성에 있는 교회 집회에 가면서 화성이 큰 도시라는 것을 처음 알았습니다. 동탄과 같은 화성시라서 금방 갈 줄 알았는데 한 시간이 걸렸어요. 화성의 끝자락에 있는 그린시티라는 곳이었어요. 영어 이름이 붙은 동네는 이유가 있습니다. 찾아가면서 보니 전원 풍경의 논밭이란 논밭은 다 펼쳐져 있더군요. 교회 집회의 말씀 서두에서 제가 이런 얘기를 했어요. "그린시티에 오는데 시티는 안 나오고 그린만 나오더군요."

그린시티는 수도권 매립지 중 한 곳이었어요. 도로 하나만 넘으면 안산입니다. 안산도 과거 매립지였는데 개발이 끝난 상태고, 화성시에서 이제 막 새롭게 개발한 곳이 그린시티라고 해요. 그래서 교회 이름이 그린시티교회였어요. 담임 목사님이 저와 같은 연배인 데다 동병상련의 개척 경험을 나누면서 의기투합이 됐어요. 목사님이 이런 얘기를 하셨습니다. "강 목사님, 아직도 하나님 앞에서 은혜를 사모하는 사람이 많습니다. 하나님 임재를 목말라하는 사람이 많습니다."

우리가 목회를 하는 이유가 있다면 바로 하나님의 사람들 때문이 아니겠습니까? 제 마음에 깊은 울림이 있는 아멘이 됐어요. 저는 이 말씀을 전하면서 그 목사님이 이야기가 오버랩됐습니다. 허허벌판인 매립지에 먼저 가서 하나님의 은혜를 사모하고 목말라하는 사람들에게 복음을 전하고 마음에 구원의 성벽을 두르게 돕는 사역에 함께 도전받으시기를 소망합니다.

"너희는 문들을 열고 신의를 지키는 의로운 나라가 들어오게 할지어다"(사 26:2).

주님이 세우신 성벽과 외벽은 누가 문을 열고 들어갈 수 있을까요? 하나님 앞에 신의를 지키는 의로운 나라라고 표현돼 있는데 복수 개념으로 하나님의 거룩과 의를 가진 사람들입니다. 그러면 이렇게 질문할 수 있겠죠. "목사님, 세상에 의로운 사람이 누가 있습니까? 아니, 우리 중에 깨끗한 사람이 누가 있습니까?" 만약에 여기 계신 부모님들이 "나는 의롭습니다" 하면 누가 먼저 검사 노릇을 할까요? 아마 아들딸들이 "거짓말하지 마세요. 엄마가 언제 그런 적 있나요? 아빠는 날마다 누워서 티브이밖에 더 봤어요? 그게 무슨 거룩한 백성이에요?" 할 것입니다. 우리 중에 삶의 한 점이라도 거룩한 사람이 있을까요?

이 말씀은, 하나님의 의에 대한 거룩한 목마름이 있는 사람들, 하나님의 은혜를 사모하는 사람들, 실패하고 좌절하더라도 하나님께 소망의 닻을 내리고 있는 사람들을 시적으로 표현한 것입니다.

하나님 나라는 누군가에게는 철저히 닫혀 있습니다. 누군가에게는 전혀 들리지 않는 말씀입니다. 그런데 또 누군가에게는 그 말씀이 심령을 살아나게 하고 내면을 새롭게 하는 놀라운 능력이 됩니다.

2절 말씀이 바로 그것이죠. 신의를 지키는 의로운 나라들, 그 하나님 백성들에게 열려 있는 공간이 견고한 성이라고 주님이 말씀하십니다. 사실 우리

더푸른교회는 특별한 시스템이 없습니다. 많은 분이 인터넷으로 예배하다가 실제로 찾아오셔서 예배 순서가 좀 이상하다고 하시더군요. 왜 사도신경과 주기도문을 안 하냐고요. 예배 시작 전에 말씀드렸지만, 우리 교회는 코로나와 함께 시작했습니다. 코로나 시기에 동고동락하며 유튜브 설교에 최적화된 순서와 프로그램을 만들다 보니 지금 예배 순서가 이루어졌습니다. 여러분, 걱정하지 마십시오. 다음에 날 잡아서 주기도문 열 번 하겠습니다. 사도신경 한 스무 번 하면 되는 거 아니겠습니까? 또 이런 분들이 계시더라고요. 십자가를 왜 안 달았냐고요. 여러분, 그 돈 있으면 선교하려고 합니다. 십자가는 마음에 새기는 거 아니겠어요? 결코 십자가를 부정하는 것이 아닙니다. 예배당에 들어오시면 십자가 많습니다. 우리 벽에 많이 붙여놨습니다. 등록 교인에게 예쁜 십자가 하나씩 드리고 있습니다. 받으시면 깜짝 놀라실 거예요. 이렇게 예쁜 십자가도 있구나 할 만큼 예쁜 십자가를 드립니다.

사람들은 무엇에 의존하는 경향이 있을까요? 시스템이나 건물에 쉽게 의존합니다. 그런데 여러분, 그것이 진짜 교회일까요? 예배는 의식적 흐름도 중요하지만, 훨씬 중요한 게 있습니다. 하나님을 높여 드리는 마음, 주님이 주인 되시는 예배입니다. 온 마음을 다해 주님께 찬양하고, 우리가 함께 그의 백성임을 선포하고, 그의 말씀으로 살아가는 것이 교회 됨이고 예배의 진수이며 정석입니다. 초대교회 모습을 많이 이야기합니다만, 초대교회에 주기도문과 사도신경이 있었을까요? 없었습니다. 당시는 정착이 안 됐거든요. 지금처럼 우리가 생각하는 깔끔한 제도와 예배 프로그램이 없었습니다. 사실 사람의 편의와 신학의 발전과 여러 논의 과정을 거쳐 예배 순서가 만들어졌지만, 훨씬 본질적이고 중요한 것은 하나님을 의지하고 진정으로 예배하기를 바라는 마음입니다. 그런데 우리는 서비스에 익숙해져 있죠. 지난주에 논의한 것 중에 아이들을 위한 공간 문제가 있었습니다. 아이들이 늘어나니 어수선해서 새로운 공간을 알아봐야 하는 상황입니다. 아이들 돌보는 우리 스텝들 고생이 이만저만이 아닙니다. 매주 새로운 프로그램을 기획해서 진행하는데 이벤트 전문가도 못하는 엄청난 일을 해내고 있습니다. 좁은 공간에서 아이들을 사랑하고 하나님의 은혜를 바라보며 신뢰하고 의지하는 그 마음은 의식적인 순결이 아닙니다. 하나님 앞에서 영적 순결함으로 살아가고 애쓰는 그 마음이 예배의 본질입니다.

제가 이번에 깜짝 놀랐어요. 우리 성도님 중에 벌써 성경 읽기 1독을 완성하신 분이 나오셨습니다. 목사보다 훨씬 낫습니다. 직장에서 퇴근하면 얼마나 피곤합니까? 그분은 씻고 성경 읽으며 말씀을 좇아 하나님 앞에 엎드리는 것이 삶의 우선순위였습니다. 오늘 일상에서 겪은 수많은 일로 화나고 짜증 나고 속상하고 힘들지만, 하나님이 나와 함께하신다는 믿음으로 나오는 주의 백성들에게 놀라운 은혜의 성벽이 열리고, 하나님이 우리를 품어 안아 주십니다. 오늘도 그 은혜가 여러분에게 있기를 간절히 바랍니다.

주를 신뢰하는 자, 평강의 축복

주님의 얼굴을 구하고, 주님의 음성을 구하고, 주님의 임재를 구하는 자들에게 하나님은 무엇을 약속하실까요? 3절 말씀입니다.

"주께서 심지가 견고한 자를 평강하고 평강하도록 지키시리니 이는 그가 주를 신뢰함이니이다"(사 26:3).

하나님을 신뢰할 때 주시는 가장 큰 축복은 평강입니다. 하나님의 놀라운 평안, 알 수 없는 기쁨, 불안이 파도치듯 하는 상황에서 설명할 수 없는 평강이 내 심령에 있다는 것입니다. 교회에서 심방할 때 가장 많이 준비하는 성구 액자 말씀이 이 말씀입니다. 요즘은 그런 목사님이 흔치 않은데 가정에 선물로 드리고 오면 되는데 굳이 벽에 못을 박아 액자를 달아 주시는 분이 계세요. 그 집 인테리어를 완전히 무시하고 직접 못 박아 걸어 주시는 목사님이 계셨거든요. 그런데 이것의 기원이 있습니다. 그냥 생각없이 벽에 박은 게 아니에요. 과거에 미신을 섬기다가 예수를 믿은 분이 많았습니다. 집마다 부적을 붙여 놓았고, 사주 단지를 모시는 집도 많았어요. 요즘 젊은 사람들은 사주 단지를 모를 거예요. 사실 저도 아직 본 적은 없어요. 예수님을 믿고는 집에 모신 사주 단지를 없애야 하는데 무서워서 못 없애는 거예요. 그러면 영발이 좋은 목사님께 부탁하는 거죠. 사실 목사님들도 며칠 금식하시면서 나사렛 예수의 이름으로 그 집의 귀신을 물리칠 준비를 하고는 심방을 가셨죠. 그 집의 사주 단지를 깨고 부적을 뗀 뒤 그 자리에 성경 구절을 써서 붙여 놓고 가셨어요. 그 기원으로 목사님이 심방 가서 성구 액자를 직접 못 박아 달아 놓고, 교회 이름이 새겨진 문패를 붙이고 기도하고 가셨죠.

성구 액자 외에 밥상 선물도 있어요. 사실 굉장히 부담스러운 밥상이에요. 그 밥상에 김칫국물을 못 흘립니다. 예수님이 양을 이끄시는 모습에, 여호와는 나의 목자시니 적힌 밥상은 라면을 올려놓고 먹기가 부담스러워요. 그래서 식사할 때 못 쓰고 성경을 읽을 때 썼단 말이에요. 가정에 이런 선물을 드린 한편, 식당 하시는 분들에게 가장 많이 붙이는 성구가 "네 시작은 미약하였으나 네 나중은 심히 창대하리라"(욥 8:7), 그다음에 많이 붙인 것이 "여호와는 나의 목자시니 내게 부족함이 없으리로다"(시 23:1), 그다음이 이사야 26장 3절 "주께서 심지가 견고한 자를 평강하고 평강하도록 지키시리니 이는 그가 주를 신뢰함이니이다"는 본문 말씀입니다. 그런데 이 말씀의 뜻을 잘못 해석하면 뜻이 달라집니다. 그냥 가만히 있으면 하나님이 평강하게 하신다는 뜻이 아니라, 하나님의 성안에 거하는 자, 하나님을 절대적으로 신뢰하고 의지하면서 부족하고 넘어져도 하나님 앞에 나아가고 주님을 기대하는 자들에게 하나님이 그와 같은 일을 하신다는 것입니다. 저는 우리 자녀들에게 이 말씀을 나누고 싶어요. 지금 당장 드러나지 않아도 하나님의 사람은 안 될 것 같은데 되는 때가 있다는 겁니다. 시작은 미약해 보이지만 그 삶을 통해 하나님이 자신을 드러내십니다. 성공을 드러내시는 게 아닙니다. 하나님은 하나님의 백성을 통해 가장 멋진 걸 드러내십니다. 무엇입니까? 하나님 그분을 드러내십니다.

하나님의 모습을 드러내는 교회

여러분, 돈 많은 부자를 보면 부럽지요? 존경하는 건 아니에요. 저는 부럽습니다. 지난주에 우리 딸이 용돈을 좀 달라고 했어요. 그래서 지갑을 열어 보니 5만 원권밖에 없어서 몇만 원 가져와라, 하고 건네는데 순간 제가 우리 딸을 보고 깜짝 놀랐습니다. 돈을 딱 꺼내는데 아빠는 쳐다보지 않고 돈만 보더라고요. 돈에 얼마나 집중하던지…. "너 너무한 거 아니니? 아빠를 좀 봐야지" 그랬더니 "흐음" 하더니 가져가 버렸어요.

사람들이 돈 때문에 불편한 문제가 생기지만, 돈 많은 사람이 부러울 수는 있어도 존경하지는 않아요. 똑똑한 사람도 마찬가지입니다. 그의 졸업장을 보고 부러울 수는 있어도 존경하지는 않습니다. 우리가 존경하는 대상은 어떤 사람인가요? 그의 일상의 삶을 보고 존경합니다. 성공한 삶이 아니라, 역경과 어려움을 딛고 일어나는 삶, 고난을 믿음으로 견디는 삶, 그런 삶을 사는 사람들입니다. 우리는 알게 모르게 성공하기를 바라며 살고 있습니다. 그런데 하나님의 사람은 성공에 집착하지 않고 성공을 지나가는 사람입니다. 성공에 머물지 않고 오히려 조심해서 나아가는 사람입니다.

얼마 전에 선한목자교회 집회를 다녀왔습니다. 감리교의 대형 교회로 방역을 철두철미하게 하는 모범적인 교회입니다. 긴 의자에 성도 두 명씩만 앉게 했어요. 게다가 예배당에 들어갈 때 비닐장갑을 씌우더라고요. 저는 성도들이 병원에 들어가시는 줄 알았어요. 모두가 불편한 마스크와 비닐장갑을 착용하는 것을 감수하셨어요. 그 교회의 담임인 유기성 목사님은 참 대단하신 분입니다. 사실 교회에 큰 문제가 생기면 회복이 거의 불가능합니다. 여러 문제로 분열됐다가 회복된 교회 사례를 찾기 힘듭니다. 그러한 중에 제가 볼 때 가장 독특하고 특별한 교회가 선한목자교회라고 생각합니다. 이전에 큰 어려움이 있었고 혼란에 빠져 있던 시기에 유기성 목사님이 부임해 오셨습니다. 목사님은 부산에서 목회하실 때도 만만치 않은 힘든 교회를 회복시킨 역사가 있습니다. 저는 유기성 목사님을 하나님 나라 안티푸라민이나 주님의 마데카솔이라고 불러드리고 싶어요. 상처 입은 교회에 말씀의 영양분을 공급하셔서 결국 회복의 길을 여시는 주님을 만나게 하십니다. 그 누구도 수습할 수 없을 거라는 상처 많은 교회에 그분은 가십니다. 저는 안 갔을 것 같아요. 유 목사님은 선한목자교회를 은혜가 풍성한 교회로 이끌고 계십니다. 사역자들이 유기성 목사님을 보며 연구하는 주제가 있습니다. 훌륭한 리더 한 사람을 통해서 쓰러져 가는 교회가 살아나는 표징적인 사건을 보는 것입니다. 실제로 제가 직접 보고 감동한 것이, 그 교회의 많은 사역자뿐만 아니라 모든 성도가 목사님을 존경하는 분위기입니다. 또한 목사님은 65세 정년을 맞는 내년을 앞두고 은퇴를 준비하고 계십니다. 사실 목사님들이 젊을 때는 65세에 은퇴하겠다고 공언했다가 정년을 넘겨도 안 하시는 분이 많습니다. 그런데 유 목사님은 정확하게 65세 은퇴 목표를 세우고 지금 모든 프로세스를 준비 중이십니다. 교회 부임하신 이후 매년 분립 개척을 해오기도 하셨습니다. 건강한 교회는 성도님들이 감사와 은혜가 넘치고, 하나님이 기뻐하시는 일에 달려가며 주님의 영광을 드러내는 감동이 있습니다. 제가 유 목사님을 보면서 느낀 것이 하나님의 모습을 드러내는 교회입니다. 하나님이 주신 사명에만 매진하며 자신을 절제할 때 하나님의 모습이 드러나게 됩니다.

후배들이 질문합니다. "형님, 우리는 왜 이런 시대에 목회를 해야 합니까? 이 어려운 때에…" 제가 이런 얘기를 해줬어요. "우리가 해야 할 일이 극심하게 어렵고 혼란스러운 세상을 수습해야 하는 일이라면 감사함으로 감당하자. 내가 하고 싶은 일을 하는 게 아니라 주인이신 주님이 맡기신 그 일을 최선을 다해 감당하자." 하나님을 의뢰하고 의지하는 사람들이 이 시대를 감당할 수 있습니다.

또 주를 기억하려고

"의인의 길은 정직함이여 정직하신 주께서 의인의 첩경을 평탄하게 하시도다 여호와여 주께서 심판하시는 길에서 우리가 주를 기다렸사오며 주의 이름을 위하여 또 주를 기억하려고 우리 영혼이 사모하나이다"(사 26:7~8).

주께서 심판하시는 길에서 하나님의 통치와 하나님의 살아 계신 그 길목에서 우리가 주를 기다렸다는 이 말씀이 대단하지 않습니까? 여러분, 지금 어떤 자리에 있습니까? 남들은 성취했지만, 나는 실패했다는 좌절과 상실감, 비교의식과 열등감의 자리에 있습니까? 아니면 오늘도 여전히 말씀을 통해서 역사하시는 하나님, 통치하시는 하나님, 지금도 함께하시는 하나님의 그 놀라운 자리에서 주님을 기다리고 있습니까? 하나님의 사람은 자신이 어떤 자리에 있든지 주님을 기다리고 사모합니다. 주의 이름을 위하여 또 주를 기억하려고 우리 영혼이 사모한다고 말씀합니다.

제가 좋아하는 형님 중에 "은혜로다"라는 노래를 만든 장종택 목사님이란 분이 계십니다. 이 형님을 보면서 참 은혜가 되는 게 있어요. 매일 성경을 10절씩 외워서 유튜브에 올려요. 그냥 혼자 외워도 좋을 텐데 암송하는 모습을 유튜브에 나누며 함께 도전하는 것을 기뻐하세요. 그 형님을 만나면, 참 정직한 사람이라는 생각이 들어요. 여러분, 제 복이 뭔지 아세요? 제 영혼의 옷깃을 여미게 하는 좋은 사람이 많다는 게 제 복이에요. 어떤 사람을 만나느냐에 따라 마음가짐이 달라집니다. 저 교회는 좋은 차로 바꿔 주셨는데 내차는 언제 바꿔 주시나 하는 마음이 들게 하는 사람이 있습니다. 그러나 저렇게 열심히 하나님과 만나며 사는데 나도 더 열심히 주님과 동행하는 삶을 살아야지, 결심하게 하는 사람이 있습니다. 하나님 앞에서 순전하게 살아가는 사람을 만나면 내 영혼의 옷깃을 여며야지, 하는 마음이 듭니다. 그 사람의 주변 사람을 보면 그 사람을 알게 되죠. 내가 누구를 만나 어떤 교제를 하는지에 따라 그 특성이 마음에 묻어나는 것이지요. 그래서 무서운 게 "누구 아세요?"라는 질문입니다.

사실 우리는 있는 그대로 살아갑니다. 오늘 본문 8절에서 말씀합니다. "또 주를 기억하려고". 우리가 현실을 살다 보면 주님을 잊어버릴 때가 너무 많아요. 그런데 하나님의 사람, 하나님의 성에 거하는 사람은 하나님을 기억하기 위해 끊임없이 주님을 향해서 나아갑니다. 하나님의 사람은 모든 것을 가졌으나 아무것도 없는 것처럼 사는 사람입니다.

사랑하는 성도 여러분, 우리 이런 하나님의 사람이 되십시다. 함께 고난을 경험하십시다. 하나님은 무너질 것 같은 내 마음을 이해해 주십니다. 우리가 함께 만나기 어려운 시대를 살지만, 각자의 처소에서 기도하며 더 깊이 마음을 합하고 또 주님을 기억하며 나아가는 성도가 되시기를 바랍니다. 어려움 가운데 말씀을 읽고 일상이 회복된 분들 얘기를 들을 때마다 너무나 감사합니다. 바쁜 직장 생활에도 성경을 쓰면서 말씀을 사모하는 분들이 계십니다. 하나님의 은혜를 가슴에 더 깊이 새기며, 하나님의 일하심을 바라보는 주의 사람이 되시기를 간절히 소망합니다. 주님의 그 놀라운 역사와 은혜가 여러분들과 함께하시기를 주님의 이름으로 축원합니다.

공의의 하나님 아버지, 우리의 불의함을 성실하심과 은혜로 바꿔 가시는 주님을 찬양합니다. 우리에게 주어진 상황과 여건이 어떠하든지 주님을 바라볼 수 있는 믿음을 주시기 원합니다. 원망과 불평이 아닌, 거룩하게 살아가고자 하는 열망을 우리에게 주옵소서. 시대를 탓하지 않고 당신의 음성에 귀를 기울이는 참된 믿음을 주셔서 담대하게 불안한 오늘을 살아낼 수 있기를 소망합니다. 사랑하는 성도들에게 주님의 얼굴빛을 비추어 주셔서 광야의 길을 찬양하며 걸어가게 하옵소서. 연약한 우리 한 사람 한 사람을 끝까지 붙들어 주시는 주님을 신뢰합니다. 주님만을 찬양합니다. 우리의 소망이신 주 예수 그리스도의 이름으로 기도합니다. 아멘.

설교 유튜브로 보기

복음, 언박싱

초판 1쇄 발행 | 2021년 12월 6일
개정판 1쇄 발행 | 2023년 12월 14일
개정판 1쇄 발행 | 2023년 12월 15일

지은이 | 강은도
펴낸이 | 박대용
펴낸곳 | 도서출판 징검다리

등록 | 1998. 4. 3. No.10-1574
주소 | 경기도 파주시 산남로 285-8
전화 | 031)957-3890, 3891 **팩스** | 031)957-3889
이메일 | zinggum0215@daum.net

편집 | 황교진
사진 | 이강훈
디자인 | 오브디자인 ovdesign.kr

ISBN 978-89-6146-177-1 (03230)